U0761694

马克思主义稀有文献《译书汇编》

第四册

张远航主编

中央编译出版社
CCTP Central Compilation & Translation Press

目録

一九〇二年第二卷第六期……1
一九〇二年第二卷第八期……135
一九〇二年第二卷第九期……281
一九〇二年第二卷第十一期……433

譯書彙編

一九〇二年第二卷第六期

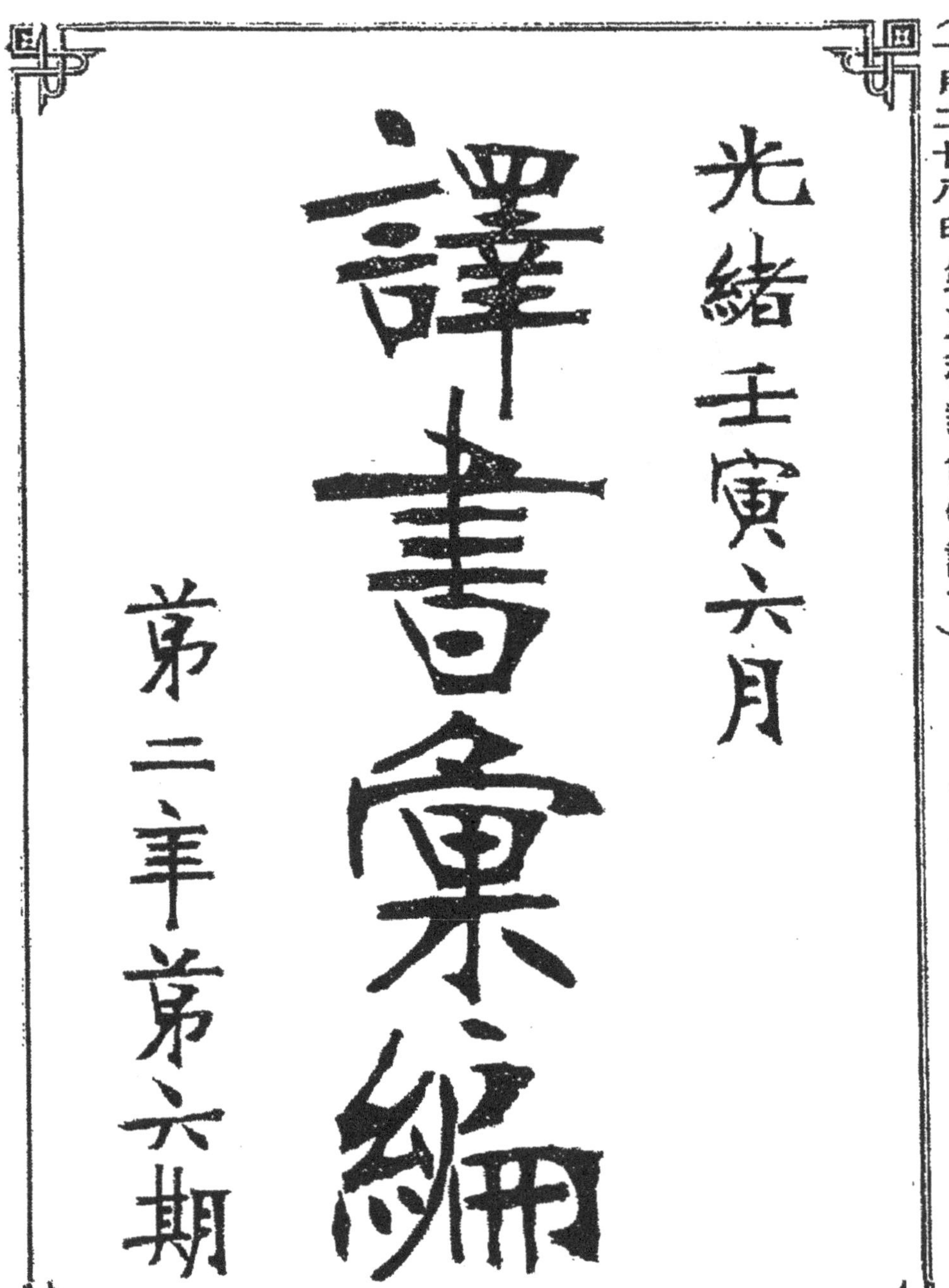

（明治三十四年一月二十八日第三種郵便物認可）

（每月一次定期陰曆十五日發行）

光緒壬寅六月

譯書彙編

第二年第六期

譯書彙編第二年第六期

目錄

支那化成論　二九……五七
（歐美日本）政體通覽　三七……七六
（最近）俄羅斯政治史　三九……七三
附錄
勸滇黔人士游學日本啓　一……一一

本編價目表

全年十二册	半年六册	每　册
二元五角	一元三角	二角五分

外埠郵費視路遠近照加

廣告價目表

一頁	半頁	一行（四號十七字起碼）
五元	三元	二角

凡欲惠登告白者須於本編定期發刊之前五日交到價須先惠欲登長年半年者價當格外從減

(東京熊木活版所製)

日本三崎臨海實驗所

Marine Biological Station in Misaki, Japan.

日本三崎臨海實驗所寄宿舍

Dormitory of the Marine Biological Station
in Misaki, Japan.

譯書彙編社發行書目

（已刊）

愛亞子增廣　再版和文漢讀法　（印刷中）　全一冊　定價大洋三角

房縣戢翼翬　香山唐寶鍔　合著　再版增廣　東語正規　全一冊　定價大洋一元

愛亞子譯　政治小說　累卵東洋　全一冊　定價大洋二角

無錫楊蔭杭譯　物競論　全一冊　定價大洋四角

烏程章宗祥著　日本遊學指南　全一冊　定價大洋二角

本社同人譯　波蘭衰亡戰史　第一冊（全書二冊）　定價大洋二角五分

無錫嵇鏡譯　國家學原理　全一冊　定價大洋三角

吳縣楊廷棟　周祖培　合譯　女子教育論　全一冊　定價大洋四角

本社同人譯　日本制度提要　全一冊　定價大洋五角

本社同人編輯　和文奇字解　全一冊　定價大洋一元

無錫楊蔭杭譯
名學 全一冊 定價大洋四角

烏程章宗祥譯（第二版出書）
國法學 全一冊 定價大洋六角五分

烏程章宗祥譯
各國國民公私權考 全一冊 定價大洋一角

歸安錢太守輯（印刷中）
財政四綱 原版每部定價一元五角 縮版每部定價一元

本社譯
最近支那論 全一冊 定價大洋七角

巔涯生編輯
歐美日本政體通覽 全一冊 定價大洋五角

巔涯生譯
法律學論綱 全一冊 定價大洋一角

巔涯生編（印刷中）
外國國勢一覽 全一冊 定價一角五分

本社譯
歐美各國最近財政及組織 全一冊 定價大洋四角

支那人之於結社也。其類甚衆。其數甚多。亦可以証其鄭重之意。故支那之全土。無處不結社。甚且有見之於乞丐者。有見之於盜賊者云。

抑新聞紙者。發源於泰西。大抵爲外人所有。而多以外國機械印刷之。支那人之排外也。無所不至矣。唯表好意於新聞耳。故文明之業。爲支那人所愛者。莫新聞紙若焉。蓋支那亦自古有新聞。如京報是也。所謂京報者。世界新聞紙之甚久者也。爲通上意於下也。故欲知上意。則不可不有此。至若報江湖事情。發刊新聞紙。則在近代外交之開。而多設於民間。支那以木版爲印刷。既行于隋代。而不適於新聞。嘉慶之初。東印度會社。始造鉛製活字於支那。其後羅回祿之厄。竟歸爲有。又英美宣敎師。爲廣布耶蘇敎。再造鉛製活字。以印刷經典。自此竟至乎日刊新聞。然清國之新聞紙。皆非無厄而盛者也。經幾艱難。而漸至於今日。督撫各逞其權於本省。苟有政事月旦見于紙上。則督撫直禁之。故欲發刊新聞紙。則必擇督撫權力所不及之地。於是或興於香港。或立於上海租界。而以外國人爲館主者多矣。

支那人之喜新聞。如應試而不第者。如登第而未仕者。多喜新聞紙。而學者多籍新聞紙。以吐平生鬱勃之氣云。漢字新聞紙之販路廣。而最有勢力者爲申報。同治庚午。始發刊于上海。此新聞紙常摘發官吏暴政。毫無忌憚。故其名大著。而中外日報。發刊于後。隱然爲南清雄鎮。

支那青年有學識者。亦發刊新聞紙。而此新聞紙爲唱革新而起者也。初發刊于北京。而爲官所排。繼營于上海。據時務報之壘。昌明革新之義聲。播諸遠近。識者援之。督撫而下。扶掖之者亦不尠。今滬上以漢学發刊新聞紙及誌雜者。殆二十余種。而革新論之起不唯上海。澳門湖南四川廣西亦皆足稱中心。

支那新聞所記者。除通信廣告。大抵別爲四種。曰內報曰外報及戰報。曰外國新聞飜譯。曰北京及地方新聞拔萃。而支那新聞紙之所務。則內報之批評是也。不問記事之如何。必推本聖賢之教訓。援引歷史。使讀者易於了解。而文彩亦陸離。且多評論官吏得失。是雖官吏之所不憚。而不之咎。

何也。以有喜舉人非之心也。

其記外交及戰事也。事極不眞。如戰報。尤不得其實也。如清法之戰。日清之戰。毫不能得其眞耗。而徒爲衒强諱敗之舉甚且揑造捷報。傳諸江湖。有如兒戲者至於國交。其論多取之於外國新聞紙。且事關外國。則誤謬尤多。有甚足噴飯者。除申報及二三新聞外。皆不用外人於編輯局。以自家眼光。判斷泰西事物爲笑柄者。比々是也。故支那縉紳。欲知外情。有不能向內地新聞紙討生活。而直令人翻譯英字新聞紙者矣。

雖然。支那之新聞紙。亦漸々進步矣。蓋新聞紙之利。支那人之所共知。故投資援勢之人。至今日而必多。决無疑也。

第四章　論外交

歐人之跋涉千山萬水。而知有支那於絕東也。始於羅馬之世。其後耶蘇教徒。欲宏布其教。履西支那。然此時未有所謂外交也。故今摘胡氏之說。欲以明輓近外交之大勢耳。初清之版圖。未及遼東以南。天聰丁卯。既發號令。令民皆從辮髮之俗。不從者斬。其後十八年。聖祖一統禹域。即位燕京。而後嚴行此令於中國。

今世之歐美論者。皆謂支那人之擯外人。自古相承之天性也。吾意不然。鼓吹此感情者。蓋滿洲人也。滿洲小國。乘明之衰。崛起北方。以一統禹域。故其意以爲我以小國之人。制馭大國。倘欲永置之於我治下。則不若遮斷外交。以杜絕外來之勢力也。於是百方防之。遂令國民有排外之感情。如此其烈也。符氏曰。清朝之興也。以鎖國政策。其亡亦必由於此。可謂名言矣。

胡氏先論清俄關係曰。俄人之至支那。以哥薩克人至北京爲嚆矢。時明穆宗隆慶丁卯也。其後五十年。神宗萬曆丙辰。俄人再至北京。卒未嘗得利而去。

明莊宗崇禎癸酉。黑龍江殖民地指揮官。以探險。始試遠征。爾後屢窺於南。未如意也。康熙丁巳。始與俄搆兵。其後五年。歲己巳。始定國境。

雍正丁未。許俄人設教會及學堂於北京。又許俄國隊商。每三年一至。而自康熙己巳至雍正丁未。殆五十年之間。俄之於支那。其勢未盛也。至咸豐戊午。武良比布取曠原於黑龍江。庚申。英法連鑣入北京。清廷窘蹙。不知所爲。伊俱那知布乘其隙。玩清廷於尊俎之上。不用寸兵尺鐵。而得滿州全海岸。即自黑龍江至朝鮮國境之岸是也。

武伊二氏得地於滿州之後。俄國領土之廣大。遂得以如今日。嗚呼俄之欲張翼於南亞也久矣。而僅此五十年之間。最見其勢之盛云。

蓋俄國之志甚大。於歐欲爲東羅馬帝國之主。於亞欲紹成吉思汗帖木兒之偉蹟。全國之財政。帝皆收之。操縱在手。以遵守彼得大帝之雄圖。其鯨吞之策尤爲卓越。所取之地必欲使之同化。所謂俄國的殖民是也。輓近以來。窺清廷之威令。不及東方。隱然虎踞三省。雖名爲清領。然以彼狡猾。時移勢易。則儼然俄領矣。今之於遼東。殆欲學伊氏之故智歟。

胡氏又論清法關係曰。康熙戊午。法王路易十四世始贈書於清。及咸豐戊午。始結清法條約。此條約忽起爭議。至光緒甲午。始得批准。

蓋法之垂涎於支那也。始同治丁卯。先是羅俱禮欲試遠征。先取越南。次窺南清。是時已知鯨吞南清之不難矣。

胡氏又論德清關係曰。德之通好於支那也不久。自德公使駐紮北京。纔三十四年耳。故不至占領膠州灣之時。德清之關係。更無可言者。

胡氏之論外交也。其所主在英清之關係耳。故如法如德。不過舉其大要而已。方今之勢。英俄不兩立。故敘俄稍詳而敘英失計處極痛快。雖然。英俄情形。尤詳于末編。

胡氏之說曰。英之通好於清也。視他邦稍後。而其發達之盛。有至凌駕乎他邦者。

英印之未合也。英清貿易之史。則謂之東印度會社通商史也可。

初明神宗萬曆癸丑。東印度會社開于廈門及臺灣。至熹宗天啓丁卯。雖欲經由澳門。與廣東通商。為葡萄人之所阻。竟不果。

英人之欲貿易于廣東也。始於熹宗天啓乙丑。而進步遲々。

殆無可見。至格蘭乞始與葡萄牙締結條約。令葡萄牙許英人通航于全印度。其後漸開發達之緒云。

明亡之後。清領禹域。極輕貿易。殊嫌外人。康熙甲辰。厦門通旋商店不佳。其後清法事起。設支店于澳門。旋設店于舟山島。自此而後東印度會社忍辱嘗苦。不厭清吏之需索。惟圖發達其商業而已。

乾隆辛卯。始許外人居于廣東。當是時所謂通商也者。清廷之所大卑也。故彼以爲外人之爲性也。唯利是視。乃許以居郊外。未許其入府城與旅行於內地也。雖然支那之漸覺外人之難侮也。又始於此。

其後英艦屢至南清。防法兵。護澳門。支那乃亦重視英人。先是英人之居支那者。政刑皆委之于支那。至是時始峻拒之。列國亦爭以爲不可。而外人於清廷之範圍。全然衝破矣。道光辛卯。廣東巡撫以書請于英廷曰。貴邦派吏於廣東爲監督商業。英廷乃令拿比惠爾及二人之廣東。當是時英首相。巴麻斯頓令拿比惠爾等曰。汝至清國。則保護我貿易。前途有望。則可擴張貿易於他港也。并可與北京朝廷。直訂修交之道。且防海實難。可測量南清海岸。設有戰爭。不可不置英艦於要害。故必需求其要港。又任拿比惠爾以刑事及海事裁判。於是乎所謂治外法權者起。而拿比惠爾所。借者爲東印度會社々員。故爲清人所尊敬。第英廷政策軟弱。致拿比惠爾之使命。亦不克遂。

道光甲午。左阿美斯建策曰。今日之勢。不若令使節率小艦隊向支那。而上書於皇帝。以議商務。若不能奏効。則可以強力臨之。英廷嘉之。宣言曰。可令使節率小艦隊。以要求於清廷。且謂當議定通商之事。此時之勢。不得不取殖民地於支那海岸。議者或曰。可以取舟山寧波。或曰可以取臺灣。當是時阿片之議紛々起。英清之勢益危。道光己亥竟開仗。至辛丑漸平。於是清廷讓香港於英。歲癸卯。香港竟爲英殖民地。

阿片戰爭之起也。非一朝一夕之故。亦非僅原清人之焚阿片也。試舉其遠因。英人苦清吏之暴政。忍而不抗者。既百五十有餘年矣。爲雪此永年之耻而起也。

蓋清廷降勅以禁阿片。彼直我曲。英人亦知之。是以清人焚阿片也。毫無所抗議。其開仗也。清廷之無禮於英王。及清吏之虐待英民是也。嗚呼道光巳亥之戰。非僅阿片之役。辱君苦民之事。實令英開仗也。而遂以南京條約開五港。此福州上海厦門寧波廣東之地。爲英所要求爲五港通船之始。

其後十四年。咸豐丙辰。復與英開仗。初英船阿爾斐號揭國旗。爲清所拿捕。遂起斯役。及英兵畧廣東。惠流銀爲大使。歲戊午。議定條約。名曰天津條約。歲巳未。果得批准。至北京。途爲清兵所遮。再交兵。歲庚申。英法合兵。畧太沽。進兵向京。帝避兵熱河。北京陷。歲辛酉。與英法平。又爲英別開五港。又諾英使常駐劄于北京。而九龍之地。亦屬英矣。九龍者。與香港對峙之地也。以上名曰北京條約。嗚呼天津北京二次之條約。實成今日英清修好之基者也。

胡氏之論外交也。別爲二項。一曰涉外關係。一曰外交的交際。前者舉其大体。後者揭其詳狀。而自此而後。即外交的交際是也。

道光壬寅。自結南京條約。英始置全權公使。而香港太守兼攝之。實不置公使也。其後十八年結北京條約。始置公使。駐割北京。故自丙辰至庚申。前後六年之戰。謂非與清廷確立外交也。不可得矣。當是之時。以南京條約開五港。而其貿易不敢及他也。如上海各港。領事得其人。商業日進。而廣東一港。領事不得其人。故其政策常陷軟弱。竟爲清吏之輕侮。英人之被害者良多。蓋以不居府城。雖見虐待。督撫不知也。故不得向督撫求救且不被虐待。其侮辱之甚。亦無如之何矣。夫外人愈柔順。則愈土芥視之。實支那人之常情也。忍耻日久。其勢安得不破裂。彼阿爾斐號之拿捕案。其爲導火線歟。初平和之將破裂也。新爲廣東領事者。實巴亞玖斯其人也。非力里志堅。而清人不知領事之爲人。待新如舊。故水師提督之將有商議。求先入府城。卒不可得。提督西摩遂强入巡撫署。於是二國竟搆兵。後進至北京。爲城下之盟。蓋雖欲擴商業。彼等實爲救積年之苦。直欲與北京朝廷結條約。而藉以資保護耳。

英之於清也。早立修好之基。則是關乎他日之利害者也。雖然此事決非易易何也。彼之素所排斥者也。是故英人必欲與清廷通交。而清廷必不欲與英締結。則其勢安得不裂。清人一時天津條約。大讓於英人。然非眞讓英也。欲妨其入北京耳。何以明之。既讓於大使。而太沽砲臺忽燃砲擊之也。其讓之非眞。不亦明哉。

咸豐庚申。英法合兵入北京。帝避兵熱河。此時大臣等不得不延見英大使于宮廷。且事既至此。不能以武力防。陰謀詭計。遂無所不至矣。

道光以還。二十年之間。以所實驗。則世之爲外交家者。倘欲接清人乎。不可不守此警語也。警語何也。

凡接淸人之道有二焉。臨之以强硬。則易親而能解理。臨之以柔軟。則傲慢無禮。殆難以下手矣。

嗚呼此醫語也。實驗多年。乃得之於廣東。故後之當局者。不得不服膺此語也。彼深入北京。登新戲場者。決不容等閑視矣。

英公使既至北京。動忘此語。忽陷柔軟。而自信曰。清人之可親也。恰如以奇術變化清人氣質。嗚呼謬矣。一則令清國瀕于分裂之阨運。一則令英國陷於危殆之窮境。或曰執柔軟政策者。何獨英公使。雖然英公使已執牛耳於外交。故英公使不柔軟。則他公使必不柔軟。此英公使之責所爲最重也。嗚呼執策柔軟。而清廷侮我。竟極至於萬不能以道相說。夫誰使之然哉。

地方官吏之接外人也。性激言暴。至大臣則不然。其溫和恭順。足以欣動外國使臣。而至乎不可說以道則一也

當是時爲公使於北京者。實武留斯其人也。雖謂輔佐不得其人。第身爲公使。豈得託罪下僚。而自免其責乎哉。

蓋常以爲接清人以强硬。豈唯利外人。清亦自受其利。豈惟外人可以達志。清人亦以可保友誼也。當咸豐庚申。乘戰勝之勢。施利導之方。而清廷承戰敗之餘。乘輿播遷。擧國騷動。當局之於外交者。其心翼々。無不震慄。倘利用其勢。何事不成。其後不二年。北京朝廷。故態復作矣。禮氏之言曰。僅々二年之間清官接外人。其傲慢如故。提唱鎖國之語。而輕侮條約。公然無所忌憚矣。

蓋北京條約之所爭得者。殆皆喪之。回思戰爭以前。試以抗議。不能收其功。示以强力。不能得其利。頻年辛苦。始奏厥成。乃措置不當。轉瞬失之。豈不大可惜哉。

咸豐庚申之後。不復演其失計。如天津條約。始置代理公使。旋以武留斯爲公使令駐紮北京。清廷之接公使。有接受朝貢使之觀馬。然清廷至此。亦知不可無處理外交之官衙。即以咸豐辛酉。設總理衙門。處理外事。蓋其始也。不過臨時之設而已。而其備員於掌印大臣者。道光皇子恭親王是也。其下亦有大臣解事者。故一時咸屬望於總理衙門。乃曾不幾時。該衙門亦與他無異。衙門大臣始爲三人。後加爲七人。更增爲九人。而無首長以統理之。自官制而言。不可不謂大缺點也。公使之於總理衙門。其談判之艱澁。阿爾砣㫬氏嘗著二週評論畧云。

嗚呼吾儕之於總理衙門大臣也。自其條約而說以權利。又說以義理。或說以進步政畧者。不唯利英人。亦利清人也。無如彼等之不應。恰如揚鞭擊空而已。雖然不深知彼心。而卒然商議。見彼等之禮恭而強忍。如了解我所說之指歸者也。皆欣然喜之。而至乎欲定其議。彼終茫然也。夫我說已終。欲定其議。而彼等毫不動顏色。始求說明其所要之爲何事。然則數回商議。萬緒千縷。豈非歸畫餅哉。嗚呼。敵手已如此。則雖令外交家有巧論妙解。不能達其望也。

總理衙門者。非唯不能自舉其事。又不能解他人之言。故於泰西思想。如盲者之對色采。如於聾者之對音聲。夫以清人之思想。不悟泰西文物之眞。或猶有可恕。然以堂堂帝國之大臣。不解事如彼。洵不可不謂之愚頑也。

且夫觀清國之勢。外交之起。非無妨其進勢者也。方法英之合兵連鑣。進入北京。文宗蒙塵熱河翌年秋遂崩。妨外交之進勢。一也。

當是之時。清廷以君出在外。其勢極弱。聽外國公使之言。外國公使亦爲清廷忍不可忍之事。貽大害於異日。妨外交之進勢。二也。

其後天子幼沖。太后攝政。而攝政之間。外交之事。皆彌縫一時而已。妨外交之進勢。三也。

同治癸酉。始引見外國公使。而此次進謁。徒表儀式。毫無利於外交也。而外國公使心竊利用此機。欲以改革外交之積弊。而其望竟爲畫餅矣。

且是時總理衙門。皆老耄無能之輩。集合於此。以妨外交之進勢。而髮匪之亂繼之。故外交之讓步多矣。

初髮匪之起也。不過一小事變耳。涓々不塞。遂成江河。刼掠各省。舉國震駭。而外國公使亦不乘顚危。肆其要求。終助清廷以靖亂。譬如惡少年罹病。令少年改其前行之惡。先不可不治其病。至其病之長。則固非意料所及矣。

英廷大臣。一時富於卓識。且取強硬政策。而北京外交官。亦大揮其技倆。於是英廷之勢力。震北京宮廷。咸豊丙辰受辱于廣東。大行强硬之策。而戈登將軍輔清平定髮匪。自是而後。數年之間。英廷以豪膽細心。保英之利。亦護文明之幸福。實爲保清之平和。着々斷行大策。而勢力日張。

然則當時之亂也。巴麻斯頓公鎮定之也。何哉。以遠征軍隊。皆許出而爲後援。而取果斷之措置也。鎮定内亂之爲結果也。爲世界貿易。且開放揚子江。嚴禁海賊及匪徒。咸豊辛酉之際。使滿目荒凉。一帶之大水域。條爲帆檣林立之盛會矣。

嗚呼此爲强硬之政策也。外人在清者。無論商業家。無論宣教師。皆有利益然。不獨外人。清人亦所利不尠矣。

而政策之出於强硬也。英廷大臣。不問党之内外。多被攻擊。

而巴公具論其情形。得以殺敵論矣。同治乙丑着桐巴公薨。襲公後者。實玖羅連頓公也。公志氣堅卓老練有文才。然所謂政策强硬。威震北京宮廷者。亦卒與巴公相終始。觀於武爾倫義之巡遊。可以証其一斑。

同治丁卯之武。爾末倫義爲欽差大使。與清國官吏二名。同巡遊於歐美。武氏者美人也。初爲美國公使。駐劄於北京。及此辭職。爲就遠征之途。武氏說列國曰。

清之爲國也。可放任而不可威迫。故任其所爲。則不論爲何如事。決無誤其措置者。且夫通商宣教之二案。提供確約以保護之。是亦不足以爲憂也。僕等竊以爲清廷欣羨泰西文明。模倣之心日富。數年之後。清之全土。

無丘陵。無溪谷。樹立光明赫灼之十字架之日。必不久矣。昔誠出此。清承放任之惡。列國無羈靡之勞。彼我相親之餘。宣教必普。通商必盛。一舉而兩善備矣。此誠今日之至計也。

雖然武氏之言未畢。清廷之故智益蒙。或逐牧師。或殺商人。其事繽紛。不一而足。故英之領事等。爭示武威。臨機應變。以爲善後之計。而首相玖公。狃于武氏之說。轉多迷信。責問日至。由此觀之。巴公强硬之政策。豈非絕無影響乎。自此而後。英廷軟弱。政策不定。大英之威信。竟銷滅于亞洲。嗚呼柔軟政策之禍。不甚可懼哉。

同治己巳以後。英廷對清政策。突然一變。實出外人之意表。

英廷訓令駐清公使及領事也。忽有此大變。出此訓令。亦足以証英廷不知極東之大勢矣。由此觀之。英之於北京。其交際決不圓滑也。況於彼我之交換利益乎。清廷之不留意於此也宜矣。

蓋清人之腦。固無與外人交換利益之念也。故彼不思接外人以公道。又不望外人遇巳以公道也。是故清人接待之方法也。且恐且抗。常以爲不易親。初北京列國公使。有事則多爲共同。若使列國永保共同之行。則列國之意。必爲清廷所聽矣。余實惜此一致之不能持久也。雖原列國之利害不同。亦彼等之政策。有始無終。有時相合。有時相離。故清廷以爲奇貨可居。於事之將興也。先令列國相爭。乘其間。將取漁父之利也。清廷之狡猾豈易侮哉。

清廷大臣之將與英公使開商議也。豫詢總稅務幾以爲常。

赫爾銀氏有言曰。清人之性。實齊爲正理所服。唯爲恐怖。雖受辱千萬所不辭也。故每遇恐怖之相逼。則先問於總稅務司曰。若不聽此。則彼果用武力否總稅務司曰可用。於是。直聽其請。稅務司或曰。不用武力。彼輙付之等閑。又無所顧也。由此觀之。彼等眼中唯有一强力而已。若外國公使知此與秘。則其外交有術。無事不可乘機利導也。

駐清外國公使皆知其實情。詳報之於本國。而本國政府猶且付之等閑而不顧。此實令人堪深訝也。若於四十年前。用此强硬政策。則今日所得之事。皆得之於昔日。何則。清人之所憂所懼。恐罹鋒鏑之禍也。清人之爲性也。有時不蹈正理。以抗外人。雖有時極難轉圜。若外國公使揮其技倆少爲忍耐。其功不難收也。同治庚午之際。如俄公使武蘭賀利。如德公使武蘭士。頗爲清廷外務官所信。其言無不見聽者。

清國官吏之待外國公使也。其私交多爲禮節習慣所妨。每有商議也。清廷大臣。多會于議場。而大臣等不自負責任。議事之不進也亦宜也。此無他。已獨當其衝。恐同僚妬已也。故清廷大臣。常爲護其私。不追思公。且其於公事也。清廷大臣。不肯一人訪外國公署。必以數人相携爲例。夫欲議事。彼我直接。最爲便利。議事亦早能成行。而清廷不然。一若以此爲禁。

是故每遇一事。不能爲秘密之協商。蓋清廷慣例也。謀夫孔多。是用不集。甲吐乙露。轉相傳播。總理衙門。殆公開之議場歟。故外國公使若欲知他國所與清議之事不難。彼俄國其尤能探其隱情者也。蓋俄國常散萬金。以結清吏。凡在要津莫不浴於俄國之澤。而清廷之秘事。遂盡輸於俄人之腦矣。日清戰後。外交手段。又不在權術。而在強力。俄官某有言曰。今日之勢。非可以口舌相爭也。昔日要求於清廷者。尚須費許多口舌之勞。待清廷之承認。今則不然。惟強是視。果有強力。不妨竟奪。外交乎。強力乎。一而二。二而一者矣。

政法叢書

第壹編

各國之政治其組織不同其起源亦各不同不明其組織起源則於其政治之長短利害末由而明國法學之範圍即以此爲目的凡國家如何成立及國家有幾種機關與機關之如何運行學元首臣民與立法司法行政等項均包括在內日本各政治學校均以此科目列入首年其重要可見法科大學校亦然此書爲岸崎中村二君合著而二君學說均本於大學校故其議論考据均極精切完備實講求政治學者之基礎也爰急譯之以餉同志

烏程章宗祥譯

國法學

洋裝二百頁 定價六角五分

第二版出書

本書目錄

○緒論○卷一論國家之組織
○卷二、論國家之機關、○卷三、論國家之機能
○卷四、論國家之聯合、

發行所 日本東京譯書彙編社

發賣元 上海育材書塾

政法叢書

第貳編

本書詳叙德國、英國、法國、美國、墺匈國、日本國、之建國、政治議院組織等。行文極平易簡明。蓋以世界各國政體之大意。人々須知。無論何人。皆宜手置一編也。

歐美 日本 政體通覽

洋裝 每部定價五角

本書目錄

各國政治組織、德意志帝國（建國、帝國之組織 皇帝、聯邦參議院、國會、政府）阿美利加合衆國（建國、議會、大統領）墺太利亞……匈牙利王國（建國、王國之組織其性質、共同政治組織、墺太利亞帝國政治組織、匈牙利王國政治組織）佛蘭西共和國（建國國民議會、代議院、元老院、大統領、政府及內閣）英吉利王國（國王、國會、國務大臣）日本帝國（帝國之組織 皇帝 國會 政府）

總發售上海大東門內育才書塾

通信相關之規則。著作權、專賣特許權、授與之事。下級裁判所、設置之事。海賊、及其他違反國際公法者、審問處罰之事。宣戰之事。捕獲免狀授與之事。捕獲物相關之規則。徵兵及軍費徵收之事。維持海軍之編成。陸海軍之統率、及紀律相關之規則。國民兵之募集。及其編制教練、使役相關之規則。堡塞船渠、武庫建設之地、特別立法之事。以上諸法律。議會皆有制定之權。

此外如聯邦中。有新國加入之事。大統領、及其他官吏彈劾之事。議會皆有審問裁判之權。大統領以下之諸官吏等。有失政者。定制以代議院彈劾。元老院審判。若大統領有失政者。則由大審院審判。列席議員。過三分以上。方能判決。

然輸出品、課稅之事。各洲港灣管理不公之事直稅賦課之事。承平時人身保護令停止之事。貴族爵號授與之事。亦皆定議於議會。惟出版言論信教之自由。非議會所能制限也。

大統領

地位、大統領者。總轄政務。執行法律。爲合衆國最高行政之機關。夫合衆國純乎一民主之國。國民之所在。即主權之所在。合衆國政府。即其行動之機關。按其主權行動之地。計有三部。曰立法。曰司法。曰行政。是也。立法之部，國會任之。司法之部。大審院任之。行政之部。大統領任之。三部互相牽制互相依助。經理政務。無上下輕重之別。

組織、用間接選舉之法。合衆國憲法第二章。各邦選舉者之人數。一如合衆國議會議員之數。惟元老代議。兩院之議員不與也。選舉之時日。由議會指定。全國一律。惟選舉章程之細節。由各邦自定。大抵以公民充之。當選舉大統領之時。則集會於首府。無名記錄是用密封。送呈於元老院議長。擇期總會。當衆啓封。得選舉總數之過半額。是爲當選。若未有過半額者。就其中得票最多之三名。再由代議院公舉。議員臨席。應過三分之一。得投票數之最多者。是爲當選。此選舉大統領之定則也。若舉副大統之時。未有過總數之半者。則就其中最多數之二名。由元老院公舉。例亦如前。

凡合衆國之人民。年齡滿三十五歲以上。居住國中。有十四年之久。而民籍又適合於當時憲法之制定者。無論何人。皆有大統領之資格焉。

副大統領、與大統領任期、皆四年。選舉之方法。日月皆同。大統領、副大統。及其他文官。若有失政之時。議會有彈劾問免職之權。若犯收賄叛逆之重罪。則免職後。仍當處之以罪。若大統以免官辭職疾病死亡之故。不親政務。則以副大統領代攝。若副大統領亦然。則議院有假定其職之權。惟大統領疾病全癒之時。則新大統仍交卸也。

權限、

大統領爲最高行政之機關。總轄政務。執行法律。是其職務。亦其權限。惟政緒多端。時有意外。非憲法所盡能制限者。試列舉其制限如下。

總督陸海軍、及及各洲國民兵之現役。接待諸外國公使。得元老院三分以上之同意、便能締結條約之事。諮洵元老院、簡放官吏、及公使領事之事。下級官吏、專斷簡放之事。監視各洲法律之施行。受取各省長官、條陳意見報告之文。特赦罪人之事。收支出入之事。議院臨時召集之事。兩院閉會不相一致、處以適當之事。兩院議案拒否之事。平時常將國內形勢、陳諸議會、商量處置之事。以上皆爲大統領權限。此外尚有憲法所指定者。官吏罷黜之事。爲大統領所擅行。所有下級官吏簡放專權。依千八百八十三年所定法律。仍寓制限於其間也。

大統領、副大統領代攝之人。非具行政機能之職權。

行政各部、　大統領雖當總攬行政之任。要非處々出自親裁。而憲法上亦無直接各省之明文。惟應徵各省報告書類以為稽察之地。故分置各省。大統領高拱於上。聯為一體。組成內閣。大統領與各省。同心一德。隨事共謀。雖內閣僅為世人通稱之辭。非憲法所指定。故當決議之際。大統領之力。不能束縛也。

行政之部。始則僅有三省。漸次增加。至今日有八省。除司法郵務兩省、外。各省長官。皆名之曰卿。

第一、國務省、一如他國之外務省。司外國交涉之事。

第二、大藏省、是為財政局、其職司、徵收諸稅。豫算收支。監督銀行。整理貨幣。鑄造貨幣。編製統計。印刷局屬也。

第三、軍務省、管理軍隊、國防相關之事。及陸軍學校之事。

第四、海軍省、策畫海軍、及經理海軍學校之事。

第五、司法省、公布法律、監視各洲法律之施行。監督合衆國全省之檢事。故名之曰、檢事總長。

第六、郵務省、管理郵電事務。及滙劃事務。其長官、曰郵務總督。

第七、內務省、其職司、每十年、調查人口之事。經理官有地之事。印度人交涉之事。官俸恩賞分配之事。專賣、特許、相關之事。公文書相關之事。審查鐵道會社、為國庫補助之事。編定敎育制定。及文明進步之統計。公布國內。監督瘋癲病院、及瘖啞救助院。地理學上探撿之事。其他病院大學關係之事。

第八、農商務省、集種々報告。為學理上之研究。採各種方法。為農業上利益之進步。農務局等、咸隸屬也。

墺太利亞－匈牙利王國

建國

墺太利亞者。實起源於匈牙利也。當于五百二十六年。匈牙利王、路衣死後。無子。王后碼利耶屯聯結貴族。舉墺帝府哀終忌那恩謨一世。即匈牙利之王位。千六百六十五年。至七十一年。國內騷動不絕。遂改選舉爲世襲。不許舉匈國直隸於墺國之下。彼拿破崙戰後。各國革命黨蜂起。凡思保其專制之手段者。未有不愈張其壓抑之威。作俑者墺首相梅鐵路泥赫者。尤助桀爲虐也。束縛言論。道路側目。關於學事者。尤禁不許道。不陷人民於無智無識而不已。但當時全歐席捲。氣運已來。非强制之術。所能奏其効也。迄千八百四十八年。反動革命之勢。在匈牙利尤爲猛烈。墺太利亞假俄人之援。僅爲得免。普墺之役。墺人敗績。索然盟外。因思獨立之故。漸悟暴壓之非。遂不稱墺太利亞而稱之曰墺太利亞｜匈牙利王國

王國之組織及其性質

墺太利亞｜匈牙利王國者。即墺太利亞與匈牙利連結而成一國也。凡重要政務。一取決於國王。雖兩國皆有制度。然處理內政。計其大別。向定三部。

第一、共同組織之法規第二、墺國根本法第三、匈國根本法

就憲法上觀之儼然聯結爲一國但還其組織之實際以其政治之根本發紊亂錯雜誠難知其將來之所往也

所謂聯邦組織之實際者何。蓋王國之組織。不僅墺匈二國。尚有保黑米亞、毛拉比亞、特蘭西爾保尼亞、斯拉保尼亞、苦拉其亞、加利其亞、打爾瑪其亞、保斯尼亞、黑爾呈瑪尼亞等國也。考諸史冊。本非國之一部。其始也。或獨立國。或其他獨立國之一部。喪亂之後。時會適逢。偶與相合。本非作聯結之想。其大者。尤抱駕衡之志。其小者。亦不屑寄托王國之宇下也。且國內人種極雜。以日耳曼、斯拉布、麥其亞、三處人種為大別。而伊太利人。塞維亞人。及羅馬尼阿人等。亦不鮮。蓋東歐人種。幾無不具。既歷史言語宗教之紛殊。亦風俗人情之不同。騷亂紛爭不絕於耳。素稱難治之邦也。墺匈王國常有語曰。

不幸天下厭亂以至今日昨年議會之騷擾殆亦起源於此歟。

所謂窺其政治之本者何國家既由聯結而成則國家之利害每視人類之團結力而等差也若團結固則其力強團結薄則其力弱而利害亦即隨以大小也若以團結力薄而受益小終難期國家之永固也彼統一國家其國內人種既一國境皆同由是利害共通之念貫徹於國民腦膜者匪伊朝夕故營利除害之事莫不增殖之是計團結之力既厚受益未有不大者則國家自然鞏固矣即論德意志帝國。及北美合衆國等之聯合國家前無國土相關之歷史而利害共通之念比較自薄所幸人種初非紛岐既迫於宇內大勢之爭競知非出以團結不能鞏國家於磐石之安況如德與美之建國既久利害共通之念亦日增月盛一時國勢之發達國力之程度雖未能及統一國家他日未必不能相頡頏也若墺太利亞匈牙利王國不獨無嚮來相同之歷史且人種差異之多當其連結也初不知團結之爲益一則以戰後之暫依一則幾欲藉連結之名而試以併吞之術此等國家能保其不騷亂乎所謂難卜其將來者職是故也

共同政治組織

一、國王

國王者。墺太利皇帝具有匈牙利王之資格是也。握墺匈王國之主權。各種法律。皆其親裁。議會則徒存協贊之文。雖國王行爲。憲法所制限者不一。要未嘗損其主權之使用也。就國法上而論國王之地位。彼本國學者無異議也。國王實爲軍隊之大元帥。雖軍事相關之行爲。必待大臣副署。但教練官進退之權。及平時戰時軍隊之編制。一任國王之專斷也。

二、代議會

地位、

代議會者。由墺國代議會、及匈國代議會、組織而成。是爲共同政治組織之一。就國法上言之。即爲參與立法及豫算之機關。以視他國之議會。不甚異者也。但觀其組織之主義。兩代議會。各爲其國之代表。更以監視王國共同之政務耳。故其範圍甚小。僅及於軍事、外交、財政、三者。歲計。則各自經國會之協贊。徵收租稅。彼此有例。非可强執也。其議員選自兩國國會。故一若委員會云。

組織、 墺牙兩國。各由國會舉議員六十名。以成代議會組織。各國上院。舉二十名。下院舉四十名。任期以一年爲例。召集操諸國王。國會建立之地。一在墺都維也納一在匈都布打配斯特。按年輪値。

權限、 兩代議會之議員。雖皆由各國々會選出。要不受他人之訓令。而得以獨斷。雖兩會有時。各別開會。要其權限則一。有若處理公同國債。議決共同豫算。提出共同法案等類。是也。對國務大臣。有質問之權。凡兩會有時意見不一。協議至三次而不就。則兩會應各舉同致之委員。反覆討論。終以多數爲決。

三、政府

政府爲國王之輔助。司王國共同之行政。分外務、軍務、大藏、三省是也。外務省、外國交涉之外、又監視王國航海貿易上之利害。軍務省、司王國常備軍之行動。但平時墺匈兩國。々防屯軍、及常備軍等。各自佈置。大藏省、爲王國共同之會計。就共同歲入之欵項。分配共同行政之費用。及處理共同之國債。兼司保斯尼亞州及黑爾芝瑪亞州兩方之行政。

墺太利亞帝國政治組織

一、皇帝

皇帝總攬墺國之統治權。行政亦委託諸國務大臣。惟立法不可不經國會之協贊。敕令非得大臣之副署則無効。猶法律不經國會之協贊。則不成。上院議長、副議長、及議員授命之權。國會召集、開會、閉會、解散之權。又罪人特赦之權。是皆爲皇帝大權。

二、國會

組織、 墺國々會。由上下兩議院。組織而成。上院之資格。大抵以皇族、僧正、高爵顯貴、及有功於國家教會學問技藝之人。是爲皇帝授終身議員者也。下院之資格、徐從僕外。則無論何人。皆得選舉。要以成年爲限。大都以富商巨賈爲多也。任期以六年爲限。現計下院議員。有四百二十五人云。

權限、 國會不僅爲立法之協贊。其他若國際條約。商務貿易。國民負擔。種々制度興革。以及領土得失讓與。非經國會

協贊。悉屬無効兩院權限雖同但於財政及軍備增補之事往々爲下院發議且兩院議決是爲定章惟以上兩事則又有例外之條也 五四

三、政府

內閣者、總理大臣、及各省長官七人而成者也。是爲皇帝輔弼之臣。行政處決。雖取定於多數。然官廳非徒具形式。各員皆負責任也。故墺國之大臣。有三種之責任。試舉如下。

第一、輔弼皇帝。

第二、執行皇帝之命令。

第三、處決各部之行政。

當議會開政之時。政府大臣。皆當臨席聽議。既爲行政之辯

論。又以備答議員之質問。國務大臣。對議會不得多數之同意。不可不辭職。此僅爲他國之成例。非所論於墺匃也。蓋國內之人種既雜。不免分門別戶。擁多數之衆。而在議會者。甚勘。故一內閣既倒。繼其任者。未聞爲政黨之首領。且不但內閣之樹立。不涉於政黨。實以內閣之政策。操縱各黨也。行政事務。計分八部。曰內務省。曰國防省。曰教務省。曰商務省曰農務省。曰大藏省。曰司法省。曰鐵道省。

匃牙利王國政治組織

一、國王

墺太利亞皇帝。即爲匃牙利國王。總攬統治權。對本國之統治機關。與墺國同。

二、國會

組織、匈牙利國會。亦上下兩議院組織而成。上議院員。每年納地租三千富洛林以上之世襲貴族。及羅馬教會希臘教會之高官。新教教會之僧侶代表者。又苦拉共亞斯拉保尼亞應選代表員三名。又匈牙利國內。有領地之皇族者。共計有八十四名。是爲皇帝所授命。終其身以任之也。下院議員。用直接選舉之法。任期以五年爲限。共計議員四百五十三名。但議普通之國務者。只有四百十三人。其餘四十人。爲苦拉共亞斯拉保尼亞洲之議員。僅議本國關係之事。他不與聞也。

權限、以法律上言之。全與墺國々會無異。但匈國係政党內閣制。故下院之勢。較墺國爲强。而上院之勢力。甚薄弱也。

三、政府

內閣者。總理大臣及其他大臣九名而成者也。曰侍從大臣。曰內務大臣。曰大藏大臣。曰商工大臣。曰農務大臣。曰司法大臣。曰教務大臣。曰國防大臣。曰嵜拉其亞斯拉保尼亞洲之特務大臣。

大臣之職。與墺國無異。當國會開會之時。皆當臨席。旣爲施政之計。亦備答問之故。與墺國同也。所異者。內閣組織之點。蓋政党內閣不徒見諸理論竟見諸實行也。

法蘭西共和國

建國

西曆八百四十三年。勿來恩克國分裂之後。自法、德、伊、鼎立以來。至路易十六世。歷九百餘年之久。法蘭西純然一王國也。彼大革命之結局。殺國王路易。遂建共和之名。此由、王、國、改、爲、共、和、一、也。千八百四年。拿破崙一世。恐其武力。又稱帝號。此由、共、和、改、爲、帝、國、一、也。數年之後。列國兵敗拿破崙於巴黎。被逼退位。又變王國。此由、帝、國、改、爲、王、國、又、一、也。事不數月。拿破崙自哀路培遁歸。復興帝政。此由、王、國、而、改、爲、帝、國、又、一、也。蛙撻路々之敗。流拿破崙於散脫海衛那。法蘭西又建王號。此由、帝、國、而、改、爲、王、國、又、二、也。千八百四十八年。

巴黎暴動、遂王於英。共和之名再顯。此由王國改爲共和。又一也。千八百五十二年。拿破崙三世。即帝位。此由共和而改爲帝國。又一也。千八百七十年。普佛之役。拿破崙三世。敗於散臺爲德軍所虜。客恩培子撻氏之主唱。一變帝國爲共和。實在千八百七十年九月四日是也。是爲法蘭西共和建國之基。國體變更。未有如法國之甚者。不獨吾人之詫異。亦法人所驚疑也。

是令吾人觸目驚心。而法人安之若素。誠以彼我建國之基礎。不同也。散恩臺之役。雖帝政既廢。而假立政府。然普法之局。未了也。外則強隣城下。內則蒐禍蕭牆。國家之存亡。危於一線。季哀路氏當此難局。左荆右棘。幸其外交之巧。又利用共黨勢之相爭蓋王黨與帝黨之不統一而卒歸於共和背泯異言竟天下大勢遂制定憲章實在千八百七十五年七月而共和之國體確立置大統領及構成議會又設國民議會是爲共和國主祕行動之机關而政治組織之大要亦定以前之憲法若不相矛盾者概存其迹所改者僅在根本耳如法國之國體由帝國而王國而共和進步不爲不速觀其今日之制度已根深蒂固未易動搖也

國民議會

地位、

國民議會之主權存於全體之國民政治之興革非由合議則不行是不可不具主權行動之机關此法國國民議會之由來也以法律上言之恰似德意志之聯邦參議院

以政治上之地位觀之。則組織與趣旨皆異也。蓋德國聯邦參議院之議員。爲各洲政府之代表。法國國民議會之議員。由全國人民之公選。視德意志帝國議會尙有不同。視他國之上下兩院之協議會。不甚差異也。蓋兩院相離即不得植政治於獨立之地締觀兩國故治之發現殊今人動目也。

組織、

國民議會。由元老院議員代議員議員組織而成。然視日本帝國議會之於貴族院衆議院亦異也。蓋日本帝國議會。不過一立法參與之機關。曰貴族院。曰衆議院。不過議會內部之區分非貴衆兩院之外別有帝國議會也法國之國民議會則不然以議員論猶是元老院代議院之議員耳以機關論則於元老院代議院之外別有一國民議會也惟國民議會並非時開。至執行憲法上之職務。方行開議。而議期未嘗有逾五月之久者。

權限、　國民會議者。爲國民主權行動之機關非其他機關所能掣肘但亦不可無一定之權限也即如改正憲法及選舉大統領之二事更不可不授以權限若改正憲法之事。必得元老院代議院之同意。方可討議。若大統領任滿及辭職死亡之時。應選舉新大統領。無論何時。皆以多數爲決。

代議院

地位、　就法律上言之。則代議院不僅與元老院爲同一立法之機關。且與歐洲各國之下院相同。然就政治言之。則性質固迥殊也。法蘭西之爲共和德意志之爲帝國其國体既與故德國之議會政治上之關係不如法國議會之勢力強也元老院與代議院法律上之地位雖同但代議院之議員皆係有力者組織而成故天下之實權不得不歸諸代議院法人之語曰代議院能制元老院之死命故國民雖爲主權行動之機關不啻一代議院之化身宇內實勢能抗代議院者幾無其匹故曰代議院者法蘭西主權行動第一之機關組織、

代議院之組織。亦依普通選舉法。非有其他規定也。年齡滿二十五年以上者。全國八十六縣。每縣不下三人。但一縣中非混舉也。劃定選舉區域。有時定爲縣選舉區今又復爲郡選舉區。仍舊制也。選舉之方不僅通行於本國法之殖民地皆然也計阿路其路選出者。五人。印度支那等七人。

現總計五百八十五人。選舉之期。非有成例。每回由大統領指定。議員任期。以四年爲例。但有事解散。而不以時限之也。

元老院

地位、元老院、本與代議院同爲立法之機關。初無二致也。惟以法國今日之政治而論。則元老院常立於代議院之下。前既詳述之矣。

組織、元老院者。有議員三百人。組織而成。皆舉自元老院議員選舉團者也。年齡滿四十歲以上。任期以九年爲限。每三年改選總數三分之一。所稱爲選舉團者。因元老院議員選舉之故。有此組織。即縣會議員。及各郡之郡會議員。及各町村之町村會之代表員等是也。

兩院權限及議事章程、　元老院與代議院之權限。在法律上無輕重之別。惟財政諸案。往々先發議於代議院。還送於元老院。開特別會員會。審定此案。又徵個人之意見如何。爲之詳細報告。以定此案之是否。若定爲是。方由政府提出。然後全院爲之議決。

大統領

地位、　法蘭西純然一共和國體。主權全存於民權間。大統領僅總括行政之機關。未嘗握尺寸之主權。以視阿美利加合衆國之大統領。略相似也。

大統領雖不同主權。然總括行政。解散議院。命議院再議。及簡放裁判官。建設特別裁判所等。無一不大統領命是從也。

似於立法司法之權限。未嘗不廣。然就內部之勢力述之。有足令人驚者。命令非得大臣之副署則無効。其他政治之舉動非得大臣之同意則不行。故在他國則君主命大臣之副署。在法國則大統領請大臣之副署。有時大臣意見不同。大統領亦無如之何。非主客之地位顛倒也。蓋謂以權力不屬於大統領。國法之精神如此也。

組織、　合衆國大統領。由民間選舉。法國大統領。以國民議會中多數爲決。無論何人。皆有資格。惟法國皇族不與也。且不能爲議員。亦無間接選舉之權。大統領任期以七年爲限。不似合衆國別設副大統領。若大統領因事出位。未舉新大統領之前。則內閣代攝其事。

權限、大統領爲行政之主長。統轄全部。黜陟官吏。惟對議案不似合衆國之大統領、有拒否之權、設令議案、實不利於國家。可命議院再議。閉會、停會、解散、大統領皆有其權。惟通常會期。不可不滿五月以上。若臨時議會。却不限定。然一期中不越二回。每一回中不越三十日。即行解散。非得代議院元老院之同意。則不行。解散後二月以內。行總選舉。選舉後十日以內。行召集。大統領不負處分之責。若遇謀叛罪。則由代議院彈劾。元老院審判。

政府及內閣

地位、政府及內閣。皆由大臣組織而成。對政務之關係。兩者之地位不同也。法國政府各大臣之地位。却與日本不相同。

一方爲國務大臣。一方爲行政各部長官。國務大臣爲議會之代表。司主權行動之全部。論其地位。在大統領之上。行政各部長官爲大統領所監督。論其地位。又在大統領之下。所謂政府者。非有其他之團體。僅就其政治之集合以名之稱。若內閣。則由各省大臣組織而成。爲行政事項參議之府也。國務大臣之地位。上既述之矣。凡簡放官吏。發布命令。不得不經其副署。若意見不合。有拒否之權。雖大臣亦爲大統領所授。然非結議院多數之衆。往々不得居高位。大臣對議會之責任在此也。故大統領不與大臣相得。諸事不能舉行。初非掣肘。其勢力遂出於大統領上。以向來歷史之故。非得已也。然大臣登政府之庭。則政務之進退。又皆惟議會之向背是。從。是。故。其。實。權。一。轉。而。皆。歸。諸。議。會。之。掌。中。元。老。院。之。仰。他。人。之。鼻。息。前。既。論。之。詳。矣。故法國之政治。一言以蔽之曰。代議院。所謂群衆政治。(goverment by mass meting)之標本也組織、政府由國務大臣而成。內閣由行政長官而成。國務大臣、與行政長官、常相兼。政府與內閣常相共。即外務、內務、大藏、司法、陸軍、海軍、文部、農務、商工務、公設事業、及郵務、共十一大臣是也。大臣可兼議員。此亦常例。

權限、政府非閣體。實係獨立。爲議院之代表。而爲參議國政之府。以視他國不同。此法國之制度。所以爲特別也。君主國中。非無行政長官兼國務大臣。者要不過輔弼皇帝。隨班晝諾而已。即如共和國体之阿美利加合衆國。所有行政諸長官。莫不隷於大統領之下。不似法國一方爲行政長官屬於大統領之下。一方爲國務大臣司主權行動之全部。又出於大統領之上也。抑國民議會爲法國最高之機關。其權限極於改正憲法選舉大統領其他政務自不得不歸其處理。若元老代議兩院。僅參與章程一立法之機關爾。皆非常役也。要之多數政治非宜於今日之時勢。又不得仿合衆國之共和政體總理萬機委託於大統領。蓋與大統領以勢力。非法人所樂聞也。不得不別設機關爲議會之代表以當主權行動之衝殆亦出於不得已之故歟。國務大臣當兩院開會之時既有發言之權亦有答問之義務也。內閣者監視法律之施行又經畫行政之統一。若大統領遇事出位之際。國民議會中。選舉未定其人。則內閣有代行之權也。

英吉利王國

國　王

國王者。由法律上觀之。儼然一英國之主權者。而政府國會、裁判所、皆爲其行動之機關。總攬萬幾。皆出親裁。諸大臣似供其驅策耳。豈知不然。國務大臣。實當諸政之衝。黜陟之事。向有成例。國王不徒形式之具文耳。研究英國政治實際者。必知國王非重要之地也。

國　會

地位、　英國々會以視他國々會之制度。不甚顯殊。純乎爲國家立法之機關。雖因此而學說紛岐。或曰國會與國王相共。合爲統治之主体。或謂國王與國會。實各爲主權之一体。

二說皆相矛盾。吾謂惟國會爲國之機關之說是採也。英國所謂政黨內閣之制。有時以國會多數之向背。內閣爲之左右。按法國政府大臣。爲國會之代表。亦爲政府之委員。英國政府大臣。實與此同。要未可憑形迹以概論也。蓋一則常居於國會之下。一則常伸於國會之上。此爲英人之特質。而多數政治之成績。英國獨收其効驗。推原其故。亦國民公爾忘私。國爾忘家之念盛。又惟其首領之信從不漫制肘之所致也。

組織、國會、由上下兩院而成。上院則英倫貴族（此類貴族、有時國王陞敘平民與其列也）十六名。蘇格蘭貴族二十八名。愛爾蘭貴族二名。僧正二十四名。高等法官四名。下院則市郡所屬之各選擧區民。及應得選舉之大學校生。組織而成者也。任期以七年爲例。

權限、　國會之權限。就他國現行法上而論。亦同以協贊立法豫算三事爲主。然不止此也。監視政府實爲施政全部之樞有時政府之舉動爲輿論所不洽國會權力有以阻之也上下兩院之權限本無差異惟上院爲上級裁判所重要非。倚全院以議決也選四名以充大法官是議員而兼法官也若論政治之實際則下院常爲制肘幾有進退內閣之權上院逢下院多數之內閣無不委蛇相從此兩院權限相異之處也要之英國純乎一政黨政治之慣例爾

國務大臣

國務大臣者。輔弼皇帝。爲施政之機關。天下事執興執革。無

大無小。皆得其親裁。此爲國務大臣重要之地也。非得國會多數之同志。未有不遭國中之反對大臣之專制。就立憲國而論。未有如英者也。大臣黜陟之權。雖屬於國王。然實則舉諸國會中之政黨得多數之首領以授其職。此爲歷年之慣例。且國務大臣。即爲行政長官。各省事務。咸受統轄。此與他國相同。所異者不似他國遽著爲成章。故各省編制之名稱。與各國稍異。而大体之實質。未嘗不同。故茲不具舉也。

七六

新民叢報告白

本報仿外國大叢報之例以教育爲主腦以政論爲附從採合中西道德以爲德育之方針廣羅政學理論以爲智育之本原務在考中國所以不振之故對症發藥使國民知所觀感備列各種門類如政治法律教育兵事財政等總計二十餘門撰述精美材料豐富洵爲中國報界中別開生面者也月出二冊每冊定價二角五分

日本橫濱山下町一百五十二番

發行所　新民叢報社

東京教育報主筆
東亞同文會員　日本辻武雄著

新編東亞三國地誌

全兩冊　定價一元二角

此書係日本名士勁堂辻先生所著識見高超叙事確實書中入彩色地圖數幅紙章潔白印刷精工發售以來流傳中國有志通時務者無不携備一卷以資研究是以出版未久而售銷者已及萬卷之多今重版新成校對更細四方君子請速賜顧遲恐售罄倘要躉購請就發售處或代售處函或詢面議可也

日本東京市日本橋區吳服町壹番地

發售處　株式會社普及舍

上海英四馬路老巡捕房隔壁

代售處　同文滬報館

創設開明書店啓

世局日新文明大啓 朝廷孜孜求治各省官紳仰體上意設立學堂購備中外圖籍以開民智雖偏僻之地亦皆靡然向風而海內志士又復熱心愛國益意於新學問凡所以開風氣增智識者無不興舉如編譯局藏書樓講習社等次第設立學堂科學日漸講求日漸完備而東英文書籍之研究傳譯進步益速此雖運會使然要非各省官紳海內志士之提倡曷克臻此顧猶有難者文化之進步尚在萌芽篳路藍縷自不能免種種困難之境譯書日多優劣參半未經提要源流不明不知何者當購何者不當購其難一也小品下乘已多傳述鴻篇名著尚未流傳其弊也駁雜而難語精專瑣屑而不成片段志學之士得門無從其難二也書賈射利本無學識改頭換面妄行增刪變名而購之者往往閱之而大失所望其難三也東西書籍新舊迭更流派各別欲研究何學應購何書未經熟悉抉擇多疎遠涉重洋訪求未便其難四也英文之書浩無畔岸無論專門名家之作從未有人開譯即學堂讀本書大半取法乎下習用其一不知其二而其他學科無論矣求一習字鑄之佳者不可得而其他文學之書無論矣其難五也凡困至多不可以一言蔽之爰集同志在上海通商鉅埠創設開明書店專爲各省官紳海內志士購辦東英文書籍及各地譯局之新書各學堂之課本又課本又代各省學堂配購中英文教科讀本等書幷發行譯書彙編社中學教科輯譯社泰東時務譯印局東洋留學生等所譯書育材學堂教科書凡上海各地新出之書無不全備藉以助維新之盛治開文化之新機緣述大凡以告同志

一凡各省官紳海內志士欲購何種書籍請即開單寄交本店或指明何書或代爲選購本店無不妥速代辦

一本店除代購外一切東西洋應用最緊之書無不置備

一代購西洋書須價在百元以外先付書價三分之二方可專寄倘爲數過微則俟集數彙購未能從速東洋書不在此例

一新譯各書本店均有寄售或寄售或躉批價均格外從廉以期廣開智識

一本店發行書報如各埠有願代售者均照該書報代派例一律折扣

一各省新設學堂甚多內地見聞較滯所需中英文各種讀本教科書選購極難本店均可各就所宜悉心酌配無不盡善

一各地志士如有新譯新著書籍本店可代印代銷無不格外克己

一本店除售書外並隨時印行書目凡新出之書悉爲提舉綱要以告同志俾便選購

上海四馬路老巡捕房東首辰

字第十五號開明書店主人啓

當時有名薄瓜利瓦薄夫者。以通於虛無黨之故。處以流於西比利亞之罪。其在聖彼得堡獄中之時、會府知事脫來巴將軍、巡視監獄、薄瓜利瓦薄夫與之口論、知事怒、使獄卒以棒擊之。是固不法之行爲也。何以言之、俄國自一千八百六十三年以來、既廢肉刑故也、其時有名之疎若斯利顚娘者。閱新聞紙、知有此事。以一千八百七十八年二月五日、至府廳中。請面謁知事、許之、知事出見、彼即以手鎗擊殺之。有司遂以娘交之裁判所。娘極言警察官及獄吏之不法。於是警察權濫用之大問題以起。裁判官本惡行政官之專橫、欲乘此機以抑之。遂由官吏及地主會審之。娘因得無罪。然出法廷之時、警察官即邀之於戶外。幷縛之。娘之友人。又遮止之。乃免。此正俄土戰爭之際。俄軍逼君士旦丁之時。故全國頗注意此事。

此時正值一千八百七十七年及一千八百七十八年俄土戰爭。軍事上及外交上。俄皆失敗。故司來夫黨。亦咎政府之無能。人民之失望。較之克迷利亞戰後。有過之無不及。擲三十萬之人命。鑿盡國帑。財政上之信用。亦遂墜地。僅依聖司偸夫亞之和約。稍得權利。而又以英國干涉之故。於伯林公會中。削其大半。澳大利反因以得蝦欠奢維那及怕司尼亞二州之權利。白爾半島中。加持力教會及德意志國民之勢力。日以强大。俄人更無措手處矣。司來夫黨。頻攻擊政府。有亞普薩奇夫者。於一千八百七十八年七月三日演說之中。謂眞有害於俄國者。不在薄瓜利瓦薄夫及乏辣若斯利顚娘之徒。彼虛無黨之大逆不道者。優於政府之外交家多々矣。政府遂以八月。命解散司來夫黨之各社。亞歷山德第二中年本賴司來夫黨之力以行其專制政府畧也。今忽離之。帝亦失其助矣。

在政府之意。猶以爲司來夫黨之援既失。更可引其反對黨以爲已用。豈知前此與司來夫黨不合之自由主義貴族。今皆與司來夫黨聯合。以攻擊政府。政府遂孤立。

此時虛無黨。遂欲乘機起事。秘密出版物之數。頻爲增加。檄文雜誌之類。頒布於四處。其中有祕密新聞紙二種。名國民之意志。及土地與自由者。皆革命黨之機關新聞也。

此時革命黨之方針。亦爲之一變。以爲在專制政府之下。欲從下等社會。起而革命。究屬難事。蓋以政府有無限之警察權。且有中等社會以助之也。因更從前年之主義。先迫政府以開設國會。定印刷之自由。二者既成。遂藉輿論之力。以實行革命。爲欲達此目的。故決計以威力强迫政府。合聚彼得堡與南部之數祕密社而爲一。是即世之所謂虛無黨也。以聚彼得堡爲中心地。設實行委員。實行委員。握有大權。指定部下之人員。使其實行暗殺。委員之得有命令必。當盡實行之義務。全體之人數中。有學生。有職工。有處女。常祕密會集。協議要事。更有祕密印刷所。製造彈藥局。其費則皆得自捐助者也。

乏辣若斯利顚娘宣告無罪之後。五日即四月十七日。又有控愛夫大學總長麥專夫之事。麥專夫常見怨於虛無黨。是日在大學門前。爲虛無黨員所刺。死後數日。憲兵隊長嗐突懇亦於扣愛夫市中。爲人以短刀刺死。八月十六日。內部第三部長梅成欠夫亦被刺於宮中。犯人無一就縛者。於是官吏無不惶急萬分。亞歷山德第二以八月二日發一布告。謂爾後政治上之犯罪。當使軍法會議審理之。於是有識者早知彼此非大決裂。不能有結局矣。

一千八百七十九年二月二十一日之夜。卡羅富旁省之知事克拉柏脫金公爲一假面者所刺死。實行委員。揭示公之死罪於國內各大市。三月十七日憲兵大佐克飯步被殺於瓦豆司薩之居宅。屍體之傍。有實行委員之命令狀。二十三日。宮中警察官拉因司塔因之屍體。發現於莫斯科之麥蒙脫司旅館中。二十五日。梅成欠夫之後任官特蘭偷龍將軍被擊於聖彼得堡。四月五日。扣愛夫之知事大脫洛夫伯被擊。十日。警察長官駒洛脫維司寇被刺於安懇千市其時莫斯科等各大市中。皆大火。眾皆以爲虛無黨所爲。虛無黨亦不置辨。

四月十四日。有於聖彼得堡皇宮。以手鎗狙擊亞歷山德第二者。帝幸未受傷。行兇者沙洛維愛夫。當即就縛。虛無黨自以爲黨中有大逆者出。定爲黨之名譽。數日之後。使其土地及自由新聞揭一長論題。爲政治上暗殺之必不可少。其論之大意。則謂暗殺一事。爲自由革命之無上利品。雖有百萬之兵。亦莫能制之云云。

第五節　皇帝被弒

虛無黨之暴動手段已極。政府之防遏手段亦不稍疏。以虛無黨鎮壓之全權。畀之莫斯科滑羅沙扣愛夫三省之知事。又以俄土戰爭之功臣。官民所最推崇之三名士。甘奇洛利司梅利奇夫。尼脫來密爲聖彼得堡卡羅奇富及文豆司薩三省之知事。而委以征服虛無黨之全權。於是處禁錮及放逐之刑者。以千數。處沙洛維愛夫以斬罪。後更於扣愛夫中處斬六人。五豆司薩中處斬六人。聖彼得堡各家之門前。悉使巡捕嚴守之。

暗殺之事一時暫止。至一千八百七十九年十二月一日。帝自利乏之其亞乘火車入莫斯科停車場之時。地雷爆發。地爲之烈。幸帝已過。未受其害。犯人亦未就縛。

十二月十四日。虛無黨之實行委員發表宣告帝之死刑。

一千八百八十年。虛無黨交休戰條約於政府。其所要求之改革綱領如左。

完全之信教、印刷、言論、結社、集會之自由。

民選議院。

普通選舉。

廢常備兵。以地方民兵代之。

以上之綱領。已較歐洲西部之立憲制度。有過之無不及。而自虛無黨視之。則尚十分讓步於政府也。

二月十七日。帝與皇族晚饗於冬宮。地雷爆發。在食堂及階下之衛兵屯所。盡爲裂碎。衛兵之中。死者六十人。傷者四十人。帝與皇族。幸皆無恙。

政府施防護之手段。益爲嚴密。廢聖彼得堡知事。更置近畿總督部。以梅利考夫爲其部長。畀以兵力。使握統禦聖彼得堡及其附近之全權。梅利考夫深爲帝所信任。一切政治皆須從其意見。各省之知事。亦皆聽其指揮。

梅利夸夫雖搜索犯人不稍假借而其勸帝。則謂當採自由主義。以收輿論使虛無黨孤立。又以囚徒中之無辜者勢所不免長此禁錮於獄中則其家族之怨憤。亦足以爲釀亂之源。故自西比利亞之囚徒始。凡在各地獄中之人。將其關係之書類再爲查察。奏之於帝其無辜者。即行放免。其未判明者。速行再審。被逐之大學學生二千人。許其歸校更給以學資。以嫌疑而罷職之官吏約三百人。盡復其職。

梅夸利夫以爲若此辨理。尙屬暫救目前之計。欲眞得民心使不與政府爲難。非更行一大英斷不可。何以言之。亞歷山德第二登位之初。大行自由政策。解放奴隸。上下人民。望治之心已急。中途之方針一變。遂激成爲此大亂。故今欲復見平和。非與國民以參政權不爲功。一千八百八十一年三月一日。聖彼得堡之貴族會議中。提議上奏於帝。請廢流刑之制。全會一致。贊成此議。遂皆署名而上奏於帝。帝亦自知不見容於輿論。若再拒之。恐虛無黨之禍亂。非惟不能稍弭。或益加甚。乃勅諭梅利夸夫。使廢行政上追放之制。梅利夸夫知事機之不可失。即上奏於帝。請設國民代表會議。使全國之省會貴族會及市會選舉代表之人。

以議國家要事。

亞歷山德第二。以一千八百八十一年二月。集皇族及舊臣於宮中。會議開設國民代表會議之當否。梅利夸夫大藏大臣。亞白薩前內務大臣。乏利夫。皆痛言此舉之必不可少。帝躊躇未決。至三月九日。始勅諭內務大臣而裁可之。十二月。又諭內務大臣。且緩發表。此時適虛無黨之隱謀又露。帝意遂決。十三日。命以此勅諭載之官報。帝即赴觀兵之式。午後三時。可薩克兵一隊。護之還宮。沿卡薩林運河進行之際。突有以破裂彈投於馬車中者。轟然爆發。守衛及行列者。死傷數人。犯人利斯薩夸夫。立即就縛。帝幸無恙。出車而問曰。傷者如何。語未畢。第二之破裂彈又轟然爆發於足下。帝之兩足。爲之分裂。腸腹旋破。面貌亦壞。太子擁之入宮。暫蘇。遂不發一言而崩。其裁可開設國民代表會議之勅諭。尚未印刷畢也。

第五章　亞歷山德第三

第一節　登位後二月

先帝既崩。亞歷山德第三。即登帝位。登位後十日。即三月二十三日。虛無黨之實行委員。致書於亞歷山德第三。要求赦免一切政治上之犯人。及召集俄國議會。謂尚能照辦。虛無黨當與政府言歸於好。帝先於四月十五日。覆其書。即處謀弑先帝之逆黨犯四名以死刑。至五月十一日。又下一勅諭其大意則謂有抗政府之意者。政府惟知以威力除之云云。虛無黨亦遂以五月十五日宣言曰。吾黨與政府。今已新啓戰端。彼父之運命。即其子之運命也。云云。蓋謂先帝已爲虛無黨所弑。今又欲弑亞歷山德第三也。

自是以後。亞歷山德第三。守定壓制主義。至死不變。先是梅利夸夫上奏於帝。謂臣已得先帝發布憲法之命。令値此困難之時。苟欲保全皇室。惟有速行發布憲法爲最上策。帝從之。然保守派之朝臣。大爲反對。其中有聖法會議理事。帝幼時之歷史教師拋海脫諾司欠夫。至謂舉行新政。有背大道。吁亦噫矣。司來夫黨之巨魁卡脫夸夫及突葛那斯夫亦反對之。帝爲之動。遂有五月十一日之勅諭。於是梅利夸夫辭職。更迭內閣。突葛那斯夫爲內務大臣。改新主義之亞白薩退。盆其代爲大藏大臣。陸軍大臣米羅斯餒將軍退。滑諸司鏗代之。

亞歷山德第三。生於一千八百四十五年三月十日。娶丹麥王女特克麥儞。一千八百七十八年之役。頗有戰功。體格之大。殆如巨人。頗有腕力。能曲五法銀貨於指中。其志之堅。殆不讓於尼夸拉司第一。更能容人達理。寡言深思。能辨人之眞僞。親之者不忘。欺之者不恕其才智之高卓。頗可補朔臣之不逮。

虛無黨之隱謀。尙未全滅。一千六百八十二年三月三十日。檢事總長司脫鑾尼哿夫被殺於扣愛夫。十二月二十八日。警視副總監司豆突悉被殺於虛無黨之巢穴中。一千八百八十四年有乏辣非利薄夫娘以虛無黨之主義。傳播於少年士官之中。事發。連累者八人。中二人處以死刑。

新帝以一千八百八十一年七月。始出宮中。至莫斯科及脫洛突司塔之寺院。警戒極嚴。戴冠式亦延至一千八百八十三年五月二十七日。始得舉行。

第二節　突葛那欺夫之內外政策

此時高雀哿夫雖尙在職。而年已八十有餘。自難當事。突葛那欺夫將軍。時方用事。權勢振於內外。彼之內政。已稍變其從前之方針。知極力反抗民心。民心亦必極力與政府爲難。於是地方之農民。其未納淸地租者。許輕減之。波蘭波羅的諸州及西比利亞。尙未開設地方會議。今即爲之計畫。本有之地方會議。則使其離地方官而獨立。直隸於內務省。又以印刷之束縛過甚。思有以解除之。更欲召集國民會議於槊彼得堡。內務次官添愛蘭維反對其改新政策。遂於一千八百八十二年一月辭職。

此時之外政。劃中分爲二派。其一係排德黨。其原因以一千八百七十五年以來。高雀夸夫與卑思麥克不和之故。欲結法以敵德。突葛那欺夫亦因此理由而有二主義。其一欲依司來夫黨之後援。以襲高雀夸夫之地位。故不得不敵高雀夸夫之所敵。其一欲使波羅的州之德意志移住民。化爲俄羅斯人。以便統一俄羅斯帝國之內部。然排法黨中。有拳爾其人者。久輩高雀夸夫之政務局長。彼本瑞典人。最親於德。以不容於高雀夸夫。從未得握政權。其爲政務局長。不過處理庶務而已。至一千八百八十一年九月一日。帝與德帝會於藤鐵克。拳爾從之。遂得與卑思麥克互通款曲焉。

時法蘭西中自一千八百八十一年十一月九日。根敗達爲內閣總理大臣。頗實行德意志復讎政策。此時俄羅斯中。有名司麥敗蘭夫者。曾著武功於中央亞細亞。在罣彼得堡巴黎滑羅沙爲排斥德意志之演說。以是俄德之關係。極爲危險。

時高雀夸夫以年老故。乞歸骸骨。如任突葛那欺夫爲外務大臣。則當與德啓釁。如以拳爾爲外務大臣。則當與德修和。亞歷山德第三於二者之中。尚未有所決。帝素知卑思麥克之非眞心與俄和好。故欲聯法。又以鎮壓虛無黨之故。離德又非得計。故仍與德竊壓不絕至。一千八百八十二年四月九日。終舉拏爾爲外務大臣矣葛那欺夫遂以六月十一日辭職。脫羅司探伯代爲內務大臣。

第三節　內政

一印刷

一千八百八十二年中。依脫羅司探伯所定之制。則新聞紙苟受警戒三次。尚不更改。即當停止。非受檢閱者。不許再刊。明晨發刊之物。前夜須受檢閱。檢閱官有不依裁判。禁止刊行之權。未受撿閱之前。政府尚有訊問各執筆者。亦當明言。如欲停止發行。及全禁止。須由委員議決。之委員以內務大臣文部大臣司法大臣及神聖法會理事充之。

二地方會議

省會及縣會。雖不廢去。然改正其制度。使屬於知事之權下。町村則以不堪自治之故。移之於縣長之權下。郡長以貴族爲之。脫羅司探伯之主義。更欲恢復貴族對其領內農民之裁判權及警察權。

三教育

一千八百八十二年。卡腔及聖彼得堡大學中。有學生騷動之事。一千八百八十七年。二校之外莫斯科、瓦豆司、薩卡羅富夸之大學中。亦有騷動之事。政府以其地有虛無黨之故。以兵力鎮壓之。處以退校捕縛放逐之罪。一千八百八十七年以後。置監察官於各大學。使行監察之權。及主理給費之事。新起大學於西比利亞之脫摩斯科。自一千八百八十七年起。中學校之校費增三分之一。下等社會之子弟。不准入校。然其學科之上。則大爲改良古典之教課。全行減去。易以近世之新學。實業學校之教科書。尤爲改良更適於用。又於各所起工業學校。更起女子手工學校。以皇后之名名其學校爲麥利。新起工藝學所於卡羅富夸實驗醫學所於聖彼得堡。

四農會補助

政府欲眞心改良農民之狀態。一千八百八十四年以後。納稅義務者之中。屬於最下級者。悉免其稅。其他則減其十分之一。乃至四分之一。全廢鹽稅。一千八百六十一年。解放農民之後。其每年應納之地租尚多。故農民尚極困苦。今欲救之。故於一千八百八十二年。與貴族土地銀行及農民土地銀行。以便大農小農。遂成解放事業。

五租稅

近年因擴張軍備及開發內地產業之故。歲出年益增加。稅源亦因之不得不推廣。

年分	歲出
一八八一年	六五四、一八六、一四九羅帛而
一八八五年	八九一、四九一、三〇八羅帛而
一八九〇年	七六四、四七七、五一五羅帛而

歲出如此增加。遂加徵金山之鑛稅。設登記稅及印紙稅。其從前未課所有權移轉稅之地方。今亦課之。大寇斯湯省及三米白臘慶司克省本已課煙草稅。今更課以燐寸稅以羅帛而之滙劃。頗不利於俄。故關稅則用保護稅主義。且擴張之。一千八百八十七年。又二倍鐵稅及鋼稅。德意志西來西亞地方之工業大蒙其害。遂以其報復手段。行之於俄羅斯公債之上焉。

六貨幣

欲以俄之金貨。通用於拉丁聯合之各國中。法國中則鑄二十法郎之金貨。刻以俄帝之肖像及俄字。以記價格。作爲五羅帛而之金貨而流通之。

七交通

欲利商貨之運搬。及滙劃之便捷。故多設新制。郵政電信。合而行之。一千八百八十年中。電綫之總延長。共九萬四千六百二十五吉羅。一千八百九十年中。巳加至十二萬五千五百五十四吉羅。一千八百八十年中。共有鐵路二萬一千二百二十一佛斯達。一佛斯達合英尺三千五百尺一千八百九十年中。巳加至二萬六千五百五十四佛斯達。航海事業。亦與新設義勇艦隊會社。裏海滊船會社。丹牛波滊船會社。太平洋滊船會社。依一千八百八十七年一月之統計。俄國商船。共有滊船三百五十七艘。帆船二千六百十四艘。

八工業

亞歷山德第三在位之中。俄國之工業。最爲進步。欲知其詳。可閲瓜維勞司寇新著之俄國經濟事情一書。今將一千八百九十一年中俄國之輸出入總額。列之如左。

輸入　　四六一、三八六、〇〇〇羅帛而

輸出　　六二六、八九五、〇〇〇羅布而

九人口

亞歷山德第二。最注意於保養民力。以是人口大有增加。雖年年各地。有天災饑饉等事。而人口終有增無減。一千八百七十八年至七十九年之人口表如左。

歐洲俄羅斯	七四、四九三、八〇九人
波蘭	七、一〇四、七六〇人
芬蘭	二、〇六〇、七八二人
考司司及外裏海省	五、七四九、五五四人
西比利亞	三、九一一、二〇〇人
中央亞細亞	五、〇〇〇、〇〇〇以上

合計九千六百萬人

然亞歷山德第三在位中調查之人口表如左

歐洲俄羅斯	八五、三九五、二〇〇人	一八八六年調查

波蘭	八、二一五、六六二人	一八九〇年調查
芬蘭	二、三三八、四〇四人	一八八九年調查
考司司省	七、二八四、五六七人	一八八五年調查
西比利亞	四、三一三、六八〇人	一八八五年調查
中央亞細亞及外裏海省	五、三二七、〇〇〇人	一八八五年調查

合計一億一千二百九十一萬六千人

八年之間。凡增一千七百萬人。已與西班牙人口之全數相等。較多於德意志及法蘭西之人口三分之一。以是兵力政治經濟上所及之影響。極為重大也。

第六章　亞歷山德第三之侵略中亞細亞

第一節　脫蘭司卡司排省之侵界

尼夸拉司第一。欲使西比利亞之領土。延至中央亞細亞。一千八百五十三年。已進雪羅達利亞之東岸。因有克利米亞戰爭。一時中止。亞歷山德第二之時。國力已復。一千八百六十一年。再起遠征之軍。次第降服吞開脫、夸殘脫、薩嗎開脫、爾夸椒、遂開探開司吞省。

至亞歷山德第三之時。再興東方政策。採用司來夫黨之主義。以人種及宗教之關係再干涉於土耳其。謀扼君士旦丁而出地中海。以英國干涉之故。勢不得逞。於是變計。擬從裏海以征服中央亞細亞。出自懇半島集軍隊之一部於黑海裏海之間之高加索省起點於黑海之東岸新得之白托毋港。將裏海之西岸達白苦港之鐵路速行竣功。由海路進軍而入中央亞細亞之西南部。夫探開司否省。不便於入支那。而不便於而以大軍出印度。從歐洲印度之要路。係由嘴武。入阿富汗。出海拉脫。下東南而至根塔蝦。更上東北而出卡羅爾。踰卡奕盤峠。而出因特司河。閒當時亞歷山德征伐印度之順路。最便於用軍者也。

然自裏海上陸。至嘴武。二百里路程。皆係磽瘠之地。有一部族居之。名爲探夸門。此部族形似亞拉伯人。奉回教。營農業。以武功而立國者。常寇於波斯。以掠奪良民爲事。彼等在裏海之西。波斯之北。之夸敗脫達夫山脈之北麓。處々有根據地。其最近於裏海者。有亞卡爾豆開部落。人口二十萬。能練四萬之兵。其西有白米橋、夸偸敗、亭千偸敗、亞斯卡白脫等部落。皆築外壘而群居其中。故俄非征服此等部落。即不能開從裏海出嘴武之路。於是一千八百七十九年。授兵一萬二千於拉若來夫及洛麥金。使進擊之。然亭千偸敗防禦甚堅。急未能拔。倘或退軍。則途中糧絕。故無功可得。斯年更起勇將斯可敗夫。使當此任。斯可敗夫先築自裏海至米卡洛司㙮之鐵路。以便聯絡後軍。六月而竣功。自爲偵探先行。見橋夸倫敗之要塞。以長千二百米突廣六百米突之厚壁爲之。拔之非易。更準備半年。始粗有頭緒。一千八百八十一年一月。即攻圍之。以地雷破其厚壁。突入其中。居民三萬。半係兵勇。半爲老幼婦女。俄兵悉屠之。吁亦酷矣。

第二節　俄羅斯征服噶武及一千八百八十四年之阿富汗事件

英國自俄國征服噶武以來。早知其有南下出印度之計。故頻干涉之。且謂俄若占領噶武。英當即日開戰。一千八百八十一年。俄亦對英證言並無取噶武之意。然一千八百八十二年。英國先自無故占領埃及。歐洲各國均惡其無信。一千八百八十四年。適蘇丹叛英。於此時。勦之甚難。俄遂乘此時機。背其前言。謀併噶武。一千八百八十四年二月十一日。噶武之可汗率耆老二十五人。請降於亞司卡白脫之俄軍司令部。俄軍遣保護之軍入於噶武。英國嘖有煩言。於是有一千八百八十四年之阿富汗事件。

俄軍以一千八百八十四年二月二十八日。占領噶武。噶武係通白卡拉波斯阿富汗之路。

在四方沙漠之一草地也。現有人口二十五萬。

英吉利之計畫。如俄國占領瞞武。英即占領海拉脫以阻俄軍之南進。然當時阿富汗之軍數。共有十一萬以上。英之印度政府。現役兵數。不滿六萬。故不能以兵力從事。惟有藉外交手段。以與俄國政府交涉而已。

當時正以外交與俄國政府交涉。卡麥洛夫所率之俄軍一隊。已至阿富汗之西北國境。此時舉彼得堡之新聞海洛特。又謂當由阿富汗及卑路芝得地以通至印度洋之途。在因特司河口之西。英領卡拉梯港近處。築一大港云云。

自是以後。英俄之交涉日急。其最重之問題。則從瞞武出海拉脫之要害地。薷殘克果俄領。抑係阿富汗領。俄則主張薷殘克之人民。本服從於俄。當歸俄領。英則主張俄之版圖。本祇及步利卡脫以南。於是決議兩國派員以決定國境。

此時俄國本不難拒英國之議。直進而南。然以當時之外交關係。不利於與英分離。且達瞞武之鐵路。尚未竣功。就進而南。後援之聲氣不通。計非萬全。故暫讓英國一步。兩國均派勘界委員。

時卡麥洛夫將軍之軍隊、仍欲占領禀殘克、攀滕附葛、由海利羅特而進、略非卡爾。阿富汗軍、遂整隊以待其來、勘界委員、勸兩軍各止於現處之地、且緩進行、一千八百八十五年三月三十日。阿富汗軍渡克鐵克河。對俄軍之左側、據高而陣、卡麥洛夫命其退軍、阿富汗軍、以騎兵突之、野戰砲兵轟之、戰端遂開、不數分時、阿軍敗潰、兵士五百。軍旗二旒、野戰砲兵全敗、皆棄之而走於海拉脫、英國勘界委員、以侵襲之罪、歸於卡麥洛夫、印度總督即日與阿富汗王亞白探拉門會見、王請其早發兵器彈藥及軍餉以備戰、印度總督恐應其請。則英俄戰爭即因之以成、故頻慰王以且待時機、此時倫敦與聖彼得堡之間、交涉頻繁、戰機頗迫、英之輿論主張并侵克利米亞土耳其、其帝則守中立之局。宣言不許英艦通過海峽、英相格蘭斯頓、向國會請求四百萬磅之臨時支出。國會許之、詎知日是英俄兩國和議已成、兩國均以開戰為不利。謂克鐵克之役、係兩軍之誤。遂定喘鐵克屬阿富汗。禀殘克之要害地、及略非卡爾屬於俄國。俄國以一千八百八十六年二月十三日。占領禀殘克、極力經營此地。以便他日進軍於海拉脫也、

不久又有關於夸其薩蘭一事。夸其薩蘭係從俄國領地入阿富汗之捷徑。俄國主張有占

領此地之權。英國始反對之。而終讓之。一千八百八十七年七月。公認克鐵克及摩卡步爾間之地域全爲俄領。

俄國又於一千八百八十六年五月。於亞墨爾達利爾沿岸。占領埃富汗之屬地堪控埃富汗横之而無如之何也。

一千八百八十八年中。關於卡羅痕之通航權。英俄之間又起衝突。英國欲占有此路。俄國反抗之。置領事於梅山德焉。

一千八百九十一年八月。有俄兵六百。以研究學術爲名。至帕米爾之高原。帕米爾係有一萬四千英尺之高地。聯絡天山與雪嶺。而通於埃富汗卡西米爾支那領地探控吞及探控司吞之要路也。中國憂之。印度總督抗之。俄遂退去。至一千八百九十二年之春。又至。始知其前此之退。以寒故也。且其此次之來也。皆用武裝。有耶諾夫大佐指揮之。耶諾夫更派可薩克兵一隊。於埃富汗之東北國境滑根埃軍禦之。七月十二日。兩軍遂合戰於沙麥塔西。

近來英國常警戒帕米爾不怠。

第三節　俄國之中央亞細亞鐵路

俄羅斯於鐵路工事。最爲注意。從白米至麥武之鐵路。共有五百六十四吉羅。自一千八百八十五年六月起。僅滿一年。業已竣功。俄羅斯之計畫。欲分麥武鐵路爲二。一則向東北而與前年合併之探開司吞省各地聯絡。一則南下入埃富汗而達海而脫。以便他日兩路進軍。集於麥武。爲謀埃富汗及波斯地步

於是先從通探開司吞省各地之一線着手。自麥武向東北而達瓦克薩司河。係一直徑二百五十吉羅之沙漠地。並未先行考察。且查且設。三月之後。已出瓦克薩司河岸之甲其愛依市。此市有人口三萬。瓦克薩司河則架二千五百米突之木橋以通之。一千八百八十七年九月。工事告成。更布設河東之線路。經步卡拉而達沙麥根特。以一千八百八十八年五月二十七日亞歷山德第三之誕日。全路開通。總計一千四百二十五吉羅。合華里二千一百里內外。以此工事之難。而其竣功之速。其經費之廉。各國無不驚嘆之也。其詳細情形。英國前外務次官堪孫。於是年九十月之間。曾遊歷至沙麥根特。有一記行書名 Russia in Central Asia and the anglo-russian question 熱心於東方問題者。不可不一讀此書也。又倫敦泰晤士之俄國通信員特白生。於一千八百八十八年五月。行開業式之時。從墨彼得

堡至沙麥根特亦有一記行書名Russia's Railway advance into Central Asia言俄國中央鐵路情形甚詳。

其南下而達海拉脫之線路。亦於一千八百九十七年十二月起工。二十九日。倫敦泰晤士記之曰。俄國自麥武至夸歎之支線。凡一百九十三英里。三年之中。當可告成。然其期限雖定爲三年。若遇戰事急迫之時。更須急爲竣築也。至一千八百九十九年一月。忽報俄國自麥武至克鐵克之線路。業已竣功。於是海拉脫之人心大爲恂恂。俄政府遂下詔曰。俄之目的。在築此路以通商。無他意也。

俄羅斯自麥武通海拉脫之鐵路。告竣以後。如欲用兵於海拉脫。可先集兵於高加索省之梯夫利司府。行鐵路一日而出白苦港。乘滊船二日過裏海。再行鐵路二日而達麥武。又二日。即能着海拉脫。合計不過七日而已。英吉利則須先從潑利麥司港解纜。歷二十五日而達因特司河口之克拉鐵港。再行鐵路四日而達寫門。寫門以北。已無鐵路。至根達亨。尚有百二十吉羅。須行七日。從根達亨至海拉脫。尚有四百八十吉羅。須行二十四日。合計共需六十日。故就運兵一事而言。俄軍之較利於英軍。奚啻霄壤矣。

第七章　伯林條約以後之白懇半島列國

第一節　伯林條約及於白懇半嶋之結果

亞歷山德第二繼尼古拉第一之遺志。用全力於白懇半島。以謀出地中海。自有巴里條約。遂絕政治上干涉土耳其之途。不得已而用司來夫黨之策。從人種及宗教上着想。先籠絡白懇半島之司來夫人種。及希臘正教之各小國民。使其倚賴於俄。以脫土耳其之羈絆。時卑思麥克利用此計以成其對奧之善後策。遂成俄土戰爭。至伯林條約既結局。羅馬尼亞塞耳維亞蒙兪餒餒洛。皆因之而得獨立。巴爾利亞及東羅馬利亞亦得內政自治之權。此皆俄羅斯之所賜也。故自今以後。俄羅斯之何以對此等小國。此等小國之何以待俄羅斯。皆不得不留意也。

俄土之所以失和者。因俄羅斯欲伸白懇半島中司來夫人種之權力也。然俄亦自知土耳其非易勝之國。欲取土耳其。非先借助於此等小國不可。是俄羅斯未助此等小國以前。此等小國已先助俄羅斯也。又締約之時。英國大干涉之。此等小國反不爲俄羅斯所羈束。有此二因。此等小國。遂有厭惡俄羅斯之心。奧大利亦得乘間而起。大阻俄羅斯於白懇半島之權力。自是以後。東方問題之如何落著。更不可不留意也。

第二節　巴比利亞

伯林條約以後。巴比利亞之如何處置。最難確定者也。巴比利亞王國於一千三百九十年。爲土耳其征服之後。歛然就其範圍。其民大抵從事農業。安於簡陋。非爲他國之同種者。有堅忍不拔之氣。故不能團結以謀恢復其本有之自由權利也。惟其人種之優於土耳其。及宗教之善於土耳其。尙能自知其故。

土耳其政府。不許彼等有獨立之教會。使君士旦丁希臘正教之教長管理之。希臘教會。以人種不同之故。常輕蔑巴比利亞人。且時課以過重之教會稅。一千八百六十七年以後。俄國司來夫黨。以人種及宗教上關係之故。誘巴比利亞使反對土耳其。不惜財力以保護之。俄國政府。亦用此主義。命依葛那欺夫與土耳其交涉。一千八百七十一年四月。遂爲巴比利亞人別立一巴比利亞教會。

巴比利亞。既得宗教上之自由。更進而謀政治上之自由。蓋東方民族之間。宗教與政治。不能分離也。如以俄政府常遣人至羅馬利亞。馬其頓各地。說以宜依俄國以謀獨立。土耳其政府。見巴比利亞人團結自立之精神。日益增長。心竊憂之。使酸卡西亞人及韃靼人之屯田兵。移住於丹牛波河之沿岸以備之。然此等半開民族。虐待巴比利亞人幾如奴隸。遂激爲亂。至一千八百七十六年。遂有巴比利亞逆殺事件。

巴比利亞人哀訴於各國。乞其救護。而其乞援於俄國者最切。俄國遂決意利用此事以割土耳其。蒙偷餒猗洛塞耳維亞又助之。遂成一千八百七十七年之俄土戰爭。聖司偷夫亞之和約。俄國殆割歐洲土耳其之半。建大巴比利亞國。自爲其保護者。如是則俄遂可以出地中海以危英國。連絡印度之路。以塞伊大利出酸尼卡之途。故英伊兩國起而與抗。伯林會議之時。遂分大巴比利亞國爲三。其一爲土耳其之藩屬。許其自治內政。是爲巴比利亞國。其二定爲一土耳其之地方。置基督教之知事。使其特別行政。惟不得阻害土耳其之軍政。是爲東羅馬利亞國。其三還之土耳其。約以改良行政。即司蘭司馬其頓兩地是也。

如是俄國之計略。盡爲所阻。然巴比利亞。究以俄國援之之故。始得自治之權。似不可不與以相當之報酬。列國亦以此故。於伯林條約第六條中。申明巴比利亞之假政府。由俄國委員而必由列國之領事補助之。俄國更欲利用此事以張其威勢於巴比利亞。然巴比利亞見國是已定。欲發憤爲雄。遂不喜俄之干涉。謀與東羅馬利亞合。以再興大巴比利亞國。其詳當於下章述之。

第三節　塞耳維亞

塞耳維亞。白懇半島之司來夫種國民中。最早脫土耳其之羈絆者也。一千八百四年。有卡辣嶠地及瓦爾來那維基二僧。起兵於山中。抗土軍。二十二年。稍得恢復自由。逐漸擴張。遂於俄土戰爭十年前。確定憲法。全得其獨立之權。更欲稱霸於白懇半島之司來夫人種國民中而統一之。興南司來夫大帝國。以與北方之俄羅斯帝國並立。其志亦云宏矣。

初怕司尼亞之叛土耳其也。塞耳維亞人都有爲義勇兵。投怕司尼亞軍以助戰者。土耳其政府責塞耳維亞政府。塞耳維亞政府答以凡有利於塞耳維亞帝國者。自由爲之。不知其他。遂欲先土軍占領怕司尼亞暇次奪維那而保守之。土耳其亦决意討之。俄國乃謀乘此機會。以挫土耳其。使其將士均假爲義勇兵。以助塞耳維亞。

然塞軍究以未經訓練。不能與紀律嚴明之土軍相抗。又以土軍深得地利。故雖有俄軍之助。亦終敗。結。土軍將迫其首府。因俄軍干涉之。故事遂中止。塞耳維亞人。更不以軍敗而灰心。俄土戰爭之時。建功甚多。聖司倫夫和約之時。塞耳維亞占得一地。即在馬其頓中所謂古塞耳維亞者是也。

塞耳維亞。更欲跨馬其頓司來亞爾爾凡尼亞及愛鐸利亞。再與一大塞耳維亞王國。而其所以不能成立者。蓋亦有故。彼等於一千八百七年。與土耳其戰爭之中。行普通選舉之法。立國民會議。邇來漸成立憲自治制度。如此行為。已非俄羅斯之所喜。彼等更欲統一白懇半島中之同種國民。是不啻奪俄羅斯之白懇半島權利也。能不為俄羅斯之所忌乎。即前此俄之助塞。亦不過欲藉此以窺土耳其耳。非眞有援塞之心也。故聖司倫夫亞之和約。維使土耳其公認塞耳維亞為獨立之國。其自丹牛波河至多島海之領域。則盡括之以建大巴比利亞國。且於其西部中塞耳維亞現有之古塞耳維亞亦剷奪之。此時塞耳維亞之失策。可謂極矣。

依聖司倫夫亞之和約。塞耳維亞之國境。更有新設之巴比利亞國。北有奧大利匈牙利。惟西南尚有餘地。然西地為俄羅斯所窺伺。塞耳維亞已無從下手。南地則與大利要求開放通於薩洛尼亞灣之路。俄國亦贊同之。不許塞耳維亞擴張國境。故與司倫夫亞利約。塞耳耳亞所得者不過古塞耳維亞中之尼雪一小地而已

伯林會議之時。列強之對塞耳維亞。皆極冷淡。惟奧大利尚稍有助之之意。以爲計畫自國之利益地步。先與塞耳維亞締通商條約。以奧大利之資本敷設通過塞耳維亞國內之鐵路。俄羅斯遂反對之。塞耳維亞人亦有以爲此之受奧大利之愚而挾異議者。然終依奧大利之力。得巴比利亞所有之古塞耳維亞中之探痕及泊洛脫二地

然塞耳維亞人猶以爲未償所願。憤俄人之狡詭。嫉巴比利亞人之占有巳所欲得之領地。故決意求援於奧。以與巴比利亞一戰。遂爲所敗

塞耳維亞之面積。有四萬八千六百五十七吉羅。人口約一百七十萬內外。

第四節　蒙倫餕脊洛

白懇半島之司來夫民族中。惟蒙倫餕脊洛。未受土耳其之羈絆。塞耳維亞爲土耳征服之後。蒙倫餕脊洛據高臨險。以抗土軍。勇悍聞於世。俄土之戰。蒙又起兵以助俄。故與司倫夫亞之條約。俄使土認蒙倫餕脊洛爲獨立。且割讓蒙軍占有之地域。及出亞拉的海從安鐵

維利港全司克吞湖至巴依那河之地以報之。然俄之待蒙。如此之厚。亦非無故。蓋蒙與塞異。並無創立憲制度之志。十八世紀以來。常戴俄爲大君及大敎長。不敢稍存他志。故俄亦善視之。

然伯林會議之時。歐洲列強。自不能依俄之議。以擴張蒙儉餒猗洛之權勢。故蝦吉克維那一地。以人種及地理之關係而言。本當屬之於蒙。然奧大利不欲蒙伸張國境。故以此地爲奧大利所保管。西北兩處。亦不准蒙伸張國境。且於伯林條約中。特定一條。謂蒙儉餒猗洛無創設海軍之權。

第五節　羅馬尼亞

白懇半島各種國民之中。惟羅馬尼亞之人種獨異。彼等所居之地。係古時羅馬之殖民地。中古土耳其侵入之時。潛匿於塔白西亞小中。事平之後。更至平野。遂開毛達威亞及滑拉克亞二州。

羅馬尼亞素抱閉關自守之志。至一千八百七十六年。俄土戰爭之時。羅遂陷於逆境。羅馬尼亞本爲土耳其之屬國。俄無占領之權。自不待言。然一旦土爲俄敗。難保不爲俄所併吞。

乃訴之於列國。欲守中立之局。然巴里條約第二十六條中。載明土耳其如有戰爭。有調用羅馬尼亞軍隊之權。故列國皆不許之。一千八百七十七年一月。俄國要求於羅。欲通過俄軍於其國中。若不允。先與羅開戰。羅馬尼亞此時既無獨力抗俄之兵勢。土軍又遠在丹牛波河以外。遂不得已許其過軍。與其結領土保全之約。土耳其知之。責其有違條約。遂以海軍擊其自拉利辣。

一千八百七十七年五月二十二日。羅馬尼亞遂對土耳其宣告獨立。即以六萬之軍助俄。俄因之得以轉敗為勝。自是以後。羅軍戰功甚多。羅人之意。固自以為事平之後。俄當有以報之也。豈知聖司偸夫亞之和約。僅以夸特盤其亞之沼地與羅。夸之住民皆係土耳其人。地又荒僻。毫無生產。於是羅人大為不平。遣使至伯林會議。乞援於列國。列國皆佯應之。惟藉法國全權之力。得擴其夸特盤其夸之境界至門格利亞市而已。自是以後。羅馬尼亞雖怨俄。而自知力不足以禦之。故二十年來。專以改良內政。休養民力為務。冀有復讎之一日而已。

第八章　尼古拉第二之東方外交

先帝崩御

亞歷山德第三。自一千八百八十七年三月及五月虛無黨隱謀以來。心神不寧。遂成神經病。至一千八百九十四年一月之末左肺發炎症心臟亦病。一切政務遂由皇后裁奪。九月更發腎臟炎症召德意志名醫拉依吞。治之從醫士之議擬以十月一日轉地療養於克利米亞之利維其亞離宮。數日之後病勢俄革。至十一月一日遂崩。二日尼古拉第二登位。外務大臣拏爾甕逝。

新帝登位之後。未及三月。外務大臣拏爾甕。伯林公會以來。高吉夸夫與卑思麥克不相得。且此時高吉夸夫年已古稀。不能視事。司來夫黨之首領矣葛那欺夫雖係內務大臣。而一切外交。實隱爲其指揮。時拏爾方爲外務省政務局長。取親德主義。亞歷山德第三登位之後。高吉夸夫以衰老乞骸骨。帝許之。遂舉拏爾代爲外交大臣。親德之外交自此始矣。一千八百八十二年十一月拏爾訪卑思麥克於伯林。協議各事。極形親密。一千八百八十四年。英俄於埃富汗國境爭權之時。俄遂與德訂立密約。謂俄若與英失和。德守中立。德若與法失和。俄亦守中立。至巴比利亞事件及紮耳維亞事件之時。德意志之舉動。大不滿於俄之輿論。一千八百九十年。卑思麥克又辭職。卡捕利維繼之爲宰相。以俄德密約爲無繼續之效。俄遂離德。謀與他國同盟。至一千八百九十一年。聞德與伊三國同盟更繼續十一年。亞歷山德第三之意遂決。是年七月。親迎法國艦隊於克龍司太特。公然發表同盟之事實。拏爾至此。又盡力於俄法同盟。十一月親赴巴黎。與福蘭西餒利巴等協商一切。然其勢力已衰。且無變通之器識。故如一千八百九十三年之俄法通商條約。實爲大藏大臣威脫所手定。拏爾署名而已。時人評拏爾爲無定見無統系之外務大臣云。

拏爾派外交家欺西懇瓦卜倫司克公卡步尼司脫伯

拏爾既死。依官位之順序。繼之爲外務大臣者。惟有欺西懇。高吉夸夫之時。彼常爲外交官吏。拏爾又其親友。且素嫻於外交。故人皆信之。然論其人物。則不足以當此任。

欺西懇之外。拏爾所信任者。尚有瓦卜倫司克公。及卡步尼司脫伯二人。瓦公頗通文學。以地人物時勢得名。故與欺西懇俱任外交之職。至於卡伯。則確乎有政治上之意見。斷非尋常刀筆之吏可比。拏爾行親德政策之時。彼常不以爲然。故退歸林下。後再召爲亞細亞部長。

依葛那欺夫派外交家

俄國既捨親德主義。其不用拳衛派之外交家。固無足怪。然其所以不用司來夫黨之人。則大有深理存焉。司來夫黨。欲結合白懇半島之司來夫種國民。以伸張俄羅斯之權力於白懇半島。他日更謀出地中海。以統一司來夫民族者也。富吉夸夫。藉此黨之勢力。以固其地位。使依葛那欺夫將軍。駐劄君士旦丁。以實行此黨之主義。至亞歷山德第三之時。依葛那欺夫衰老不能用事。然其屬下。尚有三人。即西脫洛維、麥洛夫、巴西尼亞是也。三人皆屬於亞細亞部。俄國之所謂亞細亞部。專管轄白懇半島之政務。其名雖不過外務省之局部。而其實則獨立。不必從外務省之指揮。可行干涉政策於白懇半島也。彼等之心目中。司來夫黨之意志。較之政府之命令。尤爲嚴重。戴亞克薩夸夫爲會長。亞歷山德第二崩後。依葛那欺夫亞克薩夸夫之勢力亦衰。獨西脫洛維仍爲臨時公使。駐劄白客蘭司脫。（羅馬尼亞之首府也）其公使館。殆不啻一亞細亞局。夸麥洛夫於一千八百八十五年。率兵由中央亞細亞入埃富汗。與埃兵戰於自麥武至海拉脫之道中。得其重要之道。後爲塞耳維亞之名譽將官也。巴西尼亞雖。無西脫洛維之膽略。而亦長於陰險手段之外交家也。千八百九十九年之塞耳維亞事件。彼之力爲最多。

西脫洛維。夸麥洛夫。巴西尼亞。在亞歷山德第三之時。皆蒙信任。有無限之權力。雖外務大臣。亦不得而制之。至尼夸拉司第二之時。勢力頓衰。實權皆被剝奪。於是知政府外交方針之一變也。

亞歷山德第三。利用司來夫黨之勢力。以行自懋半島干涉政策。尼夸拉司第二。則專欲伸其權力於極東。其於自懋半島。則保守之而已。此固嚴利於俄之策。且於經濟上亦有無窮之利益也。惟爲帝謀此策者。果係何人。世固未深知之。

司來夫黨。欲舉那利衞夫爲外務大臣。那氏曾盡力於君士且丁之外交者也。帝之左右。欲以駐英大使司塔衞爲外務大臣。帝皆不之許。而以此職界之洛斯鐸司公爵。

著者曰。俄國之外交方針。自亞歷山德第三離德聯法之時。有識者早已窺其端倪矣。彼皇太子之游歷東洋。及其西比利之鐵路。果何爲哉。不幸而有日清戰爭。彼益張其勢力於亞東大陸。誰謂日清一役。非俄羅斯亞東政策之起點哉。

最近俄羅斯政治史完

附錄

勸滇黔人士游學日本啓

譯書彙編社

凡持此券者本社所出圖書均得照
九折購取

圖書特別減價券

此券効用以一月爲限
此卷必須在總發行所購取始爲有
効以歸一律

本館房屋寬敞地址軒爽無車馬喧煩之擾能製中國飲食免食不下咽之苦故自來江鄂皖蜀等處遊歷諸大官降臨不絕且與中國王惕翁寓隣近就間甚便尤免人地生疎之感如承　惠臨何日何時到東京示知後本館飭人到停車塲相迎也

日本東京京橋區西紺屋町五番地

清淨軒旅館謹白

電話新橋九百八十號

東亞同文會々員
東京教育時論社主筆　辻武雄君著

五洲大地誌

此書備述五洲各國之地理人口政體、官制、財政、兵備、貿易風土名勝等兼附以五洲古今沿革論略及地圖地名表尤覺詳細精緻展卷一覽五洲形勢如在目中所謂不出戶庭而知天下事殆於此書有賴乎允宜手置一編不日即出版

本舖在日本東京承辦內務府織物故現時名錦無不備具歷來清國公使館參隨諸君枉顧尤殷若何子莪公使曾購唐錦金爛作琴襲壽幛之用李伯英公使爲萬壽貢物亦委敝舖承辦近如陳哲甫觀察尤函購不絕郵信往還兩禮拜可達如承　遠顧無不格外克已函到無不照覆

日本東京日本橋本町一丁目
十三番地日本銀行對門

增見屋水鳥氏謹白

勸滇黔人士游學日本啓

士生斯世不幸處窮鄉僻壤閒耳無聞目無見足不出里閈志不過温飽語以天地之大民物之繁九州萬國之奇三島十洲之勝則瞿焉而若驚茫然而罔覺僅是蠕蠕蠢蠢伏處下叔然以終君子恥之於是乎游學始尚然在鎖國時代或驅車而入幽燕或負笈而遊鄒魯要不過與一國之人相劘礪從未有駕長風破浪走萬里絕域聚千百同志與異族講求新學如今日游學日本之盛者日本屬起海東三十餘載勵精圖治上下一心其法律之善武備之精學校之盛以暨農商工業之發達駸駸乎駕歐軼美雄視東方甲午戰後知我國之亡非彼之福也始創招吾國學生之議其時浙江先至南洋湖北次之北洋又次之拳亂以還吾國朝野徒知舊學之不足恃於是四川直隸江蘇湖南續派者踵至而有志之士自備資斧東學者復相屬於道邇來同人創建會館稽核人數籍貫蓋已四百餘人江浙爲盛次湖廣次燕齊次皖蜀次閩豫要皆自數十人以至十餘人而吾黔則僅銓等五人滇更無聞焉嗚呼以西南三千里四塞之雄都千餘萬強悍之民族曾無一卒焉自樹一幟與各省志士馳驟於文明學界之中不亦大可愧恥哉滇黔人之游於外省者不鄙之曰無卒則賤之曰無學夫前此之無卒無學所不敢辭要留千百萬有志之士猛省驚發滌洗無卒無

二

學之恥於異日也且不見夫三湘之士乎十年以前極稱頑鋼戊戌一變遂為新學者萃之區無他堅強之氣一往無前耳滇黔踞湘上游堅勁之力殆有過之所惜風氣未開人心不振及今早圖自立或借遊學而發官憑或藉游歷而激士心則他日維新會中猶可為滇黔人増一席之地否則非非讓人先輾落人後著試問抱數千年陳腐無用之學何足與世界學術爭一日之長吾觀道咸以來黔人進取之心頗勝故文章科學漸與海內相頡頏非亦知二萬里與陶之外更有一絕大競爭之場哉或謂今日學堂立矣武備與矣國中有學矣必求之異邦且主講已聘外人斯與出洋無異不知中國科學未備耳目不新外人代謀終隔閡而鮮效即使教法盡善不過發成一種不中不外之人要於國民資格無所當且外人亦何可深信哉日本教育大家嘉納君曾勸吾國自造師範略謂積學西士決不遠道來華即日本亦自用之不贍焉有餘材遠借他國其來中國者非無賴即藥材識哉是言吾國談教育者所當三復焉而不容須臾緩圖也尤有進者法國鐵道已及滇蜀雖非籌山早為彼族所覬伺者猶是酣臥厝薪之上談笑溺舟之中墨守務章謬談新理不數年鐵道告成種種利權均為外人壟斷將長此為奴隸為牛馬為魚肉永無進化之日矣今者 朝廷獎勵游學進以正途之目予以出身之階誠能踴躍東游或農或工或商或礦或武備政治執

一躍以返宗國將進足與中原豪傑周旋始爲支那學派開先聲即退而伏處鄉關猶可出所學以自贍彼二十七州礦硐之山川富饒之鹽鐵何一非吾人自食之利源哉徒等寄學海外目睹外人對我政策傷種族之不保痛神州之陸沈而尤爲滇黔前途悲且懼躍發言之過激要使聞者足與伊我鄉人其勿謂天險之足恃而泰然自喜也亦無謂士風之不競而頹然自棄也優勝劣敗之世決無不學之國民生存競爭之途安有閉門之傑士茫茫滇海莽莽黔山此中有人當亦呼之欲出也

附游學須知

上路之情形

凡有志東渡者臨行須多携川資其後數年之費務宜先託妥人源源接濟（山天順號最妥）道途遙遠一至匱乏雖家有巨貲亦難立致也至行裝則愈少愈佳滇黔至東水陸萬餘里沿途關卡盤詰一肩行李最爲輕便既免檢查之煩復省搬運之費況到東必易西裝中服不過偶一替換僅帶棉夾衣一二襲足矣書籍尤宜少帶入校後既無暇及此且居室狹小直無安置之處不如從簡之爲愈也

途中之情形

由川直下俱是水路旅舶一切雜費頗難至宜昌到處均有棧房接客者照料(名客棧)行李上下寫票附輪皆可屬其代辦萬無錯失僕從切不可帶徒滋累而多費盡無謂也到上海會館既定可往大東門內滑坡根王氏育材學堂訪王君培孫(名植善)託其指導一切自能代為買票屆輪蓋東京清國留學生會館曾以招待託之也所攜資斧即在上海日本正金銀行換為日本銀幣每元作銀八錢如以英洋往換則每元須貼水一角左右萬勿攜中國銀元來東此間不能通用也

到東之情形

由上海自橫濱第一埠為長崎其次馬關其次神戶其次即橫濱到長崎時可發一電知會東京神田區駿河臺鈴木町十九番地清國留學生會館或小石川區表町百九番地清華學校並李寶處言明某日某時可達橫濱自有招待人到埠相迓也行李上岸後須先運至稅關待其查驗行李上能書明留學生字樣則吏較為親切然萬不可夾帶私貨一經查出受罰殊失體面至鑰匙須隨帶身畔庶不致臨時倉卒稅關驗畢坐人力車至火車棧買票至東京新橋(停車場名)下車後再雇人力車至客棧或徑入學校寄宿舍彼時自有招待者為之安置至初到入校購物等事凡此留學諸人均能盡心代為經理有志者慎勿以人地生疏

致多願虛也

路程

由滇至省筑凡二十日川資三十餘金

由筑至渝凡十五日川資二十金

由渝至宜昌凡十日川資四金

由宜昌至漢口凡三日輪船費房艙八元統艙減半

由漢口至上海凡三日輪船費房艙九元統艙六元

由上海至日本横濱凡七日輪船費三等艙十二元

由横濱至東京約一點鐘火車費二等五角四分

統計由滇省至東京共五十八日川資八十餘金

再由筑至鎮遠賃舟至常德復易船赴岳州再附輪至漢口計程約二十八日川資三十餘金

又由滇省經蒙自至蠻耗賃舟至保勝易船赴安邦至是附輪經河內海防抵香港再易輪直達横濱計不過四十餘日約需川資六十餘金

以上楚越兩途未嘗親歷不審其詳茲據友人所述畧誌於此有志東渡者新擇善而從焉

學校

按日本學校分小學中學大學三級彼國學者不得躐等升進但吾國來學之士年力已去求用方殷既難循序級圖自不得不就速成之法計抵東後先習普通二年繼習專門三年即可卒業歸國至東京學校林立皆不勝書茲特就吾國人士才力所及著有前效者列表如左

普通豫備學校　程度視中學校習日本語言文字外有英文算術化學物理植物學動物學地理歷史地質礦學圖畫體操各普通學普通云者謂人人必先普通各學大概始入專門即古人由博返約之意也

學校	學科	卒業年限	寄宿	學費	在校人數
第一高等學校	大學豫備六科	三年	無	無	二人
成城學校	武備普通	年半	有	月廿五元旅費在內	百五十人

宏文書院	普通	二年	有	同上	四十七人
清華學校	普通	同上	有	月十二元房飯在內	三十五人
同文書院	普通	同上	有	月十二元房飯在內	二十人
慶應義塾豫科	普通	年半	有	月十元飯在內房	十四人
高等師範豫科	普通	二年	無	無	三人
實踐女學校	家政裁縫兼普通	三年	無	月二元	一人

專門學校　分法科文科理科工科農科醫科並兼武術八門

學校	學科	卒業年限	寄宿	學費	在校人數
帝國大學	法文理農工醫	三年	無	年二十五元	十五人

高等商業學校	商學	同上	無	同上	五人
高等工業學校	工藝	同上	無	月三元	六人
高等師範學校	教育學兼高等普通	同上	無	無	四人
東京專門學校	政治法律文學	同上	無	月二元	十七人
東京法學院	法律	同上	無	月一元五角	八人
慶應義塾	文學法律理財政治	同上	有	年二十五元五角	二人
士官學校	步兵騎兵砲兵工兵	二年	有	月廿五元旅費在內	廿五人卒業四十人
蠶業講習所	蠶業	同上	有	無	三人
專門醫學校	醫學	三月	有	年二十元	三人

八

華族女學校	女子學科高等普通	同上	無	月二元	一人

以上學校或官立或私立規模均極美備其中條目尚多以本意原爲指導來學途徑與考核學校章程有別故僅就吾國人士已入者述其大綱不列細目識者諒之

旅費

一住宿

學校寄宿舍（如中國之住院不能各校皆有） 房飯月約七元

下宿屋（即客棧） 房飯月約十元

二衣服　衣服費初到必須全製費用稍大此後不過隨時添補而已

冬衣一套 約十八元

夏衣一套 約五元

靴帽襯衣等費 約六元

三雜用

書籍筆墨紙張等費 月約三元

剃頭洗澡浣衣閲報寄信等費　月約二元

以上旅費綜計每月十八元加以學費二元通年不過二百四十元左右以日本洋價計之合中國三百金巳足敷用惟夏期放假兩月或游行內地或避暑山中以及隨時購買參考書籍酬應友朋均爲事所恒有費用視乎其人頗難豫定第撙節爲之可也

滇黔游學日本之事以上所述可以稍識指歸矣或謂日本新進程度尚淺推取法乎上之義不如游學泰西不知歐美之精華早爲日本所吸取與其求之歐美學博而難精何若求之日本事半而功倍況文同則索解較易地近則省費無多講求西學舍日本幾無捷徑也或又謂西學深奧滇黔人淺無根柢且年長腦衰恐難畢業不知西學由淺入深但具中材即能領悟故此間留學之士年近強仕而成效昭著者尚有其人且西人爲學首重衛身每日課程不過三時之久終年除禮拜祭日夏期休息外在校僅七月有幾非如吾國之終日咿唔窮年兀兀也若恐子弟沾染習氣流爲黨錮尤可無庸過慮蓋日本風氣醇樸非如京滬之囂華各校生徒亦極循謹自愛且非禮拜不能出外奚致有比匪之嫌夫人遠學海外孰不欲歸而見用以明此數年一技之長何致不顧路名自塞出身之路其不甚韜晦者不過於憤時局抱痛宗邦發爲激烈之詞遂召庸人之忌非真有黨錮也至語起居飲食之末

便風俗習慣之相殊無論有志爲學不應計及乎此且日本與我同洲習尚一切大都幾自中土滇黔人至此不過如作吳越之游決無異國之感也頃者　朝廷舉行新政隨在需人今春卒業四十餘名早經各督撫重聘歸國其將卒業者各省猶復紛紛投爭相聘訂嗟乎時局需才之日正英雄自見之時有志者務宜效捷足之先登愼勿讓他人以獨步也

光緒壬寅三月望日　蹇念益　毛邦偉　黎淵　黎邁　趙世鈺　同啓時留學日本東京

是篇爲黎君等公刊以勸滇黔人士游學者其意愷切其言辟沉豈惟爲滇黔人言吾國內地人皆當一讀而深思之也恐見者不多特再紹介於此（書中所提各學校中留學人數猶有未符蓋距此篇刊行之日僅三閱月而留學人數復又增五分之一矣）

本編輯人附誌

江西廣智書莊 本莊設在省垣百花洲彭公祠內專運各種新譯新印書籍圖書巾借出售以開風氣并代派各埠旬日報章彙編有願託本莊代售者請將章程樣本寄示自當照辦其價按時寄繳不悞

新書近譯豫告

留學日本東京法學院仝人啓

法學通論 法學博士織田萬著

法學通論所以說明法學之概念條論各法之綱要爲治法律學者入門必要之書日本法學通論之著不下十種而是著爲最新其特色在博采衆說而加以斷語行文又平易淺近一以普及法律思想爲主誠爲吾國人不可不讀之書也現仝人已分任翻譯期以三月成書特此預告

新法律字典 據三浦編纂原本

專門用字未易率定日本法律專門字多從西書譯出幾經審定大都的當可用近譯法律諸書大抵沿用日人定名驟閱之下恐難索解因亟編譯法律辭書聊爲研究法律學者之一助

君主主權說國家主權說憲法法理對照 川澤滸太郎著

各國憲法同不學說亦因之而異然大區別不外君主主權國家主權爲兩大派是著闡明憲法原理兩說並列互相比較又旁采衆說以資參致讀之能瞭然於憲法學說之異同不至執一偏之見誠善本也現在譯中不久出書

清國留學生會館招待規則

一本館因東渡留學之士人地生疎故特設專部代爲招呼一切凡有函致本館者本館即盡招待之義務

一招待地方有二一在橫濱一在新橋凡由神戶起岸者本館幹事當至新橋招呼由橫濱起岸者本館幹事當至橫濱招呼其神戶上海天津三處均有本館贊成員代爲經理

計開

神戶孫君實甫　神戶海岸仲通滑商益源號

上海戢君元成　上海新馬路登賢里出洋學生編輯所

又王君培孫　上海大東門內育材學堂

天津張君亦湘　天津王皇閣前日日新聞社

一各省東渡留學者可於就近本館贊成員諸處詢問購買船票一切情形於動身前七日先行函致本館以便至日前往招呼

一天津航路至神戶起岸船抵長崎後可發一信致孫君言明乘坐何船何日何時可至神戶屆時孫君代爲照料神戶易車後可託孫君代爲電知本館（電費約二三角）車於何時抵京本館幹事即至新橋招呼

一上海航路至橫濱起岸可由長崎或馬關函知本館船於何日何時至濱屆時本館幹事至橫濱招呼

一東渡之士行李物件務以少帶爲便其烟酒綢緞各項爲入口應稅者萬勿攜帶免致多生枝節

一到京後或入預定學校之寄宿舍或暫寓旅舍均聽本人自便

一本館招待幹事一切費用均由本館公款供給至本人一切費用由本人自理

一本館各處招呼之人如有更動之時當隨時登報申明

日本東京神田區駿河臺鈴木町十八番地

清國留學生會館啓

教科書譯輯社廣告

本社倡辦教科書專爲中學校之用曾刻有中學校輯譯述略一篇並蒙閱者公認惟原定仿講義錄之例按月分類出書各處同志來函多有以時日太久未得全豹爲言者故同人公議改爲單行本陸續赶緊出書以副同志期望之意至原定書目亦稍有增損之處茲重列如左閱者鑒之

倫理學
東洋史
中國地理
中地文學　矢津昌永著
初等幾何學教科書　長澤龜之助著
平面三角學　菊池大麓著
中等化學教科書
中等植物學　三好學著
新式礦物學　脇水鐵五郎著
體操教範
法制教科書
中等管理教授法

中國歷史
西洋史
中等萬國地理　矢津昌永著
算術小教科書　藤澤利喜太郎著
代數學　上野清著
中學物理教科書　水島久太郎著
普通生理教科書　片山正義著
中學動物學　石川千代松著
圖畫術
國民新讀本　英文
經濟教科書

中學物理教科書第一卷出板

是書爲日本水島久太郎原著義烏陳榥譯補說理透闢措詞明達於物理公式尤所詳備洵理科之佳本也至其裝訂華麗繪圖精緻尚其餘事定價大洋五角準於華歷六月廿五日出書特此佈告

本社設日本東京神田區駿河台鈴木町十八番地

本編代派所

地址	代派所
上海四馬路老巡捕房東首	開明書店
上海新北門外	中西書室
上海北市拋球場	廣學會
上海三馬路望平街	中外日報館
上海後馬路統湯弄	經正學堂
蘇州養育巷北女冠子橋境	東來書莊
蘇州元妙觀東首	開智書室
蘇州葑門內唐家巷	中西小學堂
蘇州葑門內盛家帶	湯宅
杭州城內銀洞橋	譯林
杭州城內菜市橋蒲場巷	浙江大學堂
湖州城內小西街	開智書室
杭州城內大方伯	養正書塾
無錫崇安寺	三等學堂
蕪湖寗淵觀南岸	晉康煤炭公司
江西馬王廟背後	賦梅山房主人
天津宮北玉皇宮前	日日新聞社
天津紫竹林	信遠洋行
北京琉璃廠	有正書局
北京米市胡同	日日新聞分社
北京東四牌樓什錦花園	溥宅
江西省城百花洲	廣智書室
汕頭鎮邦街下富中華夏布莊樓上	李道南先生
南京三牌樓西首馬路明達別墅	沈叔美先生
安慶省城內近聖街葉宅內	前和州正堂姚公館
保定蓮池書院內知恥學社理事	籍亮儕先生
鎮江西門外天主街立生煙舖	徐翊雲先生
寗波東門內二鋭廟西首汲古書莊	洪鞠裳先生
橫濱山下町一百五十二番	新民叢報社

明治三十五年七月三十日印刷
明治三十五年七月卅一日發行

編輯兼發行者　胡英敏

發行所　日本東京神田區駿河台鈴木町十八番地　譯書彙編社

印刷人　日本東京淺草區黑船町二十八番地　酒井平次郎

印刷所　日本東京淺草區黑船町二十八番地　東京並木活版所

總發行所　清國上海大東門內北城根　育材書塾

明治三十四年一月廿八日第三種郵便物認可
譯書彙編第二年第六期明治三十五年七月卅一日發行

Second year. No. 6.

THE YI SHU HUI PIEN.

A MONTHLY MAGAZINE OF TRANSLATED POLITICAL WORKS.

OFFICE:

No. 18, Surugadai-Sugukicko, Kanda;

Tokyo, Japan.

SOLE AGENCY

YU-TSAI SCHOOL.

SHANGHAI CHINA.

東京並木活版所印行

譯書彙編

一九〇二年第二卷第八期

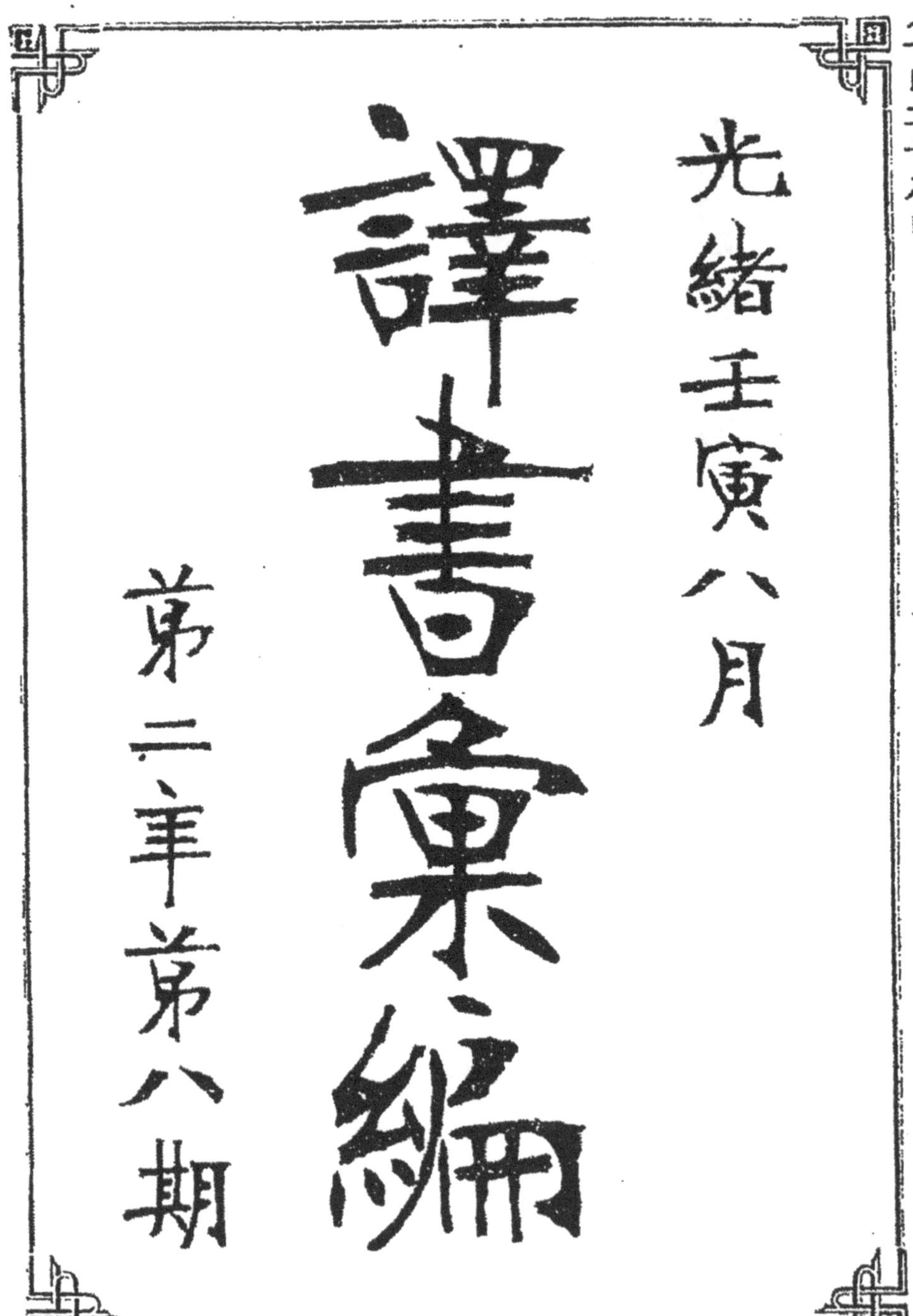
（明治三十四年一月二十八日第三種郵便物認可）
光緒壬寅八月
譯書彙編
第二年第八期
（每月一次定期陰曆十五日發行）

譯書彙編第二年第八期

目錄

日本財政之過去及現在　一……八五

日本歐美政體通覽　七七……九三

附錄

日本學校系統說　一七……二四

本編價目表

全年十二册	半年六册	每册
二元五角	一元三角	二角五分

外準郵費視路遠近照加

廣告價目表

一頁	半頁	一行 四號十七字起碼
五元	三元	二角

凡欲惠登告白者須於本編定期發刊之前五日交到價須先惠欲登長年半年者價當格外從減

(東京並木活版所製)

清國留學生會館撮影

（東京並木活版所製）

留學生壬寅新年會撮影

譯書彙編第九期改正体例告白

!!!

本編創自庚子。其時敗衄之餘。同人留學斯邦。眷念故國。深惟輸進文明。厥惟譯書。乃設社從事譯事。創為本編。選譯東西名人著述。分月印行。此外又副以單行本。隨時增刊。二年以來。成書數十種。久為閱者所共許。而海内外同志。共抱此志。創社譯書者。亦踵相接。至今日。遂為譯事勃興之時代。本社同人。實為吾國前途深慶。惟是凡事必求其進步。譯書之事。僅能假他人之思想。直接映之於吾。而不能即以為吾之思想。純以吾之思想發表。斯之謂學問獨立。今於此數年中。欲驟脫譯書時代。而進於學問獨立時代。此固程度限之。不能驟及。然取他人之思想。而以吾之思想融會貫通。參酌甄別。引伸發明。實為二時代過渡之要着。譬之幼者。始在襁褓。繼則學步。終乃能趨。譯書猶在襁褓。自襁褓而進於學步。乃今日以往之急務也。故譯事在今日。固為不可緩之舉。而以本編負雜誌之資格。加以同人力求進

步之思想則尚有未盡之天職言念及此爰擬將本編體例大加改正以同人數年研究之心得借本編以發表之專主實學不事空談取政法必要之問題以與吾國民留心斯學者互相商榷凡我同志當深相許至本編以外之單行本仍照舊隨時印行以備參考茲先將本年第九期改正目次列後閲者幸垂意焉

譯書彙編第九期目次豫告

政法通論

◎論研究政法爲今日之急務

政治

◎論國家

◎第十九世紀外交通觀

法律

◎法典編纂論

◎國際法上之印度觀

經濟

◎經濟學原理

◎財政學概論

歷史

◎歷史研究法概論

雜纂

◎政法片片錄

◎法律參考書批評

附錄

◎留學界

本社新書廣告

最近俄羅斯政治史

洋裝　全一册　定價三角

俄羅斯雄視全球列强側目風潮所及震盪亞東而我中國受其影響爲尤甚是書爲日本專門學校原版於俄國內政外交言之最悉讀之不特可知其外侵之大勢亦足以見內治之一斑本社現特印單行本以供留心大局之參攷云現已出書

外交通義

洋裝　全一册　定價八角

爲國者不可不知外交明矣我中國與列强交涉輒受人愚而國民外交思想又極幼稚於此而求折衝之才不綦難哉是書爲日本外務省參事官長岡春一原著詳論學說列舉成案攷證精確言之有物而於國際禮式及外交原則尤爲致意洵辦理交涉之寶鑑亦研究公法之階梯也即日出書

歐洲財政史

洋裝　全一册　定價二角

中國之貧弱由於理財無術則經濟學之於中國誠爲先務之急矣然不明次序原委更從何處着手故研鑽理財學者不可不先明其歷史是書爲日本有名經濟家小林丑三郎原著本社復譯行公世即日出書

教科書譯輯社出書廣告

中學物理學教科書

第一卷　洋裝　全一册　定價大洋六角

是書爲日本水島久太郎原著義烏陳榥譯補陳氏於日本第一高等學校卒業於物理研究有年故說理透闢措詞明達於數學公式尤所詳備洵理科之佳本也至其裝訂華麗繪圖精緻尙其餘事現已出書

中學生理教科書

洋裝　全一册　定價大洋八角

是書爲美國斯起爾原著暨陽何燏時譯說理精實攷證詳明每篇悉附試驗方法以供臨時參攷揷圖數十幅用最精銅版精緻可愛洵中等生理教科之善本前此得未曾有也現已出書

物理易解

全一册　定價一圓

是書爲義烏陳榥氏撰旁搜各書博攷學說揷圖百八十餘幅說理簡明爲物理初步之佳本足與本社前出之中學物理教科書相輔而行定期本月出書

日本棚橋源太郎 樋口勘次郎 合著　上海曾澤霖譯

小學理科教科書

兒童用洋裝全四冊
教員用洋裝全四冊

是書係日本高等師範學校教諭棚橋樋口兩先生合著共四冊每冊分三篇適合兒童一學年之用是書所載悉以農工水產林業并育兒衛生家事等切用之材料成自然科學之全体本學堂特請人在東京譯印用一號字模五彩圖畫一切悉照原本誠中國近來教科書中未有之佳本也先出兒童用教員用第一卷各一冊特此佈告

江蘇嘉定西門外瑞芝義莊內
曾氏瑞芝小學校

上海總經售處　四馬路老巡捕房東首辰字第十五號　開明書店

教科書譯輯社白

烏程章宗元譯

美國獨立史

全部洋裝一冊
定價六角

是書爲美國姜甯氏原著前後各六卷今所譯者爲前六卷其目次如下(一)覓地之原(二)殖民之原(三)殖民地之進境(四)合衆(五)自主(六)立憲　自開闢以至立國詳細敘述且譯者留學美國有年凡他書事實足以相發明者均隨時摘取插入以期完美實爲專史中之良書凡從事史學者不可不家置一編也

現已出書

譯書彙編社白

定價
大洋兩圓

此圖爲日本文部省秘本詳列學校房舍一切配置之法自師範學校以至幼稚園無不具備本社不惜工本托文部省代印告成現在吾國各處興建學校苦無善圖可作模範以此圖參考之於應用大有稗益印刷不多務望速購

譯書彙編社告白

譯書彙編社發行書目

（已刊）

愛亞子增廣　再版和文漢讀法（印刷中）　全一冊　定價大洋三角

房縣戢翼翬　香山唐寶鍔　合著　再版增廣　東語正規　全一冊　定價大洋一元

愛亞子譯　政治小說　累卵東洋　全一冊　定價大洋二角

無錫楊蔭杭譯　物競論　全一冊　定價大洋四角

烏程章宗祥著　日本遊學指南　全一冊　定價大洋二角

本社同人譯　波蘭衰亡戰史　第一冊（全書二冊）　定價大洋二角五分

無錫稽鏡譯　國家學原理　全一冊　定價大洋三角

吳縣楊廷棟　周祖培　合譯　女子教育論　全一冊　定價大洋四角

本社同人譯　日本制度提要　全一冊　定價大洋五角

本社同人編輯　和文奇字解　全一冊　定價大洋一元

無錫楊蔭杭譯 **名學** 全一冊 定價大洋四角

烏程章宗祥譯 **國法學**（第二版出書） 全一冊 定價大洋六角五分

烏程章宗祥譯 **各國國民公私權考** 全一冊 定價大洋一角

歸安錢太守輯 **財政四綱**（印刷中） 原版每部定價一元五角 縮版每部定價一元

本社譯 **最近支那論** 全一冊 定價大洋七角

巔涯生編輯 **歐美日本政體通覽** 全一冊 定價大洋五角

巔涯生譯 **法律學論綱** 全一冊 定價大洋一角

巔涯生編 **外國國勢一覽**（印刷中） 全一冊 定價一角五分

本社譯 **歐美各國最近財政及組織** 全一冊 定價大洋四角

陸現亮譯 **日本維新活歷史** 全一冊 定價大洋三角

王建善譯 **生物之過去未來** 全一冊 定價大洋二角五分

王宰善譯 **愛國精神譚** 全一冊 定價大洋三角

吳超譯 **比律賓志士獨立傳** 全一冊 定價大洋二角

日本財政之過去及現在

目錄

第一章　維新之財政
第二章　明治十年後之財政
第三章　明治二十三年後之財政
第四章　明治二十七年後之財政
第一節　日清戰役費
第二節　戰後十年計畫
第一　軍備擴張計畫
第二　事業擴張計畫
第三　行政擴張計畫
第四　收入擴張計畫
一　償金之收入

二　公債之募集
三　增稅之收入
第三節　戰後之豫算及決算
第一　歲計之激增（二十九年三十年）
第二　經濟上之變調
第三　財政及經濟之難境（三十一年）
第四　增稅及外債之成立（三十二年）
第五　財政上一時之順兆（三十三年）
第六　北清事件及增稅（三十四年）
第七　三十五年份豫算（公債事業及普通歲入）
第五章　今後之財政
第一　既往經常部歲計之有餘
第二　既往臨時部歲出之不足

第三　將來臨時部歲出之變化
第四　將來財源之變化

日本財政之過去及現在

法學士　小林丑三郎　著
上海　王宰善　譯

第一章　維新之財政

日本之財政於明治維新以後。雖不免所謂實物經濟。而官款出納之金庫事務。尙不過所謂私人之滙劃而已。如慶應三年十二月二十七日設金穀出納所於京師。明治三年十一月八日定官祿米、賞典米、家祿米、扶助米、官省經費金穀、旅費金、營繕費、金銀地金購買、軍資金、國役金、石數扣折貸付、及上納等種種整理之規則。六年十月七日編製月次金穀出納表。六年十二月公布金穀出納順序。八年三月十四日頒示府縣收入金穀及經費金穀概算書之式例。此皆足以證當時實物經濟之狀況也。

關於財務行政之機關者。以明治元年一月十七日之設會計事務局於大政官之下。同年閏四月二十一日廢之。設會計官以掌理凡有關於出納用度驛遞營繕租稅及貨幣等之事務。明治二年七月八日廢此會計官而設大藏省管造製寮及出納租稅監督通商鑛山

二

等。當大藏省之建設也。於十一月七日通牒於各官省凡建衙以來所消去之經費精算明白錄呈大藏省。各府縣亦於同時傳命凡明治元年至明治二年九月所有各項收支。均算精於計算簿而以之上進。至四年四月十日以從來府縣之所謂府縣置米金而取之於徵收之租稅金穀中者改去之。凡府縣經費須用金穀者。則以大藏省之赤紙錢票交付之。以府縣徵收之租稅金穀支付之。至後日租稅完納之期使納其證券而已。四年七月十四日有廢藩置縣之令。而財務之方向益進於統一矣。然府縣仍別有滙劃。概計及決定書之進呈往往誤其期限。各省亦各分立其收支也。如各省各縣相分立而執行其收支則公布豫算之制度尚未可爲之發達也。

然維新之改革自帝政之回復封建之破壞而成。慶應三年十月十五日時征夷大將軍德川氏之辭表。忽爲許可幕府之政權。是乃形式上之回復帝室也。然朝廷之兵備不及佐幕之兵備。尊王者之唱攘夷佐幕者之稱修好。使各藩之志士彷徨於名義及實勢之間者久之。

明治元年正月忽起伏見鳥羽之戰爭。五月十五日有上野之戰爭。九月二十四日有會津之戰爭。自十月至五月十八日有箱館之戰爭。天下之動亂如斯。國費多端。金穀欠乏。莫此爲甚。於是明治元年四月十九日政府發行太政官札四千八百萬元。次則民部省札。大藏省兌換證劵開拓使證劵及新紙幣等。合計七千三百三十二万五千四百四十四元。雖得以免一時戰費之苦。而巨額發行之結果。遂成不換紙幣。紙幣之價格。漸傾於下落。遂於明治六年。依金札引換證書發行條例。以六分利息之金札公債二百六十六万九千二百五十元發行之。金札即紙幣之不可不整理者也。

當中央政府金穀欠乏之時。各藩諸侯。依然養兵自徵其藩內之租稅。幾再見封建割據之時代。於是欲打破根深底固之封建制度之念生矣。

打破封建須先使各藩還其藩籍於中央政府直轄之下布郡縣之政受領藩札及藩債不得不定祿制之處分。

明治二年移太政官以下之各省於東京。其年六月十七日勅各藩使還其藩籍。三年九月十日施行藩制。爲二百四十六藩。以舊藩主爲藩知事。抽藩內有名望之士爲藩之大小參事。以藩知事之職權使改定各藩內士族之家祿及賞典祿。然知事及大小參事仍存舊君

四

臣之觀念。往往有固結之勢。欲以中央之政令而勵行之頗覺困難。於是欲以形式上廢藩。一變而爲實質上之廢藩。明治四年七月十四日召在京之各藩知事於御前。而下。廢藩置縣。之詔勅。廢二百四十六藩爲三府七十二縣。五年十一月布徵兵令於全國。廢武門武士之制度。採國民皆兵之主義。成統一之國家。集政權兵權均歸於國家。收容各藩之封土。各藩所負擔之藩債藩札均收受之。而藩士祿制之處分。不得不決定矣。夫藩債之處分。乃着手於明治四年十二月廿四日。同年十二月及五年五月以太政官達定調查藩債之期限。以此調查書爲基。於明治六年三月八十二號太政官達。公布藩債處分法而施行之。發布新舊公債證書發行條例。藩債總額三千一百零二万三千八百八十元。其中七百六十三万二千一百八十八元。以現金償還之。餘額二千三百三十九万九百元。則以新政府之公債證書交付之。（舊公債千九十七万二千七百二十五元 新公債千二百四十一万八千一百七十五元） 其次則處分藩札之收受。政府發行新紙幣二千二百九十一万百五十二元。以應舊藩札之引換。第三則祿制處分。次應秩祿之奉還者。於明治六年以七分利息募集外國新公債。千百七十一万二千元。（金貨）以其大半供奉還者之就業資金。（以此餘額用之於京濱間之鐵道） 更於七年發行秩祿公債。（以祿米之石數比例而定者也） 千六百五十六万五千八百元補充之。又因家祿賞典祿之奉還者。而於明治九年發行金祿公債。（以祿米之時價比例而定之）一億七千三百九十万二千九百元交付之。又因舊神官社領之奉還者。於明治十年交付舊神官配當祿公債三十三万四千五十元處分之。於交付之名義、論之。則濫發、各種强制、公債如此、之甚。而成爲重利、息之公債。則國不得不、益益多端矣。

明治六年五月、井上大藏大輔及大藏省三等出仕澁澤榮一氏與他之閣臣意見不相和而辭職。當以財政之前途觀之。則當時全國歲入概算不過四千万圓。而經常費約需五千万元。故每歲臨時費用將超一千万元之數。其他官省舊藩札及中外公債等幾一億三千万元。政府現金負債之數一億四千万元。於是大藏省事務總裁參議大隈重信氏。爲公布豫算之嚆矢。及其辯駁書。以明治六年六月九日所公示之歲出入會計表爲憑。凡經常歲出則四千二百三万八千五百八十八元。臨時歲出則四百五十五万七千三十元。計四千六百五十九万五千六百十八元。凡經常歲入則四千七百万六千八百十圓。臨時則百七十三万七十二圓。合計四千八百七十三万六千八百八十三圓。除支出之數每歲可得剩餘金二百十四万千二百六十四圓。中外公債則有三千百二十二万四千七百一圓也。

参照

明治六年歳出入會計表

歳入之部

第一　正租　總計金四千百万六千四百四十八圓二十八錢三厘

內計

田租　金四千二十六万三千五百八十八圓六十錢

三府地税商賈免許税其他　金二十一万六百二十三圓六十八錢三厘

各税三鑑札税　金三十三万五千圓

船税　金三万四千圓

婢僕車馬税　金六万三千二百三十六圓

第二　印紙税　總計金三十万圓

第三　酒類其他各種之税　總計金二百十三万七千六百四十一圓

內計

酒類稅　金七十七万四千圓
絞油稅　金五万五千圓
砂糖稅　金二十八万七千七百七圓
各種之稅　金百二万九百三十四圓

第四　海關稅并諸稅　總計金百八十二万三千九百九元

內計

東京　金四千六百四十八圓
橫濱　金百三十七万四百八十一圓
兵庫　金三十万五千二百三十八圓
大阪　金八万九千三百三十四圓
長崎　金十五万三千七百二十三圓
新潟　金四百四十九圓

第五　郵政稅汽車電信之收入　總計金四十万圓

八

内計

郵政税　金二十万圓

汽車電信收入　金二十万圓

第六　北海道收納數　總計金三十三万八千八百十二圓五十錢

内計

產物稅　金三十一万圓

海關稅　金二万二千圓

正租雜稅　金六千八百十二圓五十錢

第七　臨時種種收入　總計金百七十三万七十二圓五十錢

内計

貸出金及利息　金百二十二万千九百八十二圓五十錢

欠所物其他付下　金三十万八千九十圓

贖金　金二十万圓

通計

通常歲入　金四千七百万六千八百十圓七十八錢三厘

通計

臨時歲入　金百七十三万七十二圓五十錢

歲入總計　金四千八百七十三万六千八百八十三圓二十八錢三厘

歲出之部

第一　國債消却　總計金一百六十七万九千百圓

內計

金利息償還元金之內國債　金五十万八千七百圓明治五六年分

償還元金及利息之內國債及利息　金百十万四百圓明治五六年分

一時償還之內國債　金二十五万圓

外國債　元金四十五万圓　利息金三十七万圓

第二　貸府家祿賞典米　總計金千二百六十一万三千八百十六圓三十五錢九厘

第三　營繕堤防　總計金四百万圓

第四　外國交際　總計金十万六百四十圓

第五　太政官　總計金三十三万圓

第六　各省使府縣　總計金二千百三十五万五千六百七十二圓十錢九厘

內計

外務省　金十六万八千七百圓

大藏省　金八十九万三千四百九十九圓

陸軍省　金八百万圓

海軍省　金百八十万圓

文部省　金百三十万圓

教部省　金五万圓

工部省　金二百九十万圓

司法省　金六十三万圓

宮内省　金六十四万三千五百五十二圓六十錢九厘

開拓使　金百十七万七千三百十二圓五十錢

三　府　金八十万三百四十一圓

諸　縣　金二百九十九万二千二百六十七圓

第七　府縣捕亡及邏卒費　總計金八十五万圓

内計

三府邏卒　金五十七万九千三百十三圓

各縣捕亡及邏卒　金二十七万六百八十七圓

第八　英漢法澳　公使館　金八万九千二百圓

第九　紐約外六港　領事館　金二万百六十圓

第十　臨時歲出　總計金四百五十五万七千三百三十圓

内計

大藏省郵政改正舊藩楮幣引換改造及口債證書製造其外　金百六十四万二千六百圓

特命全權大臣各洲巡行　金十七万二千三百圓

澳國博覽會　金二十四万二千百三十圓

一般臨時費豫備　金二百五十万圓

通計

通常歲出　金四千二百三万八千五百八十八圓四十六錢四厘

通計

臨時歲出　金四百五十五万七千三十圓

歲出總計金四千六百五十九万五千六百十八圓四十六錢四厘

歲入總計金四千八百七十三万六千八百八十三圓二十八錢三厘

歲出總計金四千六百五十九万五千六百十八圓四十六錢四厘

歲入之多於歲出之數

金二百十四万二百六十四圓八十一錢九厘

國債

內國債

有利息債金千三百七十五万五千八百七十三圓

無利息債金千二百七十一万八千四百七十八圓

合金二千六百四十七万四千三百五十一圓

內

金七十五万八千七百圓（年賦之內明治五六年分一時支消之分共本年償却數）

餘金二千五百七十一万五千六百五十一圓（明七年以後可償却分）

外國債

償金五百五十万九千九十圓

合內外國債金三千百二十二万四千七百一圓

由此觀之。井上大隈兩氏所採之正否。雖不可一概論定。而揭示於後者之前表之公債額。乃係單記載却定之公債而已。夫前者之公債額。乃流動公債亦包其中。而歲計之均衡據後者而定。則可得剩餘金。然其公布之會計表。與墺大利國博覽會中日本全權公使所携帶之歳計表。其金額不同。經常歳入之要部。正租計四千百万六千四百四十八圓。其中田租占四千二十六万三千五百八十八圓。而田租之大半。以米納換算。故依米價而計算之。特有增收之形蹟。何以見之。可就左表而觀之。

年度＼種目	歳出	歳入	歳計剩餘	重要財源 地税收入	重要財源 紙幣發行及借入金
第一期 自慶應三年十二月 至明治元年十二月	三〇、五〇五、〇八五圓	三三、〇八九、三一三圓	二、五八四、二二八圓	二、〇〇九、〇一四圓	二八、三九九、八三一圓
第二期 自同二年一月 至同年九月	二〇、七八五、八四〇	三四、四三八、四〇五	一三、六五二、五六五	三、三五五、九六四	三四、八〇四、二三〇
第三期 自同二年十月 至同三年九月	二〇、一〇七、六七三	二〇、九五九、四九九	八五一、八二六	八、二一八、九六九	一〇、一三六、九二二
第四期 自同三年十月 至同四年九月	一九、二三五、一五八	二二、一四四、五九八	二、九〇九、四四〇	一一、三四〇、九八三	二、二四五、四八八
第五期 自同四年十月 至同五年十二月	五七、七三〇、〇二五	五〇、四四五、一七三	不足七、二八〇、八五二	三〇、〇五一、九一七	一二、八六六、四四四
第六期 自同六年一月 至同年十二月	六二、六七八、六〇一	八五、五〇七、二四五	二二、八二八、六四四	六〇、六〇四、二四二	一〇、八三三、三〇〇
第七期 自同七年一月 至同年十二月	八二、五九九、五六八	七三、七四五、五八四	不足八、八五三、九八四	五九、四一二、四二九	—

於前年度則不過二千餘万圓地租税之收入。本年俄然於四千万圓決算。增至六千万圓

之收入。實令人不可思議。然井上氏等久當大藏大輔之職。故其建議也。即歲入亦必極力以廉實爲主而推定之。果然則當時之財政。不可不爲已於明治六年欲破計算之均衡也。頒布地租條例。廢舊慣。定地價。設地劵。以百分之三求正租。實明治六年七月事也。明治六年之計算已如此。況明治七年有佐賀之乱。臺灣之變。故明治七年之會計表。依前年之例於五月中公布者。政府之財政。益見其困難矣。七年八月十二日。以太政官達百六號令各廳工事費之減省。八年二月。又制定酒類税則。皆因財政之困難故也。地租條例之頒布。酒類稅之制定。是皆實質的財政整理也。所謂形式上之財政整理者。乃以明治六年十二月金穀出納順序(會計法之原體)之制定公布爲始。次則明治七年十月三十日立會計年度之制。每年度之歲出。當以該年度之歲入爲之支付。年度則自七月一日至翌年六月三十日爲一週年。此於明治八年度爲始而施行之。明治八年之前半年。則以六箇月爲一會計年度。故此年度之會計。以一年中之收入(從來年度所爲無定每年之歲出則以前年之收入爲之支付)支付六箇月之歲出。故政府得二千十八万餘圓之剩餘金。以之歸入準備金之數形式的整理。尚不止於此。於明治八年度爲始。以從來之會計表定歲出歲入豫算表。嚴其豫算科目之制度。限制課目金額之流用。明治八年十二月三十一日。設納金局於大藏省之出納寮。從來不安全（島田組小野組之倒產是也）之滙劃制度。加之以改良國家金庫之制度。漸漸進步矣。九年二月二十三日。以十八號太政官達。凡各廳之金錢及國庫之金錢使之相等。每月由大藏省支付於各廳。且存之於出納寮。定管守出納之制。十年九月九日。以五十號太政官達定滙劃命令書案。取確實之擔報。時時爲之監督也。

政府於滙劃事勵行其嚴格之管理。於明治十一年一月十七日。以第二號太政官達。定有關於各廳金穀出入檢查員派出規程十九條。會計檢束之方法。又進一段。十二年二月。始公布明治八年度之決算報告。此爲決算報告之嚆矢。次於十三年三月五日。發大藏省中之檢查局。出於財務行政與財務監督分離之主義也。以置設獨立之會計檢查院。而財務制度稍稍備矣。然豫算尙不過政府部內之心得書。而未有國家豫算之性質焉。

第二章　明治十年後之財政

明治十年。有西南征討之役。政府欲充鎭撫之費用。嘗發行藏置於大藏省庫中之新紙幣、二千七百万圓。以備損札之引換。而尙有不足之處。與第十五國立銀行爲征討借入金。以重利(七厘半)借得金千五百万圓。於十一年、政府因殖產企業之故。發行企業公債千二百五十万圓。以充築港運輸等事業費。於十六年、又發行中仙道鐵道公債二千万圓。二十年、又發行鐵道費補助公債二百万圓。此等公債及紙幣、書皆以巨額之秩祿及金祿公債爲資本而擔保之。與所發行之百六十有餘之國立銀行之紙幣相抵。然公債及紙幣之激增。如此之促。公債不及不換紙幣之發行。如此其多。而紙幣及公債之下落。幾達其極。於是不得不加大改革於公債及紙幣矣。故政府自明治十一年爲始。採用自由減債主義。年年歲計上設二千万圓或千万圓之還償費。勵行減償。至今不稍息。關於紙幣者於明治十五年六月發日本銀行條例。與日本銀行以發行兌換券之特權。行二千二百万圓無利息之借款。以充政府紙幣二千二百万圓之償却。十六年改正金札引換公債條例。又發行七百九十餘万圓之無記名公債。遂立當時所謂不換紙幣之新紙幣償却之法。十七年及十九年確立公債上及紙幣上二大政策之運至矣關於紙幣之政策即兌換制度之確立也關於公債之政策即公債之借換整理也關於兌換制度之確立於十七年五月依兌換銀行券之條例而立國銀行紙幣消却并政府紙幣消却之方法也關於公債之理整即於十九年十月發布整理公債條例也

夫整理公債之目的欲以從來發行六厘以上之各種公債（金祿中山道金札引換及企業公債）借換於五步之單一公債其像定者有一億七千万圓因欲整理公債及紙幣而維持其價格一如現之海軍公債係十九年所發行者當初五厘利息尚未滿豫定千七百万圓於平價以上試募集之至憲法政治之二十三年着着奏其好結果歲計上之國債償却費凡千五百万圓因整理公債而各種公債國民所擔負者元金及利息均減少可徵諸左表焉

明治十九年後公債整理之實況

種類	利子	發行年月	發行額	明治十九年四月一日現在	明治廿三年四月一日現在
舊公債	無利子	明治五年	一〇、九七二、七二五圓	七、九〇〇、三六二圓	七、〇二二、五四四圓
新公債	四分	同	二二、四一八、一七五	一〇、五九一、二七五	一〇、五五一、二七五

金札引換公債	六分	自六年至十六年度	六、六六九、二五〇	五、七六六、〇五〇	三、九九〇、一〇〇
同紙記名公債	六分	自十六年度至十八年度	七、九二九、九〇〇	七、九二九、九〇〇	七、九一九、九〇〇
金祿公債	五分	明治十年度	三一、四一二、四〇五	三〇、八〇九、七四五	三〇、七六九、七四五
同	六分	同	二五、〇〇二、三一五	二四、五二一、三一五	二四、一一六、二八五
同	七分	同	一〇八、二四〇、一一五	一〇六、一六三、四七五	二〇、四三六、八八五
同	一割	同	九、一八五、七〇〇	三、三六八、〇〇〇	—
舊神官配當祿公債	八分	明治十一年度	三三四、一〇〇	九四、八二五	—
起業公債	六分	同	一二、五〇〇、〇〇〇	一〇、七六〇、三五〇	一〇、七一〇、二〇〇
中仙道鐵道公債	七分	自十六年度至十八年度	二〇、〇〇〇、〇〇〇	二〇、〇〇〇、〇〇〇	一九、九九〇、〇〇〇
征討費借入	七分五厘	明治十年度	一五、〇〇〇、〇〇〇	一〇、〇〇〇、〇〇〇	一〇、〇〇〇、〇〇〇
流通紙幣	—	自元年至十年度	一〇八、二一八、五一二	七八、六三四、七二八	四〇、〇六五、二五六
外國新公債	七分	明治六年	一一、七一二、〇〇〇	七、五三二、〇三二	五、八二六、二三二
海軍公債	五分	自十九年至二十年	一七、〇〇〇、〇〇〇	—	一七、〇〇〇、〇〇〇
整理公債	五分	十九年始	八五、一一二、四〇〇	—	八五、一一二、四〇〇
鐵道費補充公債	五分	二十二年	二、〇〇〇、〇〇〇	—	四〇、〇六五、二五六
計		—	—	三二四、〇六二、〇五七	二九五、五一〇、八二二

揭於是者。不過示公債元資之減少而已。然整理借換之眞結果。以利息而言年年之費用得以減省百六十九万四千七百十七圓。十七年四月所改定之地租條例之地租。改爲地價百分之二半。十八年二月。依官制改革之詔勅。將冗員大加淘汰。出鋭意整理之方針。故明治十七年至十九年。日本財政史上成爲一大段也。

（參照

年次	歲入	歲出	歲入超過
八年度	六八、三二一、〇七七	六六、一三四、七七二	二〇、一八六、三〇五
九年度	六九、四八二、六七七	六九、二〇三、二四二	二七九、四三五
十年度	五九、四八一、〇三六	五九、三〇八、九五六	一七二、〇八〇
十一年度	六二、四四三、七四九	六〇、九四一、三三六	三、九〇九、八〇九
十二年度	六二、一五一、七五二	六〇、三一七、五七八	一、八三四、一七四
十三年度	六三、三六七、二五四	六三、一四〇、八九七	二二六、三五七
十四年度	七一、四八九、八八〇	七一、四六〇、三二一	二九、五五九

十五年度	七三、五〇八、四二七	七三、四八〇、六六七	二七、七六〇
十六年度	八三、一〇六、八五九	八三、一〇六、八五九	……
十七年度	七六、六六九、六五四	七六、六六三、一〇八	六、五四六
十八年度	六二、一五六、八三五	六一、一一五、二一三	一、〇四一、五二二
十九年度	八四、二八四、六二二	八三、二二三、九六〇	一、〇六〇、六六二

第三章　明治二十三年後之財政

明治二十二年二月十一日。憲法發布。政府欲自齊而後臨國民議會。是爲得策。於是月發布會計法。三月定國稅收法。又採土地台帳制度。以代地劵制度。五月、制定會計檢查院法。十二月、定國稅怠納處分法。翌二十三年七月中發布官有地特別處分規則。九月、發布間接稅犯則者處分法。十一月、發布官有財產管理規則。及官有地管理法。及保管金規則。十二月、發布金庫規則。同年十二月、帝國議會開設。憲法施行。且依憲法六十四條。凡國家之歲出入。每年必以豫算經帝國議會協贊而後確定。爲國家豫算主義。財政之監督至極公正。歲計益見順况。如左表之所示。無一年不有剩餘也。

十九年後之歲出入決算表

年度	前年度繰入及經費殘餘金	歲入	歲出	歲入超過
二十年度	二、一〇二、一八四圓	八六、〇五八、八九〇圓	七九、四五三、〇三六圓	六、六〇五、八五四圓
二十一年度	六、〇七三、二四二	八六、八八三、六九一	八一、五〇四、〇二四	五、三七五、六六七
二十二年度	四、三四八、九七五	九二、三三九、〇〇四	七八、七一三、六七一	一三、六二五、三三三

二十三年度	二〇、五九八、七二一	八五、八七〇、六三三	八二、一二五、四〇三	三、七四五、二三〇
二十四年度	二四、三四三、九五一	七八、八八七、五三八	八三、五五五、八九一	(一)四、六六八、三五三
二十五年度	一九、六七五、五九七	八一、七八六、三一四	七六、七三四、七四〇	五、〇五一、五七四
二十六年度	二四、七二七、一七一	八九、〇四二、二一〇	八四、五八一、八七二	四、四六〇、三三八
二十七年度	五、七四八、四二三	九二、四二二、六〇五	七八、一二八、六四三	一四、二七一、〇四〇
二十八年度	二〇、〇四一、三八五	九八、五九一、三三六	八五、三一七、一七九	一三、〇七四、一五七

依此表觀之。凡年年歲入之超過者。歸入翌年之歲計。翌年歲計之超過者。則歸之於翌翌年。如二十四年度普通之歲入四百六十六万八千三百五十三圓。雖不示其不足。而其中却有前年度之歸入欵二千四百三十四万三千九百五十一圓。故其結局則得千九百餘万圓之歲計剩餘而已。以此加入二十五年度之歲計。年年如此。至二十六年。則以前年之剩餘金。及當年之歲入超過合計之。可得二千九百十八万七千五百十九圓之歲計剩餘金矣。以其中五百七十四万八千四百二十三圓歸入翌二十七年之歲計。而尚有殘額二千三百四十三万三千九百九十六圓。得以留存之爲不用之國庫剩餘金。於是地租減輕

論、亦爲之喚起。監獄費國庫支付論亦爲之唱導。依二十五年鐵道布設法。如六千万圓之豫定第一期官設鉄道。亦二十六年之起工也。然如眠之剩餘金二千三百四十餘万圓合之二三特別會計之資金。便成二千六百餘万圓二十七八年日淸戰爭之危期中得以奏快絕之効用。是不可以預料焉。

第四章　二十七年後之財政

第一節　日清戰役費

明治二十七年七月二十三日。大鳥公使率兵入韓城。在海則有豐島。在陸則有成歡牙山之衝突。遂於八月一日布告宣戰。九月十三日西遷大本營。十六日略取平壤。十七日大勝大孤山。沖成東亞驚天動地之大活劇。當其危急之初。即以前記之國庫金二千六百餘万圓。爲之運用者也。

如眠之國庫金已如此。則社會一切組織。豈不因之而牽動。在外之水陸兵。凡三十万。乘平壤黃海之勝餘。或合或分。至九連鳳凰金州岫巖大連旅順(十一月廿四日)等處。所到無不連勝。將衝牛莊奉天而進天津北京。此時國內財政。不得不示一大變動矣。

八月十五日。以緊急處分。依勅令而發布軍事公債條例。發行五千万圓之公債。次以十月十五日於第七臨時議會召集大本營地廣島之一億五千万圓。臨時軍事費豫算。及一億圓之軍事公債法。無一人異議者。爲協贊成之。二十八年二月二十日。於第八議會提議軍事追加費一億圓之軍事費豫算。及同額之公債募集法。全院一意。遂決可。政府則前後合計有二億五千万圓之公債募集權。此公債不能全部募集。不過得一億二千餘万圓。然以日本銀行借入金。及特別會計資金流用七千八百九十五万七千百六十五圓。（後以償金之條款歸還之）及前記之國庫剩餘金及義献金等。總額、便成二億二千五百二十三万百二十七圓矣。臨時軍事費。特別會計決算額。計支付二億四十七万五千五百八圓。尙餘二千四百七十五万四千六百十九圓。此數即歸入二十九年後一般會計之歲入中。二十九年末之會計檢査院。有確定之證明也。

二億五千万圓之戰費。不可不爲財政上之激變。其募集之一億二千餘万圓公債。如何得以償還。利息每年亦不下六百万圓。以如何之財源得以支付。是確困難之問題也。然此戰爭幸連戰必勝。所謂東洋之天險如旅順口占領之後。海軍以破竹之勢衝威海衞。二十八年二月二日。黃海一戰。前滅敵之艦隊。十三日。陸軍北進略取牛莊。三月四日、將逼奉天。二月十九日、清國李鴻章上陸馬關。開講和談判於馬關。四月十七日平和條約蓋印。二十一日見平和克復之詔勅。而此馬關條約之結果。即收容償金。守備威海衞。割據台灣是也。

償金計三億千五百餘万圓。(二億兩)遼東半島付還報償金四千六百餘万圓。(三千万兩)合之共得三億六千餘万圓。是爲特別收入以戰費二億五十万圓之支出而得三億六千餘万圓之償金收入。則財政上之問題。一見亦不難解釋矣。

第二節　戰後十年計畫

夫戰爭與財政之關係。決非簡單可比。戰爭之結果。不獨要整理其殘務及恩賞。更有積極的計畫。第一軍備之擴張第二製鐵道其他軍國事業之擴張第三國庫收入之擴張第四開發民智民力振興文教及經濟於是軍備之擴張事業之擴張財源之擴張及開發行政之擴張是爲戰後之四大計畫也所謂戰後財政計畫者分爲歲出部及歲入部。其所著之變動。當現出於財政史上焉。

第一　軍備擴張計畫　　二九四七八一七九六圓

歲出部中。第一計畫。乃軍備之擴張。軍備者於東洋今後之形勢、陸軍則非十三師團不可。海軍則極少須有二十三万噸之海軍力。於是陸軍則建築砲台。營繕、及初度調辦。製造兵器。砲兵工廠工場之擴張。及一切臨時建築部費。海軍則造船造兵器。及建築費等。各分二期。以計畫十年之事業、列表於左。

年度	陸軍擴張費 第一期	陸軍擴張費 第二期	陸軍擴張費 合計	海軍擴張費 第一期	海軍擴張費 第二期	海軍擴張費 合計	總計
二十九年度	[illegible]圓	—圓	[illegible]圓	[illegible]圓	—圓	[illegible]圓	[illegible]圓
三十年度	[illegible]	[illegible]	[illegible]	[illegible]	[illegible]	[illegible]	[illegible]
三十一年度	[illegible]	[illegible]	[illegible]	[illegible]	[illegible]	[illegible]	[illegible]
三十二年度	[illegible]	[illegible]	[illegible]	[illegible]	[illegible]	[illegible]	[illegible]
三十三年度	[illegible]	[illegible]	[illegible]	[illegible]	[illegible]	[illegible]	[illegible]
三十四年度	[illegible]	[illegible]	[illegible]	[illegible]	[illegible]	[illegible]	[illegible]
三十五年度	—	[illegible]	[illegible]	[illegible]	[illegible]	[illegible]	[illegible]
三十六年度	—	[illegible]	[illegible]	—	[illegible]	[illegible]	[illegible]
三十七年度	—	—	—	—	[illegible]	[illegible]	[illegible]
三十八年度	—	—	—	—	[illegible]	[illegible]	[illegible]
計	[illegible]	[illegible]	[illegible]	[illegible]	[illegible]	[illegible]	[illegible]

第二　事業擴張計畫　一四四七〇七九五一圓

但新事業七六六八二九〇五圓

歲出部中第二計畫。則在製鐵鐵道。其他軍國事業之擴張。關於鐵道。則於明治二十五年發布鐵道敷設法。二十六年始起工第一期線。以十二年豫定六千万圓之計畫、前已論述之。今戰後之經營。更官設鐵道之建設改良。益見切實。製鐵之獨立。亦爲軍政上一日所不可缺之急務。其他電話交換之擴張。亦非可稍緩者也。於是八年乃至十二年之繼續事業之計畫。列表於左。

種目	二十九年度	三十年度	三十一年度	三十二年度	三十三年度	三十四年度	三十五年度	三十六年度	合計
製鐵所創立費	圓 四〇九,七二三	一,七四一,〇三三	一,一八九,二五五	五八四,九九六	—	—	—	—	四,〇九五,七九三
空知太旭川間鐵道建設費	九三〇,一〇〇	三〇五,三三一	—	—	—	—	—	—	一,二三五,四三一
官設既成鐵道改良費	四,五〇〇,〇〇〇	四,五〇〇,〇〇〇	四,五〇〇,〇〇〇	四,五〇〇,〇〇〇	四,五〇〇,〇〇〇	四,〇五五,〇〇〇	—	—	二六,五五五,〇〇〇
電話交換擴張費	一,六七七,九六四	二,〇六六,三九八	一,九七一,九二五	一,九五五,〇三三	二,〇一九,四〇〇	一,七四七,三九九	一,五一四,五八一	—	一二,〇八二,〇三三
電話、鐵道公債初年利子	一四三,〇〇〇	二三六,七二四	三二六,七二〇	三二四,八四四	三二七,〇〇一	一五二,〇〇八	五〇,四八六	—	一,五六八,七八八
葉煙草取扱所設置及資金	一,一四〇,一四〇	七,〇〇八,七〇〇	四,〇〇〇,〇〇〇	—	—	—	—	—	一二,一四八,八四〇
計	八,九六四,一〇三	一五,八七五,〇九五	一一,八七七,〇〇〇	七,三二三,八六一	六,七六六,七四四	五,九二三,七七七	一,五六五,〇六七	—	五八,一三〇,八七七

北海道鐵道敷設費	—	1,000,000	1,000,000	1,000,000	1,000,000	1,000,000	1,九五七,000	四十一年迄 [illegible]	[illegible]
鐵道建設費第一期線	四,五00,000	[illegible]	[illegible]	[illegible]	[illegible]	八,0五0,000	[illegible]	五十七年迄 [illegible]	三十六年度以降計 [illegible]
合計	[illegible] 外 [illegible]	[illegible]	[illegible]	[illegible]	[illegible]	[illegible]	[illegible]	[illegible]	[illegible]

備考　鐵道建設費第一期線。係奥羽線。（福島青森間）中央線。（八王子名古屋間篠之井塩尻間）鹿兒島線。陰陽連絡線（姫路境間吳線及北陸線敦賀富山間）等。總計九百二十七哩官線。份明治二十六年以來之舊事業也。最初以六千万圓爲大約之數。明治二十六年份。支付三〇四〇〇〇〇圓。二十七年份支付一五二〇〇〇〇圓。二十八年份支出二五二〇〇〇〇圓。合計共支出七〇八〇〇〇〇圓。後三十一年份之豫算上。既更變其定額。凡六八〇二五〇四四圓。以三十七份爲止之計畫。如表所定。但二十六年二十七年二十八年份。皆如豫定。並不進行。二十九年份之支出額。實際上雖生變動。此則從舊豫定而揭上其年割額。至實際上之變動。後段當論述之。

第三　行政擴張計畫　　三四七五六二八五二圓

年額三四七五六二八五圓

歲出部中第三計畫。乃軍備及事業之擴張。及軍事整理。又積極的開發。乃在行政之擴張。此擴張以各省之經常費爲多。其事項則以陸海軍經常擴張費軍事公債元利軍人恩給。賞勳年金。威海衛駐兵及台灣諸費。事業諸公債之利子及發行費等爲主。以及增稅之徵收費。並文部及經濟之開發施設費及補助費之類。列表於左。

種目	二十九年度	三十年度	三十一年度	三十二年度	三十三年度	三十四年度	三十五年度	三十六年度	三十七年度	三十八年度
陸軍擴張經常費	[illegible]	[illegible]	[illegible]	[illegible]	[illegible]	[illegible]	[illegible]	[illegible]	[illegible]	[illegible]
海軍擴張經常費	[illegible]	[illegible]	[illegible]	[illegible]	[illegible]	[illegible]	[illegible]	[illegible]	[illegible]	[illegible]
軍事公債元利	[illegible]	[illegible]	[illegible]	[illegible]	[illegible]	[illegible]	[illegible]	[illegible]	[illegible]	[illegible]
軍人恩給	[illegible]	[illegible]	[illegible]	[illegible]	[illegible]	[illegible]	[illegible]	[illegible]	[illegible]	[illegible]
賞勳年金	[illegible]	[illegible]	[illegible]	[illegible]	[illegible]	[illegible]	[illegible]	[illegible]	[illegible]	[illegible]
增稅徵收費	[illegible]	[illegible]	[illegible]	[illegible]	[illegible]	[illegible]	[illegible]	[illegible]	[illegible]	[illegible]
威海衛駐兵及台灣諸費	六,000,000	六,000,000	六,000,000	[illegible]	[illegible]	[illegible]	[illegible]	—	—	—
農工銀行資本補充	—	[illegible]	[illegible]	[illegible]	[illegible]	[illegible]	—	—	—	—

勸業銀行利差補助	—	[illegible]	[illegible]	[illegible]	[illegible]	[illegible]	[illegible]	[illegible]	[illegible]	[illegible]
新舊公債費	[illegible]	[illegible]	[illegible]	[illegible]	[illegible]	[illegible]	[illegible]	[illegible]	[illegible]	[illegible]
計	[illegible]	[illegible]	[illegible]	[illegible]	[illegible]	[illegible]	[illegible]	[illegible]	[illegible]	[illegible] 累計 [illegible]

以上歲出部中之擴張費。總計凡七億、八千、七百、餘万圓。每年平均須要七千八百七十餘万圓之擴張費。於是不得不計畫收入之擴張矣。

第四　收入擴張計畫

夫收入、擴張之計畫。於學理上之方針言之。則軍備擴張及戰事關係之臨時費中。當先行償金之收入。有益於國家之事業則起新公債。關於開發行政之擴張。而須有巨久的費用者。則採增稅、其他經常歲入擴張之方法。故當初政府所採之方針。亦不過如是而已。

一　償金收入　　二二一二九九八四九圓

償金總額。及遼東半島還付報償金。共計三億、六千二百十、八万四千四百九十、七圓。然其中須還二十八年份戰時所借及換用等款。並臨時軍事費特別會計收入者。計七千八百九十五万七千百六十五圓。以五千万圓爲將來戰時準備之積立金。二千万圓則爲帝室御料金。當時計算上已豫定者也。然其殘額。不過存二億千三百二十二万七千三百三十二圓。而其半五十七万九千七百六十二圓已支付製鉄所創立費千四百五十九万三千九百十圓。則不得不充用戰爭之殘額。臨時軍事運輸通行部費。（八百十七万三千五百八十圓）及新領地台灣歲計補足（六百四十二万三百三十圓）等戰事關係之費。於是欲以充軍備擴張臨時費者。僅存一億九千八百五万三千六百六十圓矣。（故政府之計畫軍備擴張以一億九千六百十二万六千百七十七圓。製鉄所創立費即前記之五十七万九千七百六十二圓。臨時軍事費殘務及台灣歲計補足即前記之千四百五十九万三千九百十圓。合計二億千百二十九万九千八百四十九圓。此爲一般歲計收入之計畫也。）

如此則軍備擴張之不得不求他財源也明矣。

二　募集公債　　二三一一五八七〇九四圓

前記軍備擴張臨時費之一部。並製鉄所設備費之大部既成。官有鉄道之改良。電話交換之擴張。北海道鉄道一部空知大旭川間之敷設。專賣所設備費。以及此等公債初年之利息。於是於明治二十九年。以法律五十九號計畫募集之法。即爲之事業公債。其總額計一億三千五百万圓。又欲應北海道鉄道（大部分）之敷設。依二十九年法律第四號北海道鉄道敷設法。自明治三十年至四十年。從工事之緩急而募集之。總額計三千三百万圓。名之爲北海道鉄道公債。第一期線所需者。計千八百五十六万二千五十圓。

自明治二十六年份起工之第一期官設鉄道所需經費。依明治二十五年鉄道敷設法。計畫募集鉄道公債六千万元。其中二十六年份二百万圓。二十七年份二百万圓。二十八年份二百万圓。計畫既定之後。依實際上經過者。又加變更於計畫。豫定總額六千八百二万五千四百四十四圓。二十九年以降募集六千二百二万五千四百四十四圓也。

總之軍備擴張之大部分則依償金之收入而爲之。軍備擴張費之一部及軍國事業擴張費皆以事業公債而爲之支付也。北海道鉄道敷設費則依北海道鉄道公債而爲之。官設鉄道第一期線敷設費。則由鉄道公債中支付之。其計畫大畧如是。

三　增稅收入　　二五二一五七六六八圓

償金之收入。公債之募集。尚不足以支付軍備擴張及事業擴張費之總額。依前記之數。得以知之矣。加以此等臨時擴張及各省各般之行政費。於積極的行政上。則經常歲出之增加。到底不能避也。於是第一所着眼之財源。從既往之決算上推定之。即年々之歲入超過事也。

從明治二十八年爲止之歲出入科目。(經常及臨時)而推定將來年々應得之歲入超過。別表如左。

歲出入	二十九年度	三十年度	三十一年度	三十二年度	三十三年度	三十四年度	三十五年度	三十六年度	三十七年度	三十八年度
歲入額	[illegible]	[illegible]	[illegible]	[illegible]	[illegible]	[illegible]	[illegible]	[illegible]	[illegible]	[illegible]
歲出額	[illegible]	[illegible]	[illegible]	[illegible]	[illegible]	[illegible]	[illegible]	[illegible]	[illegible]	[illegible]
超入	[illegible]	[illegible]	[illegible]	[illegible]	[illegible]	[illegible]	[illegible]	[illegible]	[illegible]	[illegible]
累計										[illegible]

推定應得之歲入超過如斯。而尚不足以對行政各部之擴張費。(既計七億八千六百餘万圓)於是增稅之計畫。勢所不免矣

夫日本從來之租稅。依二十八年份之決算。所謂直接稅如地租及所得稅。共計四千十八

万九千九百餘圓。間接稅如酒稅、醬油稅、賣藥稅、證劵印紙稅、鑛業稅、交易所稅、制限外兌換銀行劵發行稅、狩獵免許稅、沖繩縣酒類出港稅、北海道水產稅、酒精營業稅、醬麴營業稅、煙草稅、菓子稅、國立銀行稅、車稅、牛馬賣買免許稅、及海關稅等。共計三千四百五十万七千六百餘圓。政府於從來地方稅中各地不均之營業稅取之而爲國稅。於民法商法之施行也。先擴張登記料。及新定登錄稅、與煙葉草之專賣。以代煙草印紙稅。改正一石七圓之酒造免許稅。而爲一石十圓之酒造稅。乘條約改正之機。期三十二年以後關稅法之改定。欲整理稅制。於當時煙草營業稅。菓子稅。船稅。車稅牛馬賣買免許稅。醬麴營業免許稅等雜稅欲全廢之。而爲地方稅之財源。以待關稅之改定。輸出稅全廢之事已決定。當時之增稅。則年年平均增收三千五百万餘圓。廢料則年年當減收千万圓。故其結局也。增稅收入年年可收二千五百餘万圓。是乃國庫之益也。其詳細示於左表。

科目	登錄稅
二十九年度	六、八〇八、四四九圓
三十年度	六、八〇八、四四九圓
三十一年度	六、八〇〇、四四九圓
三十二年度	六、八〇八、四四九圓
三十三年度	六、八〇八、四四九圓
三十四年度	六、八〇八、四四九圓
三十五年度	六、八〇八、四四九圓
三十六年度	六、八〇八、四四九圓
三十七年度	六、八〇八、四四九圓
三十八年度	六、八〇八、四四九圓

營業稅	—	五、六六三、五三三	七、五五一、一五七	七、五五一、一五七	七、五五一、一五七	七、五五一、一五七	七、五五一、一五七	七、五五一、一五七	七、五五一、一五七	七、五五一、一五七
酒造稅	—	九、二六四、七四四	九、二六四、五四四	九、二六四、五四四	九、二六四、五四四	九、二六四、五四四	九、二六四、五四四	九、二六四、五四四	九、二六四、五四四	九、二六四、五四四
葉煙草專賣	—	八、九九六、六八八	一〇、三三六、三九九	一〇、三三六、三九九	一〇、三三六、三九九	一〇、三三六、三九九	一〇、三三六、三九九	一〇、三三六、三九九	一〇、三三六、三九九	一〇、三三六、三九九
輸入稅增加	—	—	—	五、六六一、五八八	五、六六一、五八八	五、六六一、五八八	五、六六一、五八八	五、六六一、五八八	五、六六一、五八八	五、六六一、五八八
計	六、八〇八、四四九	[illegible]	[illegible]	[illegible]	[illegible]	[illegible]	[illegible]	[illegible]	[illegible]	[illegible]
國稅廢止減	七、七〇一、四五七	五、五六六、九〇一	七、五五五、三九七	[illegible]	[illegible]	[illegible]	[illegible]	[illegible]	[illegible]	[illegible]
輸出稅廢止減	—	—	二、三三四、四四二	二、三三四、四四二	二、三三四、四四二	二、三三四、四四二	二、三三四、四四二	二、三三四、四四二	二、三三四、四四一	二、三三四、四四一
差引	歲入減 二、二〇二、三三三	一六、九九七、一三三	四、〇九四、九〇一	三九、七〇八、四八九	三九、七〇八、四八九	三九、七〇八、四八九	三九、七〇八、四八九	三九、七〇八、四八九	三九、七〇八、四八九	三九、七〇八、四八九 累 一三四、三一八、七六八

（備考）於國稅中廢止者。登記料、酒造免許料、醬麴營業稅、煙草稅、醬油營業稅、菓子稅、船稅、車稅、牛馬賣買免許稅及棉花輸入稅是也。

以上、採歲出部及歲入部之總額而爲適當之對照。其結局可得剩餘金三千、百餘圓。示其配合於左表。

歲出	歲入	
準備擴張費 一五四、六六二、六九六圓	餘金繰入	一九六、一六六、一七圓
	公債募集	七三、四九八、六〇〇圓
	普通歲入超過	一圓
	增稅繰入	三三、一九〇、三一三圓
	差引	〇圓

種目						
戰事幾務費	一四[illegible],九一〇	一四[illegible],九一〇	—	—	—	○
事業擴張費	六八,一一〇,八[illegible]	五七九,[illegible]	五七,[illegible]	—	—	○
鐵道建設費	六八,〇[illegible]	—	六八,〇[illegible]〇四	—	—	○
北海道鐵道敷設費	一八,[illegible]	—	一八,[illegible]	—	—	○
行政擴張費	[illegible]	—	—	一四[illegible]	一三〇,九[illegible]〇七三	三一〇,九六八,八三一
計	八〇一,[illegible]	三一一,二九九,八四九	一四三,[illegible]	一四[illegible]	[illegible]	三一〇,九六八,八三一

以此爲十年間之分配。使便於知其詳細之年額。故定一總覽表於左。

戰後財政計劃總覽表

歲出之部

種目／年度	普通歲出 經常費	普通歲出 新增費	普通歲出 計	軍備擴張 遞輸通 信部費	事業擴張	鐵道建設費	北海道鐵道敷設費	合計
二十九年度	九[illegible]圓	一[illegible]圓	一〇九,〇三〇,一〇[illegible]圓	三九,四三三,八[illegible]圓	八,九四四,一八[illegible]圓	四,五〇〇,〇〇〇圓	—圓	一五七,四[illegible]圓
三十年度	九[illegible]	[illegible]	一三〇,[illegible]	九[illegible]（內 一四,[illegible]九一〇 [illegible]）	一五,八[illegible]	[illegible]	一,〇〇〇,〇〇〇	二[illegible]
三十一年度	八[illegible]	[illegible]	[illegible]	[illegible]	[illegible]	八[illegible]	一,〇〇〇,〇〇〇	二〇〇,九[illegible]

年度								
三十二年度	九一,一九九,六六〇	二六,六七〇,九三三	一一七,八七〇,四八三	四五,一四九,六六四	七,三三一,八〇一	八,七三二,八七四	一,〇〇〇,〇〇〇	一八八,六〇六,八三三
三十三年度	九五,二四〇,三三〇	三三,八〇五,八〇七	一二九,〇四六,一一七	三九,三六八,五五五	六,七三六,三四四	八,七四五,七四〇	一,〇〇〇,〇〇〇	一七六,九一四,七五一
三十四年度	九四,四四九,四五五	四一,九八九,六六八	一三六,四三九,一〇三	三三,八〇五,四六〇	五,九〇二,二七七	八,〇〇〇,〇〇〇	一,〇〇〇,〇〇〇	一七四,三三五,八四五
三十五年度	九四,三三〇,四五九	三八,六五九,六四七	一三三,六六九,八一三	七,八四四,六六五	一〇,五六五,〇六七	八,三三六,七九六	一,九七七,〇〇〇	一五三,一六三,一六六
三十六年度	九四,四六七,八四九	三八,五五〇,六九八	一三三,九八四,五四七	二,九八八,六七〇	—	六,〇〇〇,〇〇〇	一,九七七,〇〇〇	一四五,九一〇,二一七
三十七年度	九四,六六六,九八七	三八,一三五,五五七	一三二,七五二,五五四	五五三,九六八	—	二〇,一九四,四八一	一,九七七,〇〇〇	一五七,三三一,九七六
三十八年度	九四,八〇一,一二四	三八,〇四三,五五一	一三二,八四四,六六五	七五二,四四八	—	—	一,九七七,〇〇〇	一三四,八九六,二八四
計	九三三,七七〇,八九七	二四七,五五六,八五三	一,二八〇,五五五,七四四	內 二六九,七五五,九〇八 一五四,七八一,七九八 [illegible]	五八,一二〇,八六六	廿六年ヨリ 六八,〇五〇,〇四四	四十一年ヨリ累計 一八,五六六,一五〇	一,七五四,四一七,三九九

歲入之部

種目＼年度	普通歲入 租稅	普通歲入 新附稅	普通歲入 計	償金繰入	事業公債	鐵道公債	北海道鐵道公債	前年度剩餘金繰入金	合計
二十九年度	圓 九七,三三七,三六〇	圓 三,一〇三,三三三	圓 一〇〇,四四四,四八九	圓 四〇,〇三三,六六六	圓 八,七三四,四三一	圓 四,五〇〇,〇〇〇	圓 —	剩餘金 二,一五八,六六五	圓 一五〇,〇八〇,一五八
三十年度	一〇〇,六〇五,〇三五	一六,九九七,一三三	一一七,六〇二,一六八	五五,一二〇,四〇三	六一,五五六,三三三	六,三三二,三三三	一,〇〇〇,〇〇〇	殘 二一,一九九,八一九 貸金 七〇,八四九	二三五,五九四,四四四
三十一年度	一〇六,九九五,九〇〇	二四,〇九六,一〇一	一三一,〇八七,八〇一	四四,九六四,一三〇	四一,〇六七,八八一	八,四四四,八一三	一,〇〇〇,〇〇〇	同 四一,一五六,七五七	二〇三,八五五,一六九
三十二年度	一〇六,一三九,八八八	二九,七一八,四九九	一三五,八五八,三八七	三二,八一八,〇六六	一〇,五五四,七九八	八,七三二,八七四	一,〇〇〇,〇〇〇	八六九,一四〇	一八八,六九六,三四八

年度								
三十三年度	一〇八,[illegible]	一九,七〇八,四〇九	一二〇,[illegible]	三四,七[illegible]八	六七,[illegible]	八,七[illegible]	一,〇〇〇,〇〇〇	一,一[illegible]	一八一,九五七,〇九九
三十四年度	一二二,[illegible]	一九,七〇八,四〇九	一二〇,[illegible]	一八,三[illegible]	四九,三二一,二四七	八,〇[illegible],〇〇〇	一,〇〇〇,〇〇〇	一,四[illegible]	一七[illegible]
三十五年度	一二一,九〇八,[illegible]	一九,七〇八,四〇九	一四一,[illegible]	六七,[illegible]七〇三	一,三四七,〇四七	八,[illegible]	一,九〇七,〇〇〇	一,八九九,九[illegible]	一四三,〇〇九,[illegible]
三十六年度	一二二,〇八四,[illegible]	一九,七〇八,四〇九	一四二,〇三〇,九四[illegible]	三,九八八,三九九	—	六,〇〇〇,〇〇〇	一,九〇七,〇〇〇	一,九四七,四[illegible]	一四四,八八〇,〇九九
三十七年度	一二二,[illegible]	一九,七〇八,四〇九	一四二,[illegible]	[illegible]九三八	—	三,〇一九,四八一	一,九〇七,〇〇〇	一,九四七,四[illegible]	一四八,九〇一,[illegible]
三十八年度	一二三,[illegible]	一九,七〇八,四〇九	一四三,一九二,九四七	七,三四七	—	—	一,九三七,〇〇〇	一,九四七,四[illegible]	一四七,四九一,[illegible]
計	[illegible]	[illegible]	[illegible]	一二一,一九九,八四三	[illegible],〇〇〇,〇〇〇	[illegible]	[illegible]	[illegible]	[illegible]

備考　歲入歲出兩部中第一期鐵道建設費及鐵道公債三十一年份爲止。以特別會計與後章一般歲計之實際對照之時。於總額中扣除之。不可不比較者也。

以上財政計畫之算表。列入翌三十年份。又以後或有變更。不可以之爲責人之材料。然當時財政之當局者於二十九年份豫算提出之際。所說明者是爲最初之計畫。所以揭於茲者。不過備次節以下之實際豫算及決算評論者之參考耳。

第三節　戰後之豫算及決算

第一　歲計之激增（二十九年份及三十年份）

如以上之計畫。二十九年份及三十年份之歲計。依豫算觀之。已見意外之激增矣。夫二十九年份豫算。其歲入計一億九千七百十九万七千七百十二圓。歲出則一億九千三百四十二万五千七百十六圓。三十年份之豫算。歲入計二億四千九百五十二万四千六百七十圓。歲出計二億四千九百五十四万七千二百八十五圓。而此等豫算之實行於決算上觀察之。實如左表所定焉。

二十九年度決算	歲出	普通歲入	賠金繰入	公債收入	軍事費賠金繰入	前年度繰入	歲入計
經常歲出	[illegible]	[illegible]	—	—	—	—	[illegible]
臨時歲出　臨時普通費	[illegible]	[illegible]	—	—	—	[illegible]	[illegible]
臨時歲出　軍備擴張	[illegible]	—	[illegible]	—	—	—	[illegible]
臨時歲出　事業擴張	[illegible]	—	[illegible]	[illegible]	—	—	[illegible]
臨時歲出　北鐵敷設費	—	—	—	—	—	—	—
臨時歲出　臨時軍事費	[illegible]	—	—	—	[illegible]	—	[illegible]
臨時歲出　計	[illegible]	—	—	—	—	—	[illegible]

合計	[illegible]	二二、七四六、〇七八	二一、七八九、三六九	三九、九五六、六〇〇	三七、四一一、九一〇	三三、一二六、一四六	[illegible]
鐵道建設費	[illegible]	—	—	鐵道公債 三九、六六八、八〇〇	—	—	三九、六六八、八〇〇

備考　此軍備擴張費之計數。陸軍則七五七〇二七九圓。海軍則四〇四三三一八八圓。

又鐵道建設費及鐵道公債。乃當時之特別會計。故揭於別欄。

三十年度決算		歲出	普通歲入	償金繰入	公債收入	前年度繰入	歲入計
經常歲出		圓 [illegible]	經常 圓 [illegible]	圓 —	圓 —	圓 —	圓 [illegible]
臨時歲出	臨時普通費	[illegible]	臨時 [illegible]	—	軍事公債 [illegible]	一八、一五三、九二五	[illegible]
	軍備擴張費	[illegible]	—	[illegible]	事業公債 [illegible]	—	[illegible]
	事業擴張費	[illegible]	—	製鐵所 [illegible]	公債 [illegible]	—	[illegible]
	北鐵敷設費	[illegible]	—	—	北鐵公債 九〇三、一〇〇	—	九〇三、一〇〇
	臨時事業費運輸通信費	[illegible]	—	[illegible]	—	—	[illegible]
	計	[illegible]	—	—	—	—	[illegible]
合計		[illegible]	[illegible]	[illegible]	[illegible]	一八、一五三、九二五	[illegible]
鐵道建設費		[illegible]	—	—	鐵道公債 [illegible]	—	[illegible]

備考　此軍備擴張費之計數。陸軍則二二一三〇〇〇一圓。海軍則三二一四八七四〇四圓。又事軍公債。乃欲爲一時賜金之代用。故交付於戰功者也。

前表　歲出部中軍備擴張費。因海外所定之物多不到者。而事業擴張費。又因內地土木大典。工人不足以應供結。并有積雪發水等障害。事業不能進步。於是無力支付豫定之巨額矣。然臨時軍事費特別會計決算後。所未支付之工事製造。將其結果歸於一般之會計。一般會計中。關於臨時軍事費之費用。及關於普通歲出之新施設。於二十九年份。則創立京都大學。改修修築澱川筑後川等。創立血清藥院。痘苗所。橫濱築港。補助小學校。改良馬還。開設蠶業講習所。生絲試驗所。貿易陳列館。置拓植務省等。於三十年份則增設公使館及領事館。擴張東京圖書館。設置地方視學。增派外國留學生。改正條約。擴張關稅事務。補助勸業。及農工銀行。補助臺灣鐵道會社。增架電線。設水產講習所等。擴張有關於文化及經濟發達之行政等。故依前表決算上之歲出。二十九年份則一億六千八百万圓。三十年份則二億二千三百万圓。如此巨額。其歲入果何如耶。於臨時部之償金及公債金因支用煩而收入之額少矣。至於增稅。二十九年份雖起登錄稅。其現計五百万二千二百五十六圓。較之豫定尚不足。三十年份所實收者。尚不過五百四十三万二千百十六圓。三十年份所新設者。營業稅計四百四十万九千百六十六圓。酒稅增率之結果計千百四十八万三千八十八圓。葉煙草專賣收入僅二十九万二千百四十二圓。增稅收入之結局於二十九年份計五百四十三万二千百十六圓。三十年份計二千百六十一万六千五百六十圓。其中扣除整理雜稅所減收入之數則增稅之純收入。尚不能達豫定之數。幸有前年份之收入及威海衛守備費償却金等。故決算上之歲入二十九年份計一億八千七百万圓。三十年份計二億二千六百万圓。其結局於歲計上尚可得多少剩餘金也。

假使以二十八年份之歲計而對照之。則二十八年份歲出之決算不過八千五百三十一万七千百七十九圓。二十九年之歲出。則一億六千八百八十五万六千五百八圓。三十年之歲出。則二億二千三百六十七万八千八百四十四圓。是豈非財政上之一大變動耶。

第二　經濟上之變調

因財政上之變動。而經濟上之變動亦起。經濟與財政接密之關係。於戰後最著人目。戰後計畫施行之時。歲計膨漲。通貨爲之增加。物價爲之騰貴。社會之一面。幾如泡沫。事業之勃興。夢所不及。而金融漸近於逼迫之苦境矣。則財政上之歲入計畫。不免見有反動力矣。

通貨增加之原因。亦有種種。然二十七八年戰役後之激急增加。其原因不得不歸諸財政之膨漲。收容償金勃興事業也。二十八年。戰役中因軍費所需發行限制外兌換券五千五百万餘圓。從此日本銀行中之政府貸出金常不絕矣。於二十九年一月末。其數已達六千三百五十万圓。後二十九年五月移倫敦寄托償金中五千万圓。存於日本銀行。以期減却爲政府貸出而發行之限制外兌換券也。以此五千万圓爲日本銀行正貨之準備。兌換券之貸出者。尚不能盡數收回。於是通貨之總額。竟不減少。三十年一月。設金貨本位之制度。而銀貨及銀券。不得不收回。金貨及補助銀貨之發行亦繼之。收容償金之際。收吸金塊至三十一年份末。政府金貨之新鑄者。計九千八百六十九万四千六百圓。補助銀貨。則二千七百一万七千九百六十八圓。合計有一億二千五百餘万圓之硬貨。是豈非通貨之增加乎。加之戰後財政之膨張。民間事業之勃興。資金之需用從之增加。日本銀行限制外兌換券之發行。幾若不絕。於是通貨之增進如斯矣。

年末＼種類	正貨流通額	正金準備兌換券	制限內兌換券	制限外兌換券	通貨總額	增加步合
二十七年	[illegible]圓	[illegible]圓	[illegible]圓	[illegible]圓	[illegible]圓	一〇〇
二十八年	[illegible]	[illegible]	[illegible]	[illegible]	[illegible]	一二四
二十九年	[illegible]	一三三、七四〇、一九三	[illegible]	—	[illegible]	一三一
三十年	[illegible]	[illegible]	[illegible]	[illegible]	[illegible]	一三三
三十一年	[illegible]	[illegible]	[illegible]	[illegible]	[illegible]	一二五

物價騰貴之原因。亦有種種。通貨增加。亦其一也。然因通貨之增加而物價騰貴。則物品之輸入。亦爲之增加矣。物品之輸入既增加。則通貨流出物價能復其常。是爲經濟理法之順道。然奇哉妙哉。日本戰後之經濟。不從此順道。物品之輸入年年超過。物價年年騰貴。通貨年年增加。今以左表證之。

年次	物品輸入超過	物價騰貴	通貨增加	金銀輸入超過
二十七年	四、一三六、八八七圓	一二六	二四七、七一一、二八五圓	出超 七、五九五、四六八圓

二十八年	出超　六、八五一、五九九		一三五	二八二、〇〇〇、八一二	出超　二一、四二七、五三四
二十九年	五三、八三一、七一四		一四五	三〇〇、三七三、六八〇	二七、五四三、三〇四
三十年	五六、一六五、六九四		一六一	三三〇、四七〇、一四二	六二、二四七、五四九
三十一年	一一一、七四八、四〇四		一六九	二八五、六一五、六九八	出超　四四、四二三、六九九

備考　物價則依日本銀行所調查者。二十一年一月一般平均物價。以百位分別年份而示之。

何故日本戰後之經濟如此變調。此無他。以海外寄托之巨額償金。爲支付貿易上之基金故也。所謂三億六千万圓巨額之償金。自二十八年十一月始。漸次受領。半係寄托於英蘭銀行。一面以此爲財政上之財源。一面則以正金爲支付貿易上之基金。此巨額之債權流於外。於是本國貿易上之債權超過於債務者甚多。以輸向外國之滙劃票(輸出品票)放賣於市上。而本國通貨之價格(滙劃市面)遂騰貴於貿易市上矣。輸出品下落之結果亦生矣。故輸出而抑制之。則輸向本國之滙劃票(輸入品票)與以高價買入之輸入品同時騰貴矣。故輸入之勢。不得不超過矣。物品之輸入超過既如斯。其債務則依滙劃之作用。於海外則以償金之正貨而支付之。故不獨無須以本國之正貨現送。且巨額償金中一部。尚能現送於本國。於是金銀輸出入貿易如前表下段總額上金銀輸入超過見矣。通貨之膨漲。依然不稍減。物價益益騰貴之變調現矣。然如此變調不過一時之現象。在外資金存在之間。則見之。在外資金而漸減。則亦漸減。其減亡也。亦必隨之而滅亡。是以三十一年乃償金收回之末年。正貨因之流出。金融大見逼迫矣。

戰後之金融。素不緩漫。欲支付戰費之故。募集軍事公債一億二千万圓。此事於本國經濟界上。必有金融逼迫之感矣。蓋政府訴於國民之愛國心。以普通公債方法募集而得之。軍事公債。不過八千六百五十餘万圓。其他三千餘万圓。以特別發行之方法。將大藏省存款部之現金而賣却者也。然此存欵部。以(一)郵便存欵凡二千七百万圓。(二)團体存欵凡二百万圓。(三)保管供托金凡四百餘万圓。(四)積立金凡四百餘万圓等。爲主。以人民之所存者爲之。年年有三千七百餘萬圓之資金。亦政府中一種之銀行也。一次所買之軍事公債。在三十年三月金本位制度發布之後。政府所賣於外高散米裕爾商會之公債證券。四千三百萬圓之中。從賣去之代金而得以收回現金。故爾後政府又發行之事業公債。鐵道公債。北海道鐵道公債。均在特別發行名義之下。裨存多少收領之餘地也。存欵部之情形已如以上所述。加以三十一年五月。償金悉皆收領。其大部分已定其用途。然未定用途者有之。或以現金存留者有之。或爲貿易上滙劃之資金利用於公債之收領。或勸業債劵之買入。故以此而開本國財政上及經濟上之金融不少。是以三十一年之前半期。本國之金融。尚覺有多少之金穴也。

然三十一年之後半期。承三十年凶作之後。輸入超過者一億圓。米西戰爭起於海外。歐美市塲金利之昂進。見矣。及償金收回。悉皆平矣。在外滙劃資金消滅。正貨因之流出。計四千四百萬圓。金融逼迫。公債募集之途。非存欵部及償金部之現金。均變爲事業公債。鐵道公債。勸業債劵等矣。且無餘地以應特別發行矣。至此則本國財政上及經濟上之金融。將有杜絕之勢矣。

物價騰貴。金融逼迫之狀況。如以上所述。而物價之騰貴。不過促普通歲出之意外增加而已。金融之逼迫。乃抑制公債之歲入。公債既抑制。則償金之流用擴張矣。償金流用既擴張則軍備擴張之事業爲之阻害。公債支付之事。及償金支付之事。將失並進之步調。而互相交錯矣。戰後經營之主眼不能進行普通行政費之財源。亦為之苦矣。

第三　財政及經濟之難境（三十一年份）

三十一年份之總豫算。以松方內閣之時所編制之台灣歲計。為特別會計而除去之。且戰後計畫之新事業費亦減去千五百萬圓。而歲出總計二億三千三百七十二萬三千七百八圓。歲入則二億千二百十一萬四千百十九圓。豫算上之歲入不足。凡二千百六十萬九千五百八十九圓。且一般經費。台灣補充費。航海獎勵費。及航路擴張費。加以物價騰貴關於戰後經營而起之民間事業保護費之增加。因此不足。政府欲增收酒稅及地租。以計補此不足。具法案而提出於十一議會中。議會於開會之翌日解散之。於是豫算不成立矣。三十一年一月。伊藤內閣成立。而施行前年份之豫算也。即三十年份之豫算。而加以內查。當時藏相井上伯經營事業。大半延期。歲出計一億八千七百餘萬圓。歲入計一億七千三百七十三萬圓。（普通歲入一億三千百萬餘圓。償金收入千三百餘萬圓。公債收入三千二百七十萬圓）為行政豫算。歲入不足。計千三百九十六萬餘圓。因鑑前轍。避增稅之法。從償金部中之既定費途而不急之部分。千二百八十八萬圓。借用之。編製千三百餘万圓之追加豫算。同年五月。召集解散後之議會。爲第十二議會。經其協贊。乘勢而爲來三十二年份之歲計。提出地租及所得稅酒稅之增徵法案。而遭議會之否決。六月十日。議會解散矣。議會解散。而普通歲入之計畫爲之蹉跌。因輸入超過。正貨流出。金融逼迫。而公債募集之計畫爲之杜絕。待年終十三議會之協贊。匆匆發布償金收借支付法。從償金部借用巨款。僅得以維持當年之歲計也。左之決算表。可證明其情形也。

三十一年度決算		普通歲入	償金繰入	公債收入	償金繰替	前年度繰入	歲入計
經常歲出	一一九、〇四三、一三三圓	一三三、八六九、三三三圓	一圓	一圓	一圓	一圓	一三三、八六九、三三三圓
臨時歲出	普通臨時費	一九、四三三、七〇九	一六、四三四、四三三	三六、九六九	二三八、一〇〇	一	二、七二二、二五九
	軍備擴張	五九、四〇一、七〇二	一	四三、〇八七、〇五三	一	一六、三一七、六四九	一
	事業擴張費	八、九七二、五五〇	一	五九七、四三三	一	八、三七五、七五〇	一
	北鐵敷設費	一、〇六七、〇五四	一	一	一	一、〇六七、一〇四	一
	[illegible]費	一三、〇〇〇、〇〇〇	一	一三、〇〇〇、〇〇〇	一	一	一
	計	一〇〇、六六六、四四四	一	一	一	一	一
合計		二一九、七五七、六六八	一五〇、八〇三、七六六	九三、一八七、〇七一	二三八、一〇〇	二五、七〇五、七〇〇	二、七二二、二五九

歲入計（臨時歲入）	
普通臨時費	三六、五八四、七一八
軍備擴張	五九、四〇一、七〇二
事業擴張費	八、九七二、五五三
北鐵敷設費	一、〇六七、一〇四
[illegible]費	一三、〇〇〇、〇〇〇
計	九七、八四五、一三五
合計	二三〇、〇四三、二五六

鐵道建設費	[illegible]	—	—	—	[illegible]	—	[illegible]
帝室御料金	[illegible]	—	[illegible]	—	—	—	[illegible]

（備考）此軍備擴張費之計數。陸軍計一四八四七〇二一圓。海軍計四四五五四六六二圓。償金收入中六三六九六圓。以之支付臨時軍事費之殘務。償金收借則以一般會計從償金特別會計部中暫爲借用。公債計畫則以一時賜金代用之。發行軍事公債二四八一〇〇〇圓之外。幾不能全部募集。故需此收借也。政府之決算書上。軍事公債二四八一〇〇〇圓。加之償金收借額。計三五三五二八〇六圓。爲公債募集金而整理之。

第四　增稅及外債之成立。(三十二年份)

三十一年十一月。山縣爲內閣。松方伯爲大藏大臣。所編製之三十二年之總豫算。乃襲踏前內閣之成案。歲出計二億二千六百三十四萬四千七百九十二圓。歲入計一億八千八百七十三萬八千四百三十七圓。相差歲入不足數計三千七百六十萬六千三百五十五圓。其主要之原因。係航海獎勵。航路擴張費。台灣諸經費。法典施行經費。教育事業費。及物價騰貴之故一般政費之增加。此外尚有多年朝野之宿題。如監獄費。及國庫支付。其他罹災救助基金等。及不得不實行之地方救養經費。凡四千六百餘万圓之財源。不可不設法開之。閣議逼迫。其地租所得稅、酒稅、噸稅、登錄稅、葉煙草專賣收入。及日本銀行納付金之增徵等法案。及豫算。將於第十三議會時提出議會對此提案。修正田租率百分之四爲百分之三分三厘。增徵期限以五年。限三十六年份爲止。因修正此稅率政府之經畫當減少九百餘万圓。第二次補塡則新設家屋稅醬油造石稅。及郵便收入之增加。可得六百餘万圓。歲入之經畫。將其法案提議於議會。關於家屋稅而不以爲然者甚多。於是政府即撤回之。然修正專賣法改正案。已可得收入增加。故增稅計畫。大体亦可告成。地租計八百四十七万五千九百五十八圓。所得稅計百四十九万四千五百十六圓。酒稅計二千二百五十五万六千四百九圓。葉煙草專賣收入計二百十四万五千五百五十圓。兌換劵發行稅(於日本銀行納付金之修正)計百十五万九千五百六十圓。醬油造石稅計百五十九万八千三百八十七圓。煙草營業免許料計八十三万千七百五十圓。郵便電信收入計百六十七万三千三百四十四圓。合計有四千二百二万十九圓之增收。遂決定。此決定額以年額收入之計算。三十二年分不過三千二百八十餘万圓。其不足額。則以償金借用爲之支付豫算。計需九百七十一万二千八百三十九圓。此欵須借用償金者也。然三十一年。已有巨額須借金償者。又加之以前記之豫算借欵。於償金部既定事業之進行。豈不有所障害。且償金事業之進行。亦不可不計返還之日。三十二年份公債計畫所屬之事業費。均係不可少者。故前記增稅計畫之外。更須行外債募集之方法。政府則立此準備。於三十二年份之臨時歲出豫算之形式上。償金收入三千百八十一万八千三百六十四圓。公債收入計二千四百六十六万六千九百圓。並前記償金借用計九百九十一万二千八百三十九圓。故外債之事。極力阻其成功也。

經常部之增稅計畫。臨時部之外債計畫。此二計畫成功與否。當由增稅之成效、觀察之。地租於增徵額豫算上減少百万圓。所得稅之增徵額。却增加百万圓。酒稅則減收四十万圓。噸稅則減收七万圓。登錄稅及印紙稅收入增加幾二百万圓。葉煙草專賣收入將減收二百万圓。日本銀行兌換劵發行稅減收三十万圓。醬油稅及郵便收入所增者可相抵。總之經常部之所增收計畫。雖非無多少誤算之處。大体不獨得以達其增稅之目的。且其他普通收入。亦得以自然增收。故其結局也。經常歲入之增加。亦般般可考。於其結果。決算前年份經常歲入。計一億三千二百餘万圓。其中增加者。計四千五百万圓。當期經常歲出。計一億三千七百餘万圓。其中有三千九百餘万圓。乃歲入之超過者也。

外債之募集也。於三十二年六月一日。締結借英貨千万磅之公債契約。四步起息。貼水亦扣除四步。計實收八百六十餘万磅。即日本八千七百万圓也。然公債募集依額面計算之。當得九千七百餘万圓。以此公債募集金。還三十一年份之償金借用者。幷充用今三十二年份之支付公債。及一時借用支付之事業費。而尚可以與翌年份多少之餘裕云。

外債募集所得之現金。得以使償金部中所有之公債證券收回其現金。此現金及殘存之證券。合計有五千万圓。以此是以爲軍艦水雷艇補充基金。教育基金。及災害基金等。三大非常基金也。且得以爲後年份公債收領之金穴。今以決算表示於左。

三十二年度決算	經常歲出
	一三七,九七〇,四〇八圓
普通歲入	一七七,三三八,五四六圓
償金收入	一圓
公債收入	一圓
借入金	一圓
前年度收入	一圓
歲入計	一七七,三三八,五四六圓

	臨時歲出							合計	三基金設置
	普通臨時費	軍備擴張費	事業擴張費	北鐵敷設費	鐵道建設費	製鐵事業費	計		
	[illegible]	[illegible]	[illegible]	[illegible]	[illegible]	[illegible]	[illegible]	[illegible]	[illegible]
	（臨時）[illegible]	—	—	—	—	—	—	[illegible]	—
	—	[illegible]	—	—	—	—	—	[illegible]	[illegible]
	[illegible]	事業公債（未募）[illegible]	事業公債（未募）[illegible]	外債 [illegible]	外債 [illegible]	—	—	[illegible]	—
	—	償金繰替 [illegible]	—	—	—	[illegible]	—	[illegible]	—
	[illegible]	—	—	—	—	—	—	[illegible]	—
臨時歲入 計	[illegible]	[illegible]	[illegible]	[illegible]	[illegible]	[illegible]	[illegible]	[illegible]	[illegible]

（備考）此軍備擴張費陸軍計一三五一〇三八一圓。海軍計四五三六九〇四五圓。其財源則除表中所載償金及公債之外。普通歲入計七七二四八六七圓（中三百万圓係償金部借用者）以之充用又事業擴張。北海道鐵道敷設官設鐵道建設費。及收入外債發行費計六二六九五六圓。亦包在其中。若不扣除此發行費則與政府之決算書不合也。

（附）外債募集金及其支出

種類	募集金	支出 三十一年度	支出 三十二年度	支出 計	收入殘額	摘要
事業公債	[illegible]圓	[illegible]圓	[illegible]圓	[illegible]圓	[illegible]圓	三十三年份經超收入金之數
北鐵公債	[illegible]	[illegible]	[illegible]	[illegible]	[illegible]	全前
鐵道公債	[illegible]	[illegible]	[illegible]	[illegible]	不足 [illegible]	三十三年度由募集金中扣除之數
計	[illegible]	[illegible]	[illegible]	[illegible]	[illegible]	

三十三年份之歲計經常歲入。決算上計一億七千七百餘万圓。經常歲出計一億三千七百餘万圓。出入相較。可得三千九百餘万圓之超過。以此歲入之超過者。支付臨時歲出入之不足者。凡三千九百餘万圓。以三大基金即前年份償金借用者。得以返還之。故戰後之財政漸見順兆矣。

第五　財政上一時之順兆（三十三年份）

三十三年份之豫算可稱順兆。其經常歲出計一億五千二百四十万八千五百三十四圓。經常歲入計一億九千三百七十三万百八十圓。故經常歲入之超過實有四千万圓以此歲入超過。可與臨時歲出一億二百十四万千二百八十四圓中償金及公債等臨時歲入(六千八十一万九千六百十三圓)之不足額凡四千万圓相抵。以經常歲入之超過而補充臨時歲出。此狀況一見便知爲順境之歲計云。

然提出此豫算之時。藏相松方伯報告第十四議會。謂日本財政之基礎。尙未可爲之强國。何以言之。蓋當年支付公債雖有三千二百十八万三千六百五十圓之豫算。而前年份之外債尙未見及也。內國經濟界之金融更加逼迫。昨三十三年適承三十一年輸入大超過及正貨大流出之後。故前半期中商工業深相告警。物價則探下落之傾向。而輸出貿易稍向順境。三十二年三月以公布之日本銀行券保證準備發行力擴張之法律實行之。自八千五百万圓一變而成一億二千万圓之發行力。促兌換券發行稅。而日本銀行僅半年中利息減低者四次。不獨極力增發保證準備之兌換券。且以六月一日始成立之外債千万磅(一億圓)同年七月爲始十一月止。悉皆收回之。其影響即三十一年末不過一億九千餘万圓之兌換券發行數。至三十二年末忽漸增至二億五千万圓之發行數。於是物價爲之騰貴矣。當三十三年之貿易。亦有八千万圓之輸入超過。此則金融豈能免於逼迫。國內之形勢既如以上所述。則三十三年份之公債。到底不能一例募集。而償金部之借用。存款部之收受。不得免矣。三十三年份之現計。不拘昨年份外債金之使用餘數尚存。而如左表所示借用於償金部者計千四百七十餘万圓。於存款部之現金則有二千三百三十九万九千八百五圓之特別發行。從銀行借入者計五百五十万圓。僅得以調達公債事業費也。

三十三年度現計		普通歲入	償金收入	公債收入	借入金	清國事件費資金	歲入計
經常歲出	圓 一四九,一四〇,一七五	圓 一九〇,一〇九,九三三	圓 —	圓 —	圓 —	圓 —	圓 一九〇,一〇九,九三三
臨時歲出	普通臨時費 五七,〇五九,五五三	八,八〇四,三〇六	—	軍事公債 四,三五二	償金部借 三五二	—	臨時歲入 八,八〇九,五五[illegible]
	軍備擴張費 五一,二三一,五四四	—	四一,三四〇,一六四	事業公債(鐵道) 九,五九〇,三四五	—	—	四〇,八〇〇,五〇九
	水災擴張費 一三,五八一,四五六	—	—	一三,三一七,八六八	償金部借 九,五五三,〇五八	—	二三,八八九,九二六
	北海鐵設費 一,〇〇七,三五〇	—	—	鐵道 五三一,六五五	仝 六五四,七五八	—	一,〇〇七,三五〇
	鐵道建設費 一三,三三一,八五七	—	—	八,四三二,五五六	仝 四,五五三,九五三	—	一三,六八七,四〇五
	製鐵事業費 五,五〇〇,〇〇〇	—	—	二,〇〇〇,〇〇〇	從勸業銀行借 五,五〇〇,〇〇〇	—	七,五〇〇,〇〇〇
	清國事件費 二三,八一五,〇九一	—	—	—	—	[illegible] 三〇,〇〇〇,〇〇〇	三〇,〇〇〇,〇〇〇

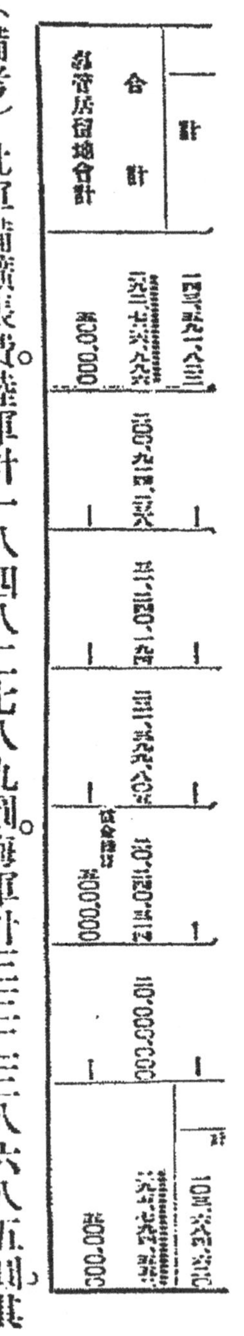

（備考）此軍備擴張費。陸軍計一八四八二七八九圓。海軍計三三二三八六八五圓。其財源則償金及公債之外有不足者。以普通歲入一〇八九〇九九〇圓支付之。又公債收入中軍備擴張費及北海道鐵道敷設費支用者。係外債募集金使用之殘額也。借入中屬於償金者四款合計一四七四〇三一三圓。與政府之現計書相合。

當此時也。三十三年七月。俄然北清團匪之事件起。清國政府與列國搆難。日本亦不得已列入其間。北清事件費於三十三年份如前表所示需二千二百万圓。於是由一般會計支出二百万圓。屬於存款部管理之軍艦水雷艇補充基金支付二千万圓。

然此基金三千万圓及教育基金災害準備基金各千万圓。合計共有五千万圓之積立金。從償金部分寄托於存款部者。所存現金不過千五百万圓。其他皆內外公債也。今以二千万圓支出之。則現金之融通已無路可籌矣。且此等基金其名稱皆有一定之目的及用途。

故前記支出之當初以緊急勅令使用之已定不得不補塡。故此基金早晚必須爲之補塡者也。其初所爲公債收受之金穴者。今反爲必須補塡之債矣。而財政上之累又起矣。

第六　北清事件及增稅（三十四年份）

北清事件費既於三十三年份基金中支付二千万圓。普通歲入中支付二百万圓。尙見其不足。入三十四年份約需二千三百五十万圓。（如事件速結則千三百餘万圓已足）使用於基金之二千万圓之補塡。不論可以延期。不可以延期。而此戰費豈能再以基金餘數支出乎。基金餘數雖尙存三十万圓。然其內容皆係有價證券。而現金幾無存矣。即以有價證券發賣之而內外金融之狀況。亦不能應之也。故基金之利用亦不能應戰費之急矣。於是於第十五議會中將三十四年份豫算歲入計二億五千四百五十一万九千五百十五圓。歲出計二億五千二百九十三万三千圓之歲計書提出之外。更提出追加豫算爲北清事件而增稅及借入金之計畫等。但北清事件份臨時之事。故經常的增稅不便行之。是以北清事件。基金補塡公債事業費充用之三件。而得增稅之名義。而此增稅之計畫中。第一酒稅增徵。第二砂糖消費稅之新設。第三關稅定率之改正。第四葉煙草專賣率之引高。中途即施行之。三十四年份得六百二十九万三千五百七十五圓。三十五年份以後每年可得二千百四十四万七百五十八圓。其計算示於左。

一、酒稅增率

	製造高	舊稅率（一石）	新稅率	將來增收入	三十四年度增收
（一）清酒	四、〇九六、二九六石	十二圓	十五圓	九、四二七、九八二圓	
（二）濁酒	六六、五一二	十二圓	十五圓	一五三、〇八三	
（三）白酒	三、〇三六	十二圓	十五圓	六、九八九	
（四）味淋	四〇、三八二	十二圓	十五圓	九二、九四四	
（五）燒酎	九五、六五六	十三圓	十六圓	二一四、四九三	
計	四、三〇一、八八二			九、八九五、五九一	
（六）酒精	一〇一	（五十度）十三圓	（九十五度）廿一圓三五錢	五、八八〇	
（七）酒精含有飲料	二〇、〇八二	十三圓	十六圓	五二、一七二	
計	二〇、一八三			五八、〇五二	
（八）麥酒	七八、五三一	—	七圓	五四九、七一七	
合計				一〇、五〇三、三六〇	二二九、〇四七圓

二、砂糖稅之新設

(一)	第一種 和蘭八號未滿	八七、〇一七、二八一斤	—	一圓	八七〇、一七二圓
(二)	第二種 仝上八號以上十五號	一一六、二三一、五四三	—	一圓六十錢	一、八五九、七〇四
(三)	第三種 仝上十五號以上二十號以下	一八四、一一九、〇二五	—	二圓二十錢	四、〇五〇、六一八
(四)	第四種 仝上二十號以上	六一五、五六九	—	二圓八十錢	一七、二三五
	計		—		六、七九七、七二九	二、七一八、八六七

三、關稅之改正

		輸入額	舊稅率	新稅率		
(一)	酒精	七九二、九五三	一斤二錢六厘	四十錢	三二、五一一	
(二)	石油 罐入	一一、七九六瓦	一錢	二錢	一一七、九六〇	
	箱入	四五、六四二	一錢六厘	三錢二厘	七三〇、二八〇	
(三)	煙草	一〇九、二五八	十割	十五割	五四、六二九	
	計				九九五、三八二	一四一、三七四

四、專賣品之引上	一	十三割	十五割	三、二〇四、二八七	三、二〇四、〇〇〇
總計				二一、四四〇、七五八	六、二九三、五七〇

由此觀之。新增稅之結果。三十五年份以後每年可得增收銀二千百万餘圓。然當三十四年份因中途施行僅得六百二十九万三千五百七十五圓。以此充前記之二千三百五十万圓之北清事件費。尚有千七百餘万圓之不足。於是不得已向日本銀行暫借金千七百餘万圓。(實則不過六百餘万圓)爲追加豫算。本豫算及增稅諸法案均提出第十五議會。而遭貴族院之强硬反對。大詔煥發。千辛万苦。始得通過。苟依已成之豫算則三十四年份之歲計經常歲入計二億七百五十四万六百七圓。臨時歲入則六千九百九十五万六千三百三十三圓。經常歲出計一億六千四百六十七万五千百圓。臨時歲出則一億千百二十一万二千三百二十四圓。豫定以歲入總計二億七千七百四十九万七千圓。支付歲出總計二億七千五百八十八万五千四百二十四圓也。

然本豫算中之臨時收入。及公債募集金二千九百八十六万二千四百五十圓。即使得以實行之。而砂糖稅之新設。關稅定率之引上。輸入品之增加。正貨漸漸流出。金融幾無緩和之機會。加之各種公債之費途。物價之騰貴。設計之變更。一切無不增加。既往數年間增越者甚多。如鐵道公債係二十六年份之計畫。當初豫定六千万圓。至三十三年份增至九千五百万圓。事業公債二十九年之計畫。當初豫定十年每年一億三千五百万圓。至三十三年份增至一億五千万圓。其他北海道鐵道公債計畫計千八百五十万圓。臺灣事業公債計畫計三千五百万圓。此等四種公債計畫總計二億九千七百三十九万八千三百四十三圓。事業公債則募集至三十一年份爲止。其他則在四十一年份爲止。欲以之行所定之事業者也。其中當三十四年末爲止須募集之年額累計計畫計二億二千五百三十一万二千四百五十一圓。然於國內公募者僅於二十六年份一次。計取得鐵道公債二百万圓。三十二年份於外國募集者。係事業公債鐵道公債。北海道鐵道公債九千七百六十三万圓（實收八千七百餘万圓）其他皆依特別發行之名義而屬於存款部及償金部之收領者也（額面七千三百七十二万四千圓）故普通發行與特別發行之額面合計一億七千三百三十五万四千圓。其實收金則一億五千五百八万三百八圓。三十四年末爲止。有未募集之數。計七千二十三万二千百十一圓之巨額也。其詳細之計算示於左表。

四種公債募集の改定及賣收入

年度	募集收定計畫 事業公債	北鐵公債	鐵道公債	台灣公債	計	發行賣收入 事業公債金	北鐵公債金	鐵道公債金	台灣公債金
二十九年度	[illegible]	—	三十六年度迄 [illegible]	—	[illegible]	[illegible]	—	三十六年度迄 [illegible]	—
三十年度	[illegible]	一、〇〇〇、〇〇〇	[illegible]	—	[illegible]	[illegible]	[illegible]	[illegible]	—
三十一年度	[illegible]	一、〇〇〇、〇〇〇	[illegible]	—	[illegible]	—	—	—	—
三十二年度	[illegible]	一、〇〇〇、〇〇〇	[illegible]	[illegible]	[illegible]	外債 [illegible]	外債 [illegible]	外債 [illegible]	—
三十三年度	[illegible]	一、〇〇〇、〇〇〇	[illegible]	[illegible]	[illegible]	[illegible]	—	[illegible]	[illegible]
三十四年度	[illegible]	一、〇〇〇、〇〇〇	[illegible]	[illegible]	[illegible]	十九日迄發行 —	合計 —	合計 —	合計 —
計	[illegible]	[illegible]	[illegible]	[illegible]	[illegible]	[illegible]	[illegible]	[illegible]	[illegible]
三十五年度以降	三十六年度迄 [illegible]	[illegible]	[illegible]	[illegible]	[illegible]	—	—	—	—
合計	[illegible]	[illegible]	[illegible]	[illegible]	[illegible]	—	—	—	—

計	[illegible]	[illegible]	—	[illegible]	[illegible]	—	[illegible]	—	—
差引募集殘額							[illegible]	[illegible]	[illegible]

此七千二十三万餘圓未募集公債中。千四百七十餘万圓於三十一年份一時仰借於債金部者也。故債金部事業而進行。則必須償還。此不可不最先募集之。且存欵部之現金僅存千四百四十餘万圓。雖採特別發行之方法。而豫算上之募集額及其他之未募集額。究如何而後可也。內外之經濟界依然無應募之力。徒將事業增延。抑將全部中止耶。關於此問題之時。伊藤內閣稍欠統一之道。以至依大詔之威德而成立之豫算。於施行之初期無端瓦解矣。

伊藤內閣瓦解之後。三十四年六月二日成立之現內閣。亦不得不處此難關。曾出外債募集之方法。因外國市面景況不盛。即撤停而未實行。然外債之方法既不得實行。厥後亦不得不另行設法一施手段也。

當現內閣之施行前內閣所編成之豫算也。採應急之手段以處分前記七千二十三万餘円之公債處分之方法如左。

	金額	事項
一、	九百六万四千百九十三円	三十四年度分事業增加
二、	六百七十万円	[illegible]證發行借入繼續
三、	千四百七十万円	債金部借用繼續
四、	千四百四十七万円	預金部現金應募
五、	五百万円	預金部利殖金應募
六、	六百万円	北清事件一時賜金其他買上償還金買入
七、	千四百万円	普通歲入增收剩餘金
計	六千九百九十三万餘円	

如此則事業之延者有之。三十三年份償金部所借之欵之還付亦爲之延期。然三十四年份之歲計總之得以實行矣。

第七　三十五年份豫算（公債事業及普通歲入支付）

三十五年份之豫算如何編成之耶。第一豫定當年份所不可不募集之公債、計畫。如何存欵部中依前記之實況、無現金之可存、及所謂無餘地以應特別發行等、而從來借金支付之財源。償金部之經濟。償金事業之進步。其前途及其實況。均示於左表。

償金部經濟の狀況

收支＼年度		二十八年度	二十九年度	三十年度	三十一年度	三十二年度	三十三年度	三十四年度	計
收入	償金領收高	二九、〇四〇、[illegible]圓	[illegible]圓	三四、八六八、[illegible]圓	二八、四二一、[illegible]圓	—圓	—圓	—圓	[illegible]圓
	償金利殖金	[illegible]	九二一、[illegible]	[illegible]	一、四四一、四九〇	三二一、二四七	[illegible]	[illegible]	一〇、[illegible]
計		二九、一四四、[illegible]	[illegible]	四一、九四〇、[illegible]	二九、八六八、[illegible]	三二一、二四七	[illegible]	[illegible]	[illegible]
支出	臨時軍事費	七八、九五七、一六五	—	—	—	—	—	—	七八、九五七、一六五
	陸軍擴張費	—	七、五八八、[illegible]	一六、一九三、[illegible]	八、九三三、[illegible]	[illegible]	八、一三三、[illegible]	[illegible]	[illegible]
	海軍擴張費	—	[illegible]	二〇、[illegible]	[illegible]	[illegible]	[illegible]	[illegible]	[illegible]
	製鐵所創立費	—	[illegible]	[illegible]	[illegible]	—	—	—	[illegible]
	臨時軍事費及運輸通信費	—	—	三、一五〇、七八[illegible]	[illegible]	—	—	—	[illegible]
	臺灣經費	—	—	—	一二、〇〇〇、〇〇〇	—	—	—	一二、〇〇〇、〇〇〇
	帝室御料	—	—	—	二〇、〇〇〇、〇〇〇	—	—	—	二〇、〇〇〇、〇〇〇

三基金	—	—	—	—	[illegible]	—	—	[illegible]
計	[illegible]	[illegible]	[illegible]	[illegible]	[illegible]	[illegible]	[illegible]	[illegible]
差引殘	[illegible]	[illegible]	[illegible]	[illegible]	[illegible]	[illegible]	[illegible]	[illegible]

依此表三十四年末之償金。雖尚存千七百餘万圓。而其中千四百七十餘万圓。於三十三年份已貸於公債事業費而未收回者也。當三十五年份依償金收入之費途。及軍備擴張費。計算尚需八百六万五千八百五十五圓。然三十三年份所借用之欵。雖有不得不返還之勢。到底豈不可作爲當年份公債事業之借用金耶。

第二。則三基金之使用數二千万圓。於三十四年份雖擬補塡。万一不能補塡。則三基金之收益及其所定之費途。豈能達其目的。果如何而後可耶。

第三。三十四年份因北清事件而立向日本銀行借欵之計畫。計千七百餘万圓幸事件之速了。而未達此巨額。然亦今年份所不可不反却者也此果何如耶。

足以應以上三件之眞財源。即上年所斷行之增稅法規。其結果每年亦不過二千百万餘圓。以之充基金補塡及借入金之返還。則公債事業不得不中止。公債事業而中止。則不獨一般經濟之發達有所阻害。且於國庫經濟亦有永遠之不利。若不中止。則不得補塡基金。及整理借入金。然戰後已行增稅三四次。即使國庫之標準存於奢侈物件。有抑制國民奢侈之効。然政府既謂國民奢侈。則自家之冗費。亦不可不減省。況再四增稅。究屬不可行之事也。

當此時也。有清國新償金五千万圓之報。然此償金屬於列國共同管理之下。以清國稅關及其他爲之擔保之四厘利息之債劵也。其二百五十万圓。乃屬於個人之權利者也。故得以控除之餘數計四千七百五十五万圓。照本國公債利率之價格當以七折換算。（凡百圓則作七十圓）凡三千三百三十万千八百圓。得以收入國庫。此債劵即使得以照尋常債劵賣却於市上。而目下金融之狀況恐不獨不能得所定之價値。且亦當有維持清國債權之關係也。故政府能保存之最爲得策。然則亦不以此爲收吸民間資金之手段矣。

於是先以增稅收入之現金二千百万餘圓將基金使用額補塡之。此補塡基金之現金速寄托於存欵部。使存欵部得以得現金二千万圓。以此存欵部之現金從一般會計將清國債券賣却之清國債券賣却之代金凡二千万圓一般會計得以收入之。又以餘數千三百万圓之債券。由一般會計以賣却之名義。與存欵部中所保存之公債六百八千万圓。及存欵部運用利殖現金六百万圓交換之。以六百万圓之現金移於一般會計。則一般會計前後合計明得現金二千六百万圓矣。以之先將三十四年份之一時借入金中六百万圓返還之。以三十五年份清國事件費二百五十万圓支付之。事業計畫二千三百六十万圓中六百餘万圓則繰延之。以千七百五十万圓支出之。爲二千六百万圓之收支。且爲六百八十万圓公債買上消還之方法於當時也。總之以三千三百万圓之債券利用之。並收入增稅額二千万万。存欵部之利殖金六百万圓。共計二千六百万圓之現金。又以餘額六百八十万圓之債券。與存欵部保存之公債六百八十万圓交換之。則名義上公債消還亦行矣。於形式上觀之。則三基金亦補塡矣。公債消還費亦增加矣。事業費千七百五十万圓亦得以支出矣。此三千三百万圓之收支豫算。合之各年份之通常歲計二億五千万圓之豫算。合計成爲二億八千餘万圓之大豫算矣。將三十五年份之歲入出總豫算。及有關於公債計畫普通歲入支付之法案。均提出於第十六議會之劈頭。三十五年份歲計豫算之成立者。計經常歲入二億二千六百十一万四千六百十三圓。臨時歲入計五千六百三十一万八千三百五十一圓。以二億八千二百四十三万二千九百六十四圓。爲支付經常歲出一億七千七百五十九万六千九百六十五圓。臨時歲出一億四百十五万六千二百二十八圓。合計二億八千百七十五万六千百九十三圓之計畫。是乃現年份之豫算也。

論至此、凡將已過之事實、括而如一、以便讀者之通覽、戰後計畫之實行成績、均示於左表

戰後財政經過總覽表

科目／年度	普通歲出	特別臨時費：軍備擴張費	特別臨時費：事業擴張費	特別臨時費：鐵道事業費	特別臨時費：臺灣事業費	特別臨時費：戰役費	特別臨時費：計	歲出總計
二十九年度決算	[illegible]	[illegible]	[illegible]	[illegible]	—	[illegible]	[illegible]	[illegible]
三十年度決算	[illegible]	[illegible]	[illegible]	[illegible]	—	[illegible]	[illegible]	[illegible]
三十一年度決算	[illegible]	[illegible]	[illegible]	[illegible]	臺灣補充費 [illegible]	—	[illegible]	[illegible]
三十二年度決算	[illegible]	[illegible]	[illegible]	[illegible]	[illegible]	—	[illegible]	[illegible]
三十三年度現計	[illegible]	[illegible]	[illegible]	[illegible]	[illegible]	[illegible]	[illegible]	[illegible]
三十四年度豫算	[illegible]	[illegible]	[illegible]	[illegible]	[illegible]	[illegible]	[illegible]	[illegible]
前繰越之分	—	—	事業鐵道及製鋼三費之分千八百六十七万千七百六十九圓			—	[illegible]	[illegible]

年度	普通歲入	償金繰入	公債收入	償金借用	借入金	戰資金	自前年度繰入	歲入總計
三十五年度豫算	[illegible]	[illegible]	[illegible]	[illegible]	[illegible]	[illegible]	[illegible]	[illegible]
計	[illegible]	[illegible]	[illegible]	[illegible]	[illegible]	[illegible]		

（備考）三十年份之戰爭費三二五〇七八九圓。歸入臨時軍事費運輸通信部費。及三十一年份之臺灣經費一二〇〇〇〇〇圓。均由償金爲之支付者也。鐵道事業費則歸入鐵道建設費及北海道鐵道敷設費。其中鐵道建設費。乃三十一年份爲止之特別會計。故各附於片角。三十四年份之事業擴張費。鐵道事業費。及臺灣事業費。合計二九五九九九三九圓。於是豫算施行中事業之繰延起矣。九百万餘圓繰延。合之既往之繰延者二千七百餘万圓。成爲四千七百餘万圓。但既與豫算揭記二千九百餘万圓。故九百餘万圓之繰延額。於既往繰延額中扣除之。以千八百餘万圓計算也。

種目／年度	普通歲入	償金繰入	公債收入	償金借用	借入金	戰資金	自前年度繰入	歲入總計
二十九年度決算	二一,七三六,〇〇八圓	二一,七九九,〇八九圓	二,九五六,二〇〇圓	—圓	—圓	三六,四二一,九二〇圓	三四,二三五,二四四圓	一八七,〇一九,四三五圓
三十年度決算	[illegible]	[illegible]	[illegible]	—	—	—	一八,[illegible]	[illegible]

三十一年度決算	[illegible]	[illegible]	[illegible]	—	—	—	[illegible]	[illegible]
三十二年度決算	[illegible]	[illegible]	[illegible]	[illegible]	台灣 [illegible]	—	[illegible]	[illegible]
三十三年度現計	[illegible]	[illegible]	[illegible]	[illegible]	臺灣 [illegible]	[illegible]	[illegible]	[illegible]
三十四年度豫算	[illegible]	[illegible]	[illegible]	—	[illegible]	—	〇	[illegible]
既往繰越	—	—	[illegible]	—	—	—	—	[illegible]
三十五年度豫算	[illegible]	[illegible]	臺灣 [illegible]	—	[illegible]	—	[illegible]	[illegible]
計	[illegible]	[illegible]	[illegible]	[illegible]	—	[illegible]	[illegible]	

(備考)三十一年份之償金借用決算。計有三五一〇四七〇二圓。然以三十二年份外債收入者付還之。故公債收入得以整理也。三十二年份之借入金。於三十三年份台灣事業公債之募集金中。以二百万付還之。故與三十四年份合併之。成六百七十万圓之計算也。此計數與三十四份之歲計整理合而爲一。厥後即基於三十四年份之歲計整理而漸次償還之。因既往繰越事業而須募集之公債。合三十四年份者。計四千餘万圓。爲之處分者。即事業繰延。存款部公債發行。歲計節約。增收入剩餘金借用等。已於前說明之矣。但決算時大有變更。亦勢之所然。又三十四年份三十五年份之

軍備擴張。財源之豫算。依表中所載各借金收入之外。尚有普通收入。三十四年份計六八七五四九四圓。三十五年份計一四二四二八一圓。三十四年以降以公債充軍備之支付也。

歲入＼歲出	普通歲出	軍備擴張費	諸事業擴張費	戰事費	計
歲入	[illegible]圓（平均[illegible]）	[illegible]圓	[illegible]圓	[illegible]圓	
普通歲入	[illegible]（平均[illegible]）	—	—	—	[illegible]
借金繰入	[illegible]	[illegible]	[illegible] [illegible]	[illegible] [illegible]	外務特經費 [illegible] [illegible]
公債收入	[illegible] [illegible]	[illegible]	[illegible]	—	[illegible]
借金借用	—	[illegible]	[illegible]	—	[illegible]
借入金	—	—	[illegible]	[illegible]	[illegible]
賠償金	—	—	—	[illegible]	[illegible]
前年度剩餘金	—	[illegible]	—	—	△[illegible]
清國償券代	[illegible]	—	[illegible]	[illegible]	[illegible]
歲入計	[illegible]	[illegible]	[illegible]	[illegible]	

（備考）普通歲入費前年份剩餘金。及清國償發代之支出之途。素不區別。因剩餘金及償發代。均足爲一旦普通之歲入。可混合而支出之也。然軍備擴張費之一部。曾受普通歲入中二千六百餘万圓之支付也明矣。又清國償發之代金則以增稅收入之二千万圓於補塡基金中取得之。其殘數則以存欵部現金及利息金實之。又以存欵部中保有之公債交換之。則名義上爲公債償還之財源亦明矣。增稅收入之二千万圓。雖入於普通收入因補塡基金而支出之基金二千万圓。即發行清國償發。然後以其代金二千万圓爲普通收入之收入也。其中千七百餘万圓則以之充普通歲入而支付公債事業之費也。殘額及公債償還充用償發額共三千三百餘万圓。加戰事費支出二百五十万圓。合計三千三百餘万圓。故如前表例而分配於玆。

以上三表所包含之豫算。其現計及决算均有未定者。故須有幾多之變更。亦勢所不免。然今日於此亦可以滿足矣。

今依此等實況而觀之。則軍備擴張如豫定而支付公債事業頗覺困難。然依普通歲入之增加爲之支付。苟有不足則運用存欵部而爲公債之調達。若夫清國之償券。初則一次爲一般歲計上之收入。次則與增稅金更換之。而爲基金部之補塡物。更與公債及現金更換之。而爲存欵部之保有物。於形式上則其動作巧妙可謂極矣。然於實質上之効果。及財政上。均無甚意味也。

第五章　今後之財政

欲知今後日本財政之前途。左列各條宜留意焉。

第一　既往經常部歲計之剩餘

第二　既往臨時部歲計之不足

第三　將來臨時部歲出之變化

第四　將來財源之變化

試詳論之

第一　既往經常部歲計之剩餘

既往財政之大勢。因金融逼迫及公債募集之困難。而臨時收入之計劃時有缺乏。不得已將經常歲入力爲擴張。以經常歲計部之有餘。補臨時歲計部之不足也。關於經常部歲計之有餘之狀況示於左表。

年次＼種目	經常歲入	經常歲出	經常部剩餘
二十九年度決算	一〇四,九〇四,五〇一圓	一〇〇,七一二,八一六圓	四,一九一,六八五圓
三十年度決算	一二四,二二二,九六四	一〇七,七九五,一二七（增稅）	一六,五二七,八三七
三十一年度決算	一三二,八六九,三三六	一一九,〇七二,一四四	一三,七九七,一九二
三十二年度決算	一七七,三二八,五二八	一三七,五九〇,四一八（增稅）	三九,五三八,一一〇
三十三年度現計	一九二,一〇九,九三二	一四九,一三〇,一七三	四二,九七九,七五九
三十四年度豫算	二〇七,五四〇,六七〇	一六四,六七五,一〇〇（增稅）	四二,八六五,五七〇
三十五年度豫算	二二六,一一四,六一三	一七七,五九六,九六五	四八,五一七,六四八

第二　既往臨時部歲計之不足

既往經常部歲計。因再三增稅而得以見其剩餘。然臨時部之歲計。依公債募集之困難。經費增加見其不足矣。列表對左

種目 / 年次	臨時歲出	臨時歲入：償金繰入	臨時歲入：公債收入	臨時歲入：前年度餘剩金	臨時歲入：其他	臨時歲入：計	臨時部不足
二十九年度決算	[illegible]	[illegible]	[illegible]	[illegible]	[illegible]	[illegible]	[illegible]
三十年度決算	[illegible]	[illegible]	[illegible]	[illegible]	[illegible]	[illegible]	不足 [illegible]
三十一年度決算	[illegible]	[illegible]	[illegible]	[illegible]	[illegible]	[illegible]	仝 [illegible]
三十二年度決算	[illegible]	[illegible]	[illegible]	[illegible]	[illegible]	[illegible]	仝 [illegible]
三十三年度現計	[illegible]	[illegible]	[illegible]	[illegible]	[illegible]	[illegible]	仝 [illegible]
三十四年度豫算	[illegible]	[illegible]	[illegible]	○	[illegible]	[illegible]	仝 [illegible]
三十五年度豫算	[illegible]	[illegible]	○	[illegible]	[illegible]	[illegible]	仝 [illegible]

依此表觀之。則日本戰後之財政。因經常歲計之擴張而得以補臨時部之不足。然將來亦能以此維持之耶。雖經常部之剩餘。將來尚不難維持四千八百餘万圓。然以此剩餘果能補將來臨時部之不足否耶。且將來臨時部之不足永此四千七百餘万圓而不變耶。是不得不依將來臨時部歲出之變化如何矣。

第三　將來臨時部歲出之變化

夫將來之歲出。縱令如經常的歲出。尚不能容易易其變化。況臨時部歲出之變化哉。其如何變化決非可以豫測。然考諸既往之變化。徵之現今之狀況。亦得以推測將來之大勢也。今以此方針而卜將來臨時部歲出之變化。臨時部歲出中之重要者。所謂各種繼續事業費及國庫補助費而已。故就此而觀察將來當生如何之變化。亦足以稍卜其大勢矣。

種目／年次	擬撥費	補助費	計	對三十五年度豫算額各年差減之額	推定臨時費	內譯 償金支付	內譯 公債支付之分
三十五年度	[illegible]	[illegible]	[illegible]	—	[illegible]	[illegible]	[illegible]
三十六年度	[illegible]	[illegible]	[illegible]	(+) [illegible]	[illegible]	[illegible]	[illegible]
三十七年度	[illegible]	[illegible]	[illegible]	(−) [illegible]	[illegible]	[illegible]	[illegible]
三十八年度	[illegible]	[illegible]	[illegible]	(−) [illegible]	[illegible]	[illegible]	[illegible]
三十九年度	[illegible]	× [illegible]	[illegible]	(−) [illegible]	[illegible]	—	[illegible]
四十年度	[illegible]	× [illegible]	[illegible]	(−) [illegible]	[illegible]	—	[illegible]
四十一年度	[illegible]	× [illegible]	[illegible]	(−) [illegible]	[illegible]	—	[illegible]

（備考）三十六年以後之臨時歲出。即從三十五年份臨時歲出一〇四一五六二二八圓中。扣去當年特有之清國事件費償却費三三二〇一八〇〇圓、扣去繼續費及補助費之年額差減之數是即推定的費額也X印者乃三十九年份至四十四年份之豫定總額五六七三二九四三圓。不過以之爲平均之年額也。繼續費及補助費之年額則依三十五年四月一日之調査也。

以以上爲將來財政變化之主。推定臨時部歲出之大勢。以下則便能考察財源之變化如何足以補充之。

第四　將來財源之變化

觀測將來之變化於既定之財源。則償金餘入金其數雖甚少。即屬其支付之計畫亦不甚多。雖有變化亦得以充之。公債募集金。則非外債之成立不得望其收入也。屬其支付之計畫之實行。如本年份豫算則依普通歲入之支付而成。償金及公債以外之普通臨時歲入。本年豫算中則有清國償劵賣價三千三百三十万千八百圓、雖臨時收入有如此巨欵。然決非將來亦有此巨欵也。若控除之。則爲數甚少無甚變化、與臨時部普通歲出幾均其數以既往之欵得以推定之也。次則經常部中之巨欵歲入超過。將來究有如何變化耶。將來必有多少增加。而經常歲出亦不得不漸增。故以互相抵。以既往之剩餘欵而推定之。是爲至當焉。今以足以補充及供應將來臨時部歲出之財源。分之爲三。曰償金。曰臨時部普通歲入。曰經常部歲計之剩餘額是也。若公債而得以募集。是乃意外之財源也。經常歲入之剩餘中三十七年以後。因地租復舊之法故。得千万圓之數當非將來之財源。是亦變化之大者也。茲就左表而觀測之

財源／年次	償金繰入	臨時部普通歲入	經常部歲計剩餘	計	推定臨時費	歲計過額
三十五年度	圓 八、〇六五、八五九	圓 四八、三五三、九六六	圓 四八、五一七、六四八	圓 一〇四、八六六、〇〇九	圓 一〇四、一六六、三三八	剩餘 圓 六九九、六七一
三十六年度	三、五七四、七六六	八、三一〇、六六六	四八、五一七、六四八	六〇、四〇三、〇八〇	七二、一四八、九八七	不足 一一、八四五、九〇七
三十七年度	三〇八、四一五	八、三一〇、六六六	（地租復舊）三八、五一七、六四八	四七、一三六、七二九	五四、五三一、四三八	不足 七、四〇四、七〇九
三十八年度	七四三、二四八	八、三一〇、六六六	三八、五一七、六四八	四六、八〇〇、六九三	四七、七六七、九九九	不足 九六六、九五七
三十九年度	—	八、三一〇、六六六	三八、五一七、六四八	四六、八二八、三一四	三四、四〇四、〇七四	剩餘 一二、三二一、二六八
四十年度	—	八、三一〇、六六六	三八、五一七、六四八	四六、八二八、三一四	三二、五八一、三〇八	剩餘 一四、二四七、〇〇六

四十一年度	一	八、三二〇、六九六	三八、五一七、六九八	四六、七六八、三四四	三五、九七九、六二六	一三、一四八、七二六

（備考）三十六年以後之臨時部普通歲入欵。從三十五年臨時部歲入豫算五六三三一八三五一圓中。扣除償金餘入八〇六五一五五五圓。又從扣剩之四八二五二四九六圓中。將三十五年豫算中淸國債劵賣價三三三〇一八〇〇圓。臺灣公債金四七四〇〇〇圓。及一時借入金二〇〇〇〇〇〇〇圓。一並扣除之之殘額也

以是觀之則三十六年之歲計將生千百万餘圓之不足。三十七年份地租復舊之法約履行。則生七百餘万圓之不足。三十八年份亦不免有所不足矣。自三十九年以後之計算雖年年可得剩餘。而既往一般會計上所負之借。償金借用計千四百七十餘万圓臺灣一時償入金計五百三十万圓（借入金累計八百九十万圓其中三百六十万圓已償還矣）此二欵不獨不得不還。且鐵道事業及電話事業。均尙屬半途。以既定之公債計畫僅能充其半。其不足也明矣。況又有海軍第三期論。而目下日本之國際狀況上猶須幾多施設也。今後之財政政策。賣却淸國債劵乎。募集外債乎。繼續增稅乎。停止事業乎。節省經費乎。今不

可以此小史而論將來之大策。然以强徵之普通歲入而支付臨時事業費。固定資本之政策。資本家之利殖心中任意以公債爲支付。金融及經濟爲之阻害。其間亦非無足以擴張之政策也。若再三增稅固定資本之結果。國內之金額必至於逼迫矣。今乘新同盟之好機。明經常歲入之狀況。比較各國國債欵。以清國債劵賣却於外國市場。且可計其募集。今此點與世之非借金政略論者其見解相同。何以定之。蓋對國家有望之事業而吸集外國資本家之遊金。較之强徵租稅而壓內國之產業。相去不啻天壤。方今歐洲大國之國債。幾莫不以外債爲之也。

然吾輩（日人）亦非敢主唱外債募集者也。吾輩（日人）所希望者。乃今後以經常歲入而支附臨時事業之政策廢減之一則發行少額之公債募集國內之細資一則行政費大加節減使財政上之基礎爲之强固以期國民經濟之伸張也。

政法叢書

第貳編

本書詳敘德國、英國、法國、美國、墺匈國、日本國之建國、政治議院組織等。行文極平易簡明。蓋以世界各國政體之大意。人人須知。無論何人。皆宜手置一編也。

歐美日本政體通覽

洋裝全一冊
定價五角

本書目錄

各國政治組織、德意志帝國（建國、帝國之組織 皇帝、聯邦參議院、國會、政府）阿美利加合衆國（建國、議會、大統領）墺太利亞……匈牙利王國（建國、王國之組織其性質、共同政治組織、墺太利亞帝國政治組織、匈牙利王國政治組織）佛蘭西共和國（建國國民議會、代議院、元老院、大統領、政府及內閣）英吉利王國（國王、國會、國務大臣）日本帝國（帝國之組織 皇帝 國會 政府）

總發售上海四馬路開明書店

歐美日本政體通覽目錄

赤門外史編輯

緒言

各國政治組織

德意志帝國

建國

帝國之組織

皇帝

聯邦參議院

國會

政府

阿美利加合衆國

建國

議會

大統領

墺太利亞——匈牙利王國

建國

王國之組織及其性質

共同政治組織

墺太利帝國政治組織

匈牙利王國政治組織

佛蘭西共和國

建國
國民議會
代議院
元老院
大統領
政府及內閣

英吉利王國

國王
國會
國務大臣

日本帝國

建國
憲法
立法制
政黨
行政制
司法制

歐美日本政體通覽目錄終

日本帝國

建國

日本開國以來。世世相承。未嘗易祀。所謂萬世一系者。故其君主政體。實遞歷史自然之成迹以視其他之君主政体國。微有不同。蓋此則純乎一種族以相團結有稱之曰血族團、欒。有稱之曰血族國家。是也。其他則未免有別種異族以相混。此同為君主政體而建國之根本各有攸殊。觀國者不可不察也。日本帝國之所以為帝國在乎此後世公法學者論大權掌諸天皇亦在乎此此為日本國政体之特色也夫。

憲法

立憲說之影響　日本文久元年辛酉、正當幕政之末。文學博士加藤弘之氏。目覩幕府及諸藩之失政。慨然憂之曰。吾人同處一天地間。以視歐美人優游於立憲政体之下。何平陂之縣殊至是也。於是著隣艸一篇。警告當世。以幕府暴虐不仁。束縛言論之故。託吾國以立言。其言曰。支那變法。若僅設製造局。開廣方言館等類。非不稱善。惜徒變其形質之末。而不變其本。終不足與有為也。所謂變其本者何。改革政體是也。篇中說立憲政體處。僅述內部之組織。而不及標明字樣。亦具見舊時言論之苦衷。

憲法二字之誕生

憲法二字。即英語所謂Constitution。德語所謂Konstitutionell是也。明治元年。文學博士加藤弘之氏。著立憲政體畧一書。即歐語所謂Konstitutionell Regierungsform

是也。而憲法二字。至是始誕生於亞洲。後來學者之攷訂政府之調査。無過其對譯之妥洽。莫不沿用其名。故加藤氏有加藤弘之與立憲政體之緣故一篇。良有以也。

有志者立憲政體之熱心

明治六年。設立議院之議。務起雲蒸。如新聞紙之勸誘。及有志者之演說。到處皆是。有舉國若狂之態矣。明治九年。板垣退助氏。在高知縣。立法律研究所。教育年少之士。負笈來遊者甚衆。即遣爲立憲政体之才也。於是重建愛國社。定遊說員若干名。廣遊四方。招集同志。十二年十一月。愛國社員。會於大阪。議定開設國會之章程。請於朝廷。連名者不計其數。以河野廣中、杉田定一、二氏之力爲多也。十三年一月。岡山縣之有志者。亦有建議。又福岡縣共愛會。有開設議會改正條約之建議。至是各地之有志者。雲集東京。頓覺都下之生氣勃勃焉。

憲法發布之豫約

十四年十月十一日。天皇御駕自東北歸。諏諮四方。知民情之不可重拂。當夜即開御前會議。下溫慰之詞。發豫約之詔。節錄其詔詞曰。

朕繼祖宗二千五百有餘年之鴻緒。振中古已解之乾綱。夙夜焦勞。早宜建立憲政體。俾後世子孫。繼繩於勿替。故先於明治八年。設元老院。十一年開府縣會。既始基之初鞏。亦循序以漸進。爾有衆其諒朕心。顧立國之體各國不同。非常之業。不容易舉。朕皇祖皇宗。鑒臨在上。朕期於明治二十三年。召議員。開國會。以

成朕之初志。所有如何組織。如何權限。今命在廷臣僚。寬以時日。斟酌會議。以備朕衷之裁定而公布焉。(下畧)

聖詔既下群情翕然。有志者亦惟組織團體。設立機關。以豫備立憲政體之將來焉。

伊藤博文氏之調查憲法　十五年三月。命伊藤博文氏(前歷任內閣總理大臣)往歐洲。調查各國之憲法制度。以西園寺公望氏(今公爵為樞密院議長)為書記官。鄭重其役。自伊藤博文氏歐洲巡視以還。置制度調查局。專準備立憲制度實施之事。由是太政大臣三條實美氏。上書辭職。是即為內閣改官制之始基也。

憲法發布之式場　二十二年二月十一日。皇上祀賢所。

告皇靈。還鑾之後。即在宮中行憲法發布之禮典。即在宮城正殿中央。設兩陛下玉座。左右則列親王、華族、百官有司、及各國公使等之位。奏君代之國樂。發百一之祝砲。亦極千載一時之盛典矣。

憲政既立歐美人之妄評

日本制度既改。能無嘆徹上徹下。煥然一新乎。歐美人士。未必欲舉良法美意以授人。故見日本人毅然施行。一若本嫉妬之念。而出以諷嘲曰黃色人種。而範圍於立憲政治之下。適合與否。尚在試驗之初。日本者。殆爲文明制度之試驗場乎。甚謂地震國者。地變力之猛烈。其人民輕率而乏忍耐遠慮之力。立憲制度之成績。未必卓著云云。然而日本自立憲以還。國計民生。裨益良鉅。憲政之有終濟美。當與日月爭光者矣。

立法則

帝國議會

帝國議會者。是爲日本國一切法律議定之所。故名之曰立。法。府。由貴族院衆議院相併而成。每年冬季。在東京召集。會期以三箇月爲率。此發軔於明治二十三年。至今年開議。第十七回也。

貴族院

組織　(一)皇族男子之已成年者。(以日本國法律論。滿二十歲者爲成年。(二)侯公爵之滿二十五歲者。(皇族華族皆由勅任。(三)伯子男爵之滿二十五歲者。由同爵中投票。得多數者當選。以七年爲期。(四)三十歲以上之男子。有功勳者有。學問者。由皇上勅選。爲終身議員。(五)各府縣之富商鉅戶。即多納賦稅之家。由十五人中投票。得多數者當選。任期以七年爲率。

貴族院議員之組織。即上述之五種。其數以四百二十人爲定額也。

衆議院組織

衆議院之議員。由各選擧區內選出。所有選擧者之資格。及被選擧者之資格。各有常例。試述如左。

選擧者之資格。(一)日本國臣民。滿二十五歲以上者。(二)自選擧人名簿調製之日起。滿一年前。住在本府縣內者。(三)自選舉人名簿調製之日起。滿一年前。納賦稅十圓以上者。被選舉者之資格。日本臣民。年滿三十歲以上。素有選舉者之資格。

但殘疾之人。刑餘之人。雖具以上之資格。不得有選舉權。

歐洲各國之議員。以大工業家之代表爲多。日本則不然。猶以農業家爲多。亦其工業之未甚發達也。

政黨

憲法既定。國會既設。自非五官不具刑餘違罪之流。莫不有參與政事之權利此之謂參政權君與民以共治者也故人人腦膜中莫不思光揚其國家尤知今日世界上列國並峙不退即進不進即退優勝劣敗成效昭著故人人腦膜中尤莫不思昌大其國家以爭他國先所以對施政布令者皆有損益補助之經綸思想所積必有表見意氣相投自集同志一手一足之力自不及團體之成功鉅也於是有政黨政派之名。問其僕僕然。轟轟然。何爲也。曰國家也。國家也。日本國政黨之有大功者。曰進步黨。領袖則大隈重信氏。曰自由黨。領袖則板垣退助氏。曰帝國黨。領袖則佐佐友房氏。邇來自由黨既解散。其舊部之一份。及中立黨之一份。又樹一幟。曰立憲政友會。領袖則伊藤博文氏。日本全國三府三十七縣。府縣會議員。總數一千六百七十六名。徵之明治三十二年府縣會議員總選舉之成績。各黨派之當選者如左。

自由黨　七七一　　帝國黨　一一二

進步黨　五二一　中立黨　三七二

自由黨之得數爲最多。盛占全數之半。次則進步黨。占全數三分之一。次則中立黨。占全數六分之一。次則帝國黨。占全數十四分之一。

行政制

行政權者。對立法權而言之曰。執行權可也。蓋法律既成。非遵循奉行則無以見效。非運轉活動則無以奏功。於是有行政之人。官吏是也。有行政之地。官廳是也。日本官廳握行政權之重要者。曰內閣曰中央行政官廳。

內閣

組織　內閣國務大臣。非別有設官。即總理大臣、及外務、內務、陸軍、海軍、司法、文部、農商務、遞信、各大臣。組織以成者。惟總理大臣。位居首班。

責任　總理大臣者表率全班。奏達政務。宣布旨意。凡勅諭之通行。必經國務大臣全班之副印。計閣議之重要者如下（經內閣議定者謂之閣議）(一)法律案及國計之豫算決算。(二)外國條約及重要國際條件。(三)官制規則及法律施行之勅諭。(四)各省間主管權限之爭議。(五)天皇命下之辭。及民間重要之事件。(六)豫算案外之支出。(七)勅任官之陞遷黜涉。

直屬內閣者三局。曰賞勳局。曰法制局。曰恩給局。

中央行政官廳

組織　即各大臣及各省是也。各大臣者。一方爲國務大臣。一方爲中央行政大臣。

責任　各省不同。分述如左。

外務省　外務大臣者。執行外國相關之政令。保護人民居住外國者。及在外國之商務。所有外交官、領事官。莫不稟承外務大臣之旨意。外務省置二局。曰政務局。曰通商局。

內務省　內務大臣者。府縣行政。選擧議員。警察。土木。衛生。地理。宗教。出版。著作權。賑恤。救濟。臺灣總督。警視總監。北海道廳官。府縣知事。胥受其監督之下。置六局。神社局。地方局。警保局。土木局。衛生局。宗教局。

大藏省　大藏大臣者。總轄政府之財務。如會計、出納、租稅、國債、貨幣、預金、保管物、管理銀行事務、府縣郡市町村及公共組合之財務。莫不受其監督之下。置五局、曰主計局。曰主稅局。曰理財局。曰造幣局。曰專賣局。

陸軍省　陸軍大臣者。管理陸軍軍政。統督陸軍軍人軍屬。監督所管諸部。置五局。曰軍務局。曰經理局。曰醫務局。曰法務局。曰人事局。

海軍省　海軍大臣者。管理海軍軍政。統督海軍軍人軍屬。監督所管諸部。置五局。曰軍務局。曰醫務局。曰經理局。曰司法局。曰人事局。

司法省　司法大臣者。裁判所。檢事局。皆受其監督。檢察事務。民事。刑事。非訟事件。戶籍。監獄及出獄人員保護事項。其他諸般司法行政事務。皆歸其管理。置二局。曰民刑局。曰監獄局。

文部省

文部大臣者。管理教育學藝事務置三局。曰專門學務局。曰普通學務局。曰實業學務局。

農商務省

農商務大臣者。管理農、商、工、水產、林野、鑛山、發明、意匠、商標、及地質事務、置六局。曰農商局。曰商工務局。曰山林局。曰鑛山局。曰特許局。曰水產局。

遞信省

遞信大臣者。管理官設鐵道。郵便。小包郵便。郵便爲替、郵便貯金、電信、電話、及航路標識等事。又監督北海道官設鐵道、各處私設鐵道、電氣、造船、水陸運輸、航路、船舶、海員等事。置三局。曰鐵道局。曰通信局。曰管船局。

司法制

司法權者。亦執行權之一也。蓋法律既立。苟不遵守。徒垂空文。故司法者。遵則罰之。爭則判之。裁判之權力。即司法權是也。讀日本帝國憲法第五十七條曰。司法權者。援照法律。代天皇之名。執行於裁判所。由是知司法上之主權。亦屬於天皇。裁判官者。不過代行其事爾。

裁判所

階級　(一)區裁判所(二)地方裁判所(三)控訴院(四)大審院

組織　裁判所之詳細規則。具載於裁判所構成法。(明治廿三年二月公布法律第六號)茲從略焉。

管轄　大審院、為裁判最高之所。惟其一焉。管轄全國。是在東京。控訴院、七所。在東京、大阪、名古屋、宮城、廣島、長崎、函館。地方裁判所、四十七所。分列於各府縣廳。區裁判所之數。殆將三百也。

臺灣則別立司法部。臺北則設覆審院。及各內地則設地方法院。

歐美日本政體通覽終

附錄

日本學校系統說

大學校　高等學校卒業後入之不須試驗。

東京大學校分六科。一法科。一醫科。一理科。一文科。一工科。一農科。惟法醫兩科皆四年卒業。餘則三年。西京亦有大學校。科目章程。略有不同。

大學院　爲學士（大學卒業者之名稱）研究高深學問之所。無年限。

以上言學校之正幹。自幼穉園始。訖大學院。以下言專門學校。則學校之旁枝也。

醫學校　中學校卒業後。年十八歲。試驗合格者入之。

醫學爲今專門重要之學。大致四年卒業。惟必經試驗合格。給有免許狀者。始准行醫。故有三年速成。亦有遲至五六年者。

此等學校。或地方公立。或私立。政府獎助以成之。因官立之高等學校。及大學校。雖有醫學專科。而醫生尚少。不足供全國之用。故添設之。然其程度。不如官立學校之完備。

凡醫學校。必有病院。或與病院接近。以便學者隨學隨驗。

高等商業學校　中學校卒業。年及十六歲者入之。四年卒業。

東京大阪各一所。皆官立。

高等工業學校。亦中學校卒業。年及十七歲者入之。三年卒業。

東京大阪各一所。皆官立。

其教科。爲蒸汽。機械。染織。測量。土木。應用化電。各事。

凡近日日本通國鑛務電線鐵路。各項工業勃興。皆此等學校教育成才之効力。

音樂學校　高等小學校卒業男女學生。滿十四歲者入之。師範學校。中學校。高等女學校生願入者。不試驗。亦可入學。

東京一所。官立。全國亦只此一校。

此學校專研究世界各國之音律。小學校中唱歌。皆此學校生徒所教。勢力所及。今頗廣大。校中生徒卒業年限。有一二三年之別。但取其能充教習而已。

美術學校　小學校卒業。年十七歲以上願入者入之。

東京一所。官立。

其教科。專研究鉛筆毛筆圖畫。西洋油畫彫刻各種。土木之外。銅像鏤刻。無不學習。其修業年限。以四年卒業。

外國語學校　中學校卒業者入之。

東京一所。官立。

教中國。英。法。俄。德。美。意。西。諸國語言文字。各以精熟爲準。四年卒業

專門種類甚多。約舉數種。以例其餘。前列各種。所學皆實業也。惟尙有程度較低。所業較小。而別設學校以教之者。因特別之曰實業教育。與小學校有密接之關係。詳左。

徒弟學校　尋常小學校卒業者。即可入學。惟年必十二歲以上。學習年限。多者四年。

所學各種手藝。如金工木工石工之類。因隨從匠師個人學習法度規矩。不能完備。故設此學。以求工藝之完全進步也。

此種學校。不附屬於工業學校。近年始有獨立者。

工業學校　高等小學校卒業者入之。

其教科。中有紡線。陶冶。機械等事。約以三年卒業。亦可增減自便。

就工業一項言之。環海通商。輸出貨物。日益繁富。研究之物日多。此種學校。日益增廣。

凡工業學校。程度最低者。徒弟學校。高者。高等工業學校。尤高者。大學工科。程度略如左

表。

徒弟學校　卒業者。可爲職工。日本稱職工。猶中國之言工匠。

工業學校　卒業者。可爲職工之監督。

高等工業學校　卒業者。可爲工業學校之校長教員。

大學校工科　專研各種新理。與世界爭高。

工業學校。以各府縣所立者爲多。異日進步益盛。政府必格外出費獎勵設立。今已略見端倪矣。

實業補習學校　尋常小學校卒業。而力不能入工業商業專門學校者入之。附屬高等小學校中。無專立校舍。常設於商業繁盛之區。近年實業事類愈多。徒弟學校。工業學校。均不能容。故特推廣此種。

其教科之目的有三。一尋常小學校中所已學者。不至遺忘。一普通學科。略求進步。一漸習工商實用。以資生計。

其修業年限。以三年卒業。程度與高等小學校相等。其授業之時。或冬夏休業之後。或曜日。或每日夜間。不限一定時刻。總與學生之自謀生計。無所妨碍。

農學校　有甲乙兩種。甲種。高等小學校卒業生入之。乙種。尋常小學校卒業二年後入之。多設於鄉村及新墾之地。甲種。用府縣稅金設立。不能通國皆有。乙種則府縣郡立者。皆有之。

修業年限。三年卒業。甲種卒業後。可以監督農事。乙種卒業後。亦足為上農。

商業學校　多設於商務繁盛之區。亦分甲乙兩種。程度與農學校相類。

甲種卒業後。能集合多人。開設株式公司。為之督率。乙種。於商業場中亦自足用。

商船學校　亦分甲乙兩種。與農學校商業學校同。

甲種卒業後。能為船長機關長等事。乙種卒業後。亦可擇執一業。

此等學校之上。設有高等商船學校。如工商各校之序。惟不設於文部省。屬遞信省。茲不詳言。

水產學校　高等小學校卒業。年滿十四歲者。入之。

此等學校之外。又有專為造成教員之甲者。則有師範學校。

師範學校　分尋常高等二種。

(一)男師範學校。入學年歲學級均無一定。大抵年十六歲卒中學校三年業者。得入校。

(二)女子師範學校。凡年十五以上。卒高等女學校二年業者。得入校。

(三)別設簡易師範科。程度較低。二年有半即卒業。

在師範學校卒業者。男女皆可作高等小學校教師。在簡易師範科卒業者。男女皆可作尋常小學校教師。

(四)男子高等師範學校。中學校卒業生試驗合格者可入。

(五)女子高等師範學校。高等女學校卒業生試驗合格者可入。

高等師範學校卒業生。可爲尋常師範學校、中學校、及女子高等師範學校教師。女子高等師範校卒業生。可爲女子師範學校。及高等女學校教師。

學校統系表

年齡：一　廿四　廿三　廿二　廿一　二十　十九　十八　十七　十六　十五　十四　十三　十二　十一　十　九　八　七　六　五　四　三

（總途）

- 大學院
- 大學校
- 高等學校
- 中學校
- 高等女學
- 高等學校專門
- 高等小學
- 尋常小學
- 幼稚園

（分途）

- 醫學校
- 高等商業
- 高等工業
- 音樂學校
- 美術學校
- 外國語學校

程度在十七至二十一而入學限十八歲者下例此

（實）

- 徒弟學校
- 實業補習學

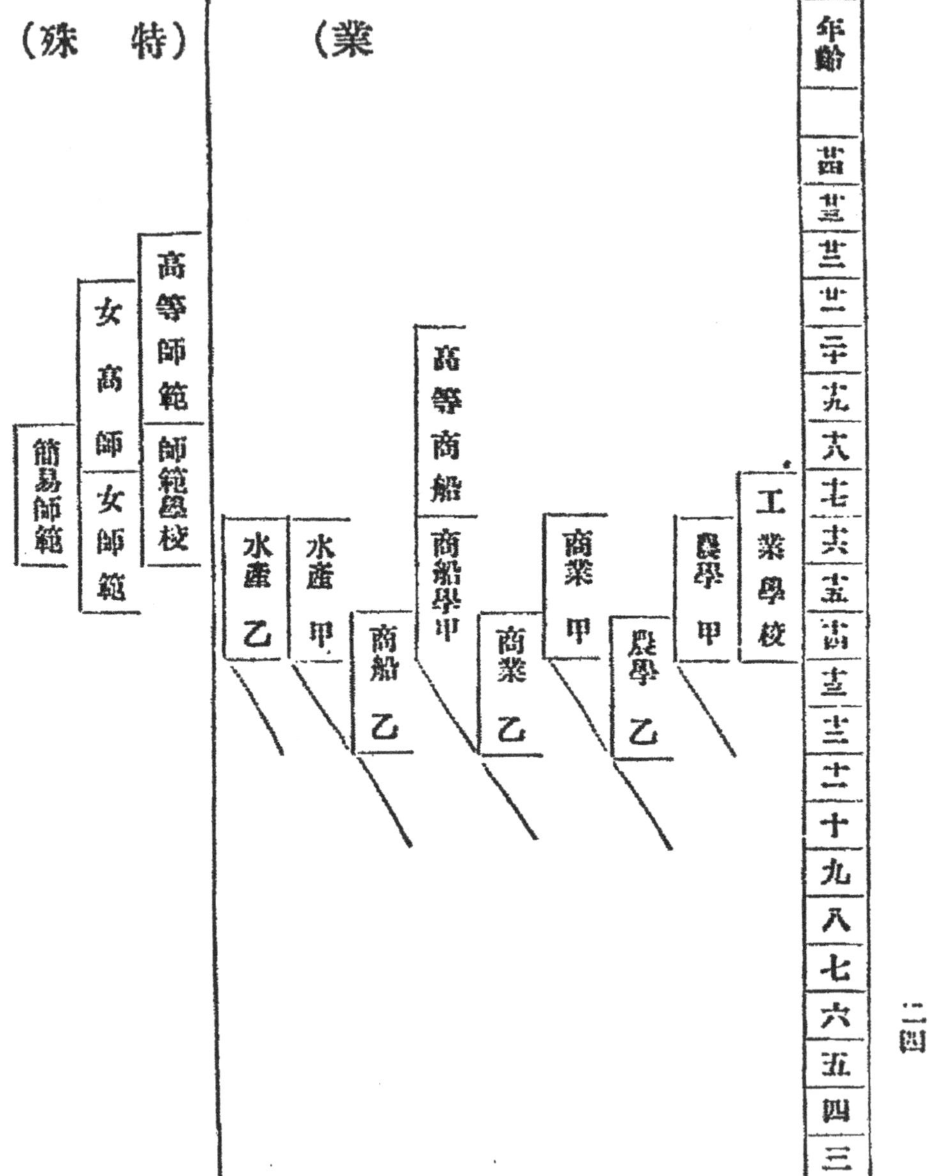

年齡
廿四
廿三
廿二
廿一
二十
十九
十八
十七
十六
十五
十四
十三
十二
十一
十
九
八
七
六
五
四
三
工業學校
農學甲
農學乙
商業甲
商業乙
高等商船
商船學甲
商船乙
水產甲
水產乙
（業
高等師範
師範學校
女高師
女師範
簡易師範
（特殊）

二四

敝所蒙　貴國留學諸賢囑印譯書藥編教科書等不下數十種其紙質之精良墨色之鮮明字跡之端整業承　貴國朝野士紳謬相稱許邇來遠道函託者尤覺絡繹不絕當益自奮勵廉價製造無論面訂函商俱能尅日應需特將營業種類列後倘蒙光顧不勝榮幸之至

活版部　東西書籍　各種雜誌　東西圖板　新聞告白　網目板　亞鉛板　旬報　電氣板之類

石印部　地圖　票據　匯票　告白　公司股票　各種商標　肉筆印刷　一切圖書之類

照相部　照相製印刷銅板　三色版　照相板　美術板

日本東京京橋區南鍋町廿八番地

東京並木活版所

東京並木活版所工場

日本東京日本橋西川岸

本店創於明治初年營業三十餘年信川久著遐邇傳名專承攬各官衛及各公司貨物裝載滊車滊船運送之速運費之廉爲本店之特色且各處均有支店代理店及特約店一切無不便利倘蒙仕商賜顧請認明本店牌號爲記

泰東同文局所出圖書綱目

日本學制大綱　全四冊　卷一卷二既出　卷三卷四已刋未成

一國之强弱。即影響乎教育之盛衰。雖然其衰也既有由來。其盛也亦非朝夕。明治維新以來。歷卅餘年。此其中學制整備。學風變遷。以及各種教育機關之佈設。日齊上。自大學。下逮小學。旁及陸海實業。政法各專門學校之進步改良。不知經營於幾千百人之心思材力。方能如是也。盍一讀我日本學制大綱乎。學校組織之方法。曰學校之目的。曰學科課程。曰修業年限。曰入學資格。曰學校職員教員之名稱、資格、任免、待遇、定員等事。及教科用圖書之審定。莫不記述。又備載圖書館、博物館、教育會等之組織。他若教育機關。即所謂教育行政機關。各部各局官吏之名稱、職權、定員、任免等之定章。尤羅列無遺。終之以各學校系統相關。互相聯絡。配諸圖表。一覽瞭然。尤附以最近之統計。今日中國。上自廊廟。下及草野。莫不知興學育材之爲急。成規尙在參考。非無不獨執教鞭者。乎置一編。經綸在握。亦凡爲國民者。宜家喻戶曉。知世界之鄭重乎教育者有若是焉。

五大洲志　全參冊

此書。備述五洲各國之地理、人口、政體、官制、財政、兵備、貿易、風土、都會等。兼附以五洲古今沿革論略。及地圖。地名表。尤覺詳細精緻。至若其論略。則議論正大。筆鋒犀利。誠足以使儒夫起。頑夫有立志。蔡公使題辭曰。掌腸千萬卷。羅胸五大洲。榎本子爵題辭曰。畫縱橫策。講富強方。識時務之俊傑。要由此小冊子中鑄冶出。誠哉此言也。展卷一覽。五洲形勢。如在目中。所謂不出戶庭而知天下事。殆於此書有賴乎。世之有志時務者。宜手一置編也。

東文易解　全貳冊

今日讀東土書籍之便。夫人知之。然始於讀音。終於文典。斷非二三年不爲功。詎無限於境遇。屈於光陰。有志未逮。不乏其儔。寄此衷情。何以相慰。此有志者。所有和文漢讀之編。然此編也。不求字母本源。仍闕融貫。摭拾虛字表義。未能會通。往往不能饜學者之望。東文易解者。繼是編而作。庶幾能彌其憾乎。先之以字母。無一不發源於漢字。俾學者知孳孳相傳。偶異其體。水源木本。未嘗不同。由是知蒼頡所造之虛字。以視弘法所造之虛字。雖形跡間有出入。而意義未嘗不相脗合。故引漢書中人人能讀之文章。以和文法讀之。俾舉一反三。處處可推。東土人士。肆習漢文者。顚倒成誦。故字裏行間。傍注記號。若以「レ」爲記者。即倒讀之謂也。有時二字相連。不能分明之處。則以一二三、上中下、甲乙丙、爲記者。別其先後之次序。以日人讀漢文之法。用諸漢人之讀日文者。敢曰窮思之極。巧奪天工。亦聊以盡兩邦交通機關之能事爾。中夏士夫之東遊者。已歷徵而不爽。此書出而當世之士。或王事鞅掌。或窮居僻處。三復斯編。則對我東書。當不致有望而生嘆之感矣。

東語初階 全壹册

邇來讀東文者日衆。著東語初學本者日夥。此固我兩邦慶事也。所惜者半屬於貿易家言。尙多遺憾之處。本局有鑒於此。特著雅俗公賞之作。宜於商賈。尤宜於文人學士也。惟東西敎育大家所論敎育方法。莫不以循序漸進。自淺及深。自易及難爲正鵠。否則徒使學者扞格耳。故本書壹主此意。首列五十音字母諸圖。各列漢英對照。以便學者自然發聲。不待旁求。即窮居獨學。不患無師。每單字。始列字母排音。如「アナタ」是也。繼則排音與漢字並列。如「汝」是也。終則僅列漢字。如「汝」是也。洵足資學者之練習強記。此著者之深意也。本書分爲二篇。第一篇曰說話法。第二篇曰問答法。始於日用倫常。繼於進退周旋。終及問答應酬。斯不獨爲語言之次第。亦人世自然之順序衕。且造句方式。字分句析。以記號爲識。尤闢造句中未有之巧藝。令人心花怒發。苟依此方法。日就月將。則舉一反三。觸類旁通。自意計中事也。由短句而長句。由斷續而連接。則此書爲升堂也可。爲入室也可。誰不宜置諸座右也。

東語眞傳 全壹册

凡學東語者。有三難。一熟習字母之難。二尋繹語法之難。三措辭支絀之難。欲通東語。非除三難不可。同人有鑒於此。因著此書。以字母五十音圖。參以華英對照。不待師承。自能發聲。篇分以二。其第一篇。雙語單言。分類纂集。離合變化。秩然成章。學者玩味乎其間。自然純熟於不知不識之間。則一難弒矣。其第二篇。每短句中。嵌入名字、代名字、動字等類。既解說其意義。又試辨其作用。則二難除矣。東語措辭之軌範。約之以數十方式。一一參照以華文說明顛倒異同之故。併明日本語典文法。足供繙譯作文者之舉隅。則三難滅矣。庶幾爲世之習東土語言者。闢荆榛。開捷徑也歟。

支那交際往來公牘　全壹冊

是書。日本欽差。與清國外務部。往來公牘作例。計七十件。每附北京官話。以便脩習文語。而得知交際情誼。不啻會晤。公私文則雅俗字式。亦可明知。公議商量等誼。以全外交。俾通利益矣。抑此書。吳泰壽君。兄吳永壽君。曾在北京。就金國璞先生成章。受金先生之裁明。而今吳泰壽金國璞兩君。共所編成也。吳泰壽君者。生於十七世之譯家。從幼承受父兄所蘊藉材料。加以屢涉支那南北。經歷實地之脩習。脩豎是書。更請金先生明校。普欲開明。支那文語。茲所開刊。而希志士。捷成脩習。則欲脩支那文語者。得此攻讀。可速得其正則者也。

野操規例　全貳冊

用兵之道。變化萬端。素養之基。尤宜培之於平日。方能臨機處置。事事得宜。此野操之不可不講者。夫人所知也。然各種野操。須先明其目的。次定方針。依目的方針而計畫之。實行之。相地之利。因時之宜。以求達此目的。此野操計畫之要領。否則統監者無所待於中操演者徒覺眩然於外。勞倦生厭。反害部下嗜好之心。此指揮官之所最忌者也。各書自野操之目的要領以及各種分隊小隊之操演方法。條分縷析。則若列眉使讀者知訓兵有道。操演有方。未行之先。已有成竹。既臨實地按機善誘。終至各種戰況之變遷臨機之處置一一條例。靡不說明。雖僅就小小部隊之操演而立言。其探源盡理雖大軍之運用。亦可由此引伸誠指揮官之奉為圭臬者也。

養兵秘訣　全貳册

此書係專為當兵者。講究其責任與性質。及戰時行動。並軍中應守規矩。分為前後兩編。前編之目錄。曰軍紀曰軍人本性曰在營武弁本領曰新兵教育曰服務一般注意曰衛戍衛兵服務曰射擊法曰兵語及地形學曰徵候及方位學曰記號及暗號曰兵役及義務。後編之目錄。曰行軍曰宿營曰警戒曰前哨曰步哨曰巡察曰斥候曰戰鬬曰步兵工程曰掩堡、曰碍礙物曰道路曰舟筏及橋梁曰破壞工事曰衛生法曰住處曰飲食曰衣帽曰身體曰傳染病豫防法。今日世界強國。孰不注意乎兵。既欲敵愾於一時。不可不養儲於平日。但教育有法。歐洲各國言兵事之書。汗牛充棟。吾聞中夏自鄂中武備學堂譯本外。寥寥若晨星、此書成於軍事教育大家倉辻君之手。說本泰西。兼以折衷考訂。配合乎吾東亞人情。因亟為論成漢文。以餉隣邦。不獨置身軍中者宜誦一過。即各州縣之鄉團保甲。莫不處處相關收亦不可不讀也。此書出、荷或壯赳赳之氣於萬一。愈足鞏我脣齒之基者。此著者之視也。

本編代派所

地址	代派所
上海四馬路巡捕房東首	開明書店
上海新北門外	中西書室
上海北市拋球場	廣學會
上海三馬路望平街	中外日報館
上海後馬路絵湯弄	緯正學堂
蘇州發育巷北女冠子橋堍	東來書莊
蘇州元妙觀東首	開智書室
蘇州葑門內唐家巷	中西小學堂
蘇州葑門內盛家帶	湯宅
杭州城內銀洞橋	譯林
杭州城內菜市橋蒲場巷	浙江大學堂
湖州城內小西街	開智書室
杭州城內大方伯	養正書塾
無錫崇安寺	三等學堂
蕪湖徐瀾觀南岸	晉康煤炭公司
江西馬王廟背後	賦梅山房主人
天津宮北玉皇宮前	日日新聞社
天津紫竹林	信遠洋行
北京琉璃廠	有正書局
北京米市胡同	日日新聞分社
北京東四牌樓什錦花園	溥宅
江西省城百花洲	廣智書室
汕頭鎮邦街下富中華夏布莊樓上	李道南先生
南京三牌樓西首馬路明達別墅	沈叔美先生
安慶省城內近聖街葉宅內	前和州正堂姚公館
保定蓮池書院內知恥學社理事	籍亮儕先生
鎮江西門外天主街立生煙舖	徐翊雲先生
寧波東門內二鐵廟西首流芳書莊	洪鞠蒙先生
橫濱山下町一百五十二番	新民叢報社

明治三十五年十一月十四日印刷
明治三十五年十一月十五日發行

編輯兼發行者　胡英敏

日本東京神田區駿河台鈴木町十八番地
發行所　譯書彙編社

日本東京淺草區黑船町二十八番地
印刷人　酒井平次郎

日本東京淺草區黑船町二十八番地
印刷所　東京並木活版所

清國上海大東門內北城根
總發行所　育材書塾

明治三十四年一月廿八日第三種郵便物認可
譯書彙編第二年第八期明治三十五年十一月十五日發行

Second year. No. 8.

THE
YI SHU HUI PIEN.

A MONTHLY MAGAZINE OF TRANSLATED POLITICAL WORKS.

OFFICE:

No. 18, Surugadai-Sugukicko, Kanda:

Tokyo, Japan.

SOLE AGENCY

YÜ-TSAI SCHOOL.

SHANGHAI CHINA.

東京[illegible]

譯書彙編

一九〇二年第二卷第九期

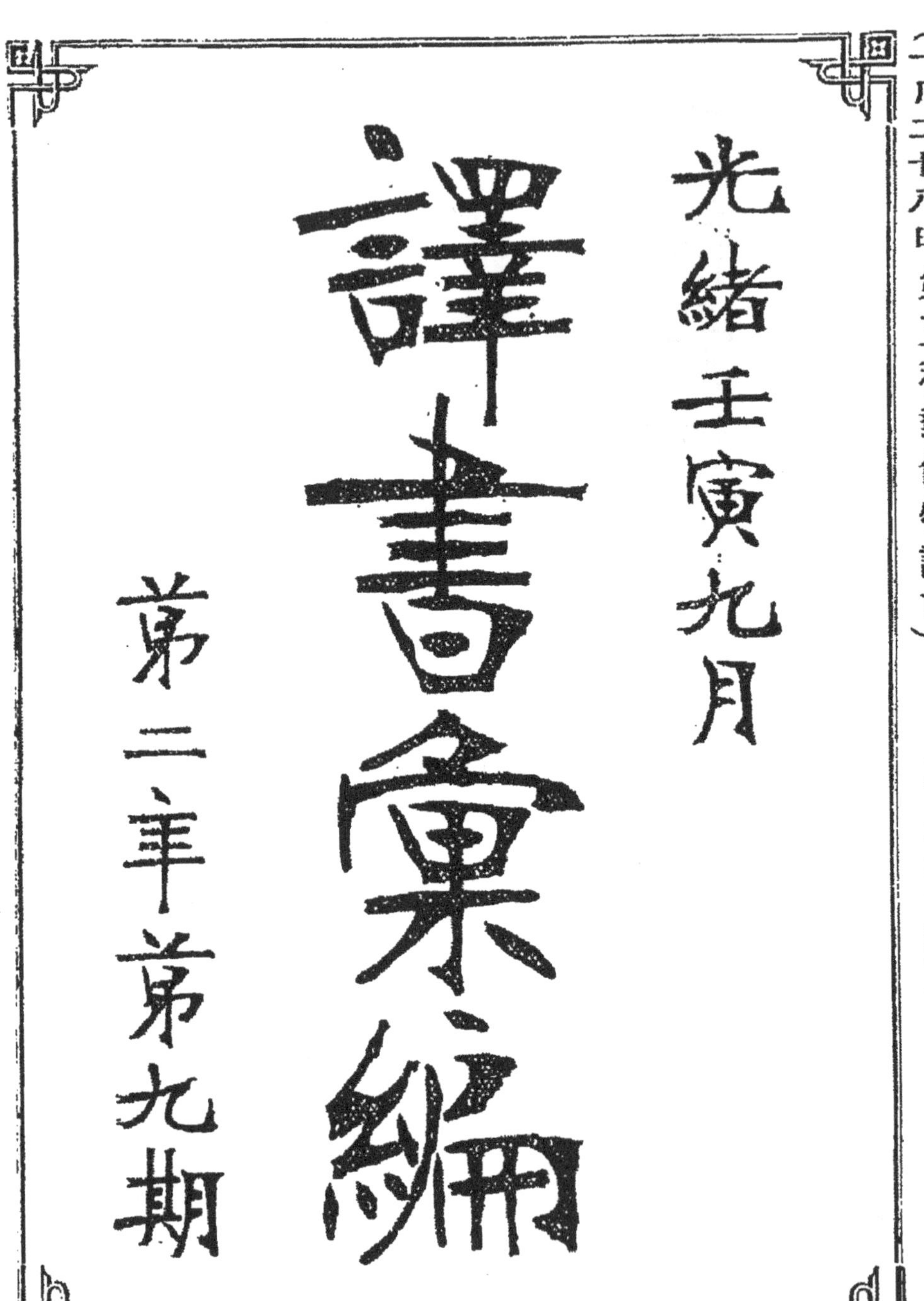
明治三十四年一月二十八日第三種郵便物認可
（每月一次定期陰歷十五日發行）
光緒壬寅九月
譯書彙編
第二年第九期

譯書彙編第九期目次

寫眞

◎日本皇宮二重橋

◎日本國會議事堂

◎日本銀行外部內部

政法通論　一……六

◎論研究政法爲今日之急務

政治　七……三八

◎論國家

◎第十九世紀外交通觀

法律　三九……八四

◎法典編纂方法論

◎國際法上之印度觀

經濟　八五……一〇四

◎經濟原理

◎財政概論

歷史　一〇五……一一五

◎史學概論

雜纂　一一七……一二三

◎政法片片錄

附錄　一二三……一二八

◎留學界

日本皇宮二重橋

（東京並木活版所製）

日本國會假議事堂

日本銀行外部

日本銀行内部

譯書彙編第九期改正体例告白

!!!

本編創自庚子。其時敗衄之餘。同人留學斯邦。眷念故國。深惟輸進文明。厥惟譯書。乃設社從事譯事。創爲本編。選譯東西名人著述。分月印行。此外又副以單行本。隨時增刊。二年以来。成書數十種。久爲閱者所共許。而海內外同志。共抱此志。創社譯書者。亦踵相接。至今日遂爲譯事勃興之時代。本社同人。實爲吾國前途深慶。惟是凡事必求其進步。譯書之事。僅能假他人之思想。直接映之於吾。而不能即以爲吾之思想。純以吾之思想發表。斯之謂

學問獨立今於此數年中。欲擺脫譯書時代。而進於學問獨立時代。此固程度限之不能躐及。然取他人之思想而以吾之思想融會貫通之參酌甄別引伸發明實爲二時代過渡之要著譬之幼者始在繦褓繼則學步終乃能趨。譯書猶在繦褓。自繦褓而進於學步乃今日以往之急務也。故譯事在今日固爲不可緩之舉。而以本編負雜誌之資格加以同人力求進步之思想則尙有未盡之天職言念及此。爰擬將本編體例大加改正。以同人數年研究之心得。借本編以發表之。專主實學不事空談。取政法必要之問題。以與吾國民留心斯學者互相商榷。凡我同志當深相許。至本編以外之單行本。仍照舊隨時印行。以備參考。閱者幸垂意焉。

譯書彙編社出版書目

(1)政治法律書類

政法叢書第一編 國法學 一冊定價六角五分

政法叢書第二編 歐美日本政體通覽 一冊定價三角

政法叢書第三書 日本行政法綱領 一冊定價五角 (近刊)

政法叢書第四編 日本國會起源 一冊定價八角 (近刊)

國家學原理 一冊定價三角

日本制度提要 一冊定價五角

警察學(總論之部) 一冊定價二角 (近刊)

外交通義 一冊定價八角

日本現行法制大意 一冊定價三角 (近刊)

政治學提綱(上卷) 一冊定價四角 (近刊)

各國國民公私權考 一冊定價一角 (近刊)

法律學論綱 一冊定價一角

近世外交史 一冊定價 (近刊)

最近俄羅斯政治史 一冊定價六角

最近德意志政治史 一冊定價三角 (近刊)

法制新編 一冊定價四角

(2)經濟書類

增版財政四綱 一冊定價一元 (近刊)

歐美各國最近財政及組織 一冊定價四角 (近刊)

理財學沿革史 一冊定價二角 (近刊)

歐洲財政史 一冊定價二角

日本財政之過去及未來 一冊定價二角

(3)歷史書類

波蘭衰亡戰史（上卷）一冊定價二角五分

美國獨立史 一冊定價六角

日本維新活歷史 一冊定價三角

(4)哲學書類

名學 一冊定價四角

物競論 一冊定價四角

生物之過去未來 一冊定價二角五分

論理學（卷一）一冊定價二角（近刊）

(5)教育書類

女子教育論 一冊定價五角

(6)語學書類

再版和文漢讀法 一冊定價三角（近刊）

再版增廣東語正規 一冊定價一元

和文奇字解 一冊定價一元

(7)傳記書類

比律賓志士獨立傳 一冊定價二角

(8)小說書類

政治小說累卵東洋 一冊定價二角

愛國精神譚 一冊定價三角

(9)雜著書類

支那化成論 一冊定價六角（近刊）

日本遊學指南 一冊定價二角

外國國勢一覽 一冊定價一角五分（近刊）

(10)圖表書類

最新精繪學校建築模範圖 一冊定價二圓

本社新書廣告

富士英譯

最近俄羅斯政治史

俄羅斯雄視全球列強側目風潮所及震盪亞東而我中國受其應響爲尤甚是書爲日本專門學校原版於俄國內政外交言之最悉讀之不特可知其外侵之大勢亦足以見內治之一斑本社現特印單行本以供留心大局者之參攷云

全一冊定價三角

錢承鋕譯

外交通義

爲國者不可不知外交明矣我中國與列強交涉輒受人愚而國民外交思想又極幼稚於此而求折衝之才不綦難哉是書爲日本外務省參事官長岡春一原著詳論學說列舉成案攷證精確言之有物而於國際禮式及外交原則尤爲致意洵辦理交涉之寶鑑亦研究公法之階梯也全一冊定價八角

金邦平譯

歐洲財政史

中國之貧弱由於理財無術則經濟學之於中國誠爲先務之急矣然不明次序原委更從何處着手故研鑽理財學者不可不先明其歷史是書爲日本有名經濟家小林丑三郎原著本社復譯行公世凡講求財政者尤宜家置一編也全一冊定價二角

章宗元譯

美國獨立史

是書爲美國姜寗氏原著前後各六卷今所譯者爲前六卷其目次如下(一)覓地之原(二)殖民之原(三)殖民地之進境(四)合衆(五)自主(六)立憲自開闢以至立國詳細敘述且譯者留學美國有年

凡他書事實足以相發明者均隨時摘取插入以期完美實爲專史中之良書凡從事史學者不可不家置一編也全一册定價六角

朱孔文譯　（近刊）

中學教科 法制新編

各國中等學校均有法制教科書爲普及一般政法思想之用吾國法制既不完備其存者亦尚待改正欲編一法制書若各國之教科用者蓋戛戛難之無已則不得不借他國之法制取其可法者勦爲成編以備參考而補教科之不足此書蓋其類也此書詳述日本法制係弘文書院速成師範講義錄之一敘述簡明而文筆亦暢達今由本社印行不日出書

史壽白譯　（近刊）

日耳曼史

此書詳及日耳曼人種興盛之由頗足供研究歷史之具誦讀一過恍見條通人種祖先情狀吾國于西洋歷史頗乏專書得此當亦同好者所樂聞也不日出書

丁文江譯　（近刊）

亞細亞西南部衰亡史

是書爲野口竹次郎原著詳敘印度安南緬甸衰亡之原因歐人殖民之政畧而于印度尤加詳焉自其開國以迄于亡分上世中世近世三紀凡宗教風俗地勢無不明備足以使崇拜附託外人者見之而憬然悟也不日出書

譯書彙編社白

政法通論

論研究政法爲今日之急務

攻法子

政治能力之意義。　政治能力與人類之關係。　印度諸國衰亡之所以。　法治國之意義及其効力。　政治法律之勢力。　研究政法之二大目的。　立憲。　（以下續出）

希臘碩儒阿里斯脫耳 Aristotle 曰「人類者政治之動物也」吾誦其言吾不能不爲吾國民悲何悲焉悲吾國民之自棄其政治能力而不思所以發達助長尋至政治能力之漸歸消失也

何謂政治能力人類之所以戰勝於萬物者以其有政治團體也政治團體者何國家是也人類最初之結合是謂原始社會原始社會之狀態家族而已自家族而進於部落又自部落而進於國家其間不知幾輕變遷而若有歷萬難而不足以阻之遭萬刼而不足以挫之之一種精神貫乎其中使人類卒成完全之團結是何也所謂政治能力也國家既立始而以神治繼而以兵治終乃以法治其間又不知幾經

二

變遷。而又若有歷萬難而不足以阻之。遭萬刼而不足以挫之之一種精神。貫乎其中。使國家漸達文明之地位。是何也。所謂政治能力也。由是觀之。政治能力之於人類。其關係之密接如此。今使無此能力。則人類一日可息。而國家一日可滅矣。是故人類有種種之能力。而政治能力。實爲生存競爭之最大原素。操之者昌。舍之者亡。曠觀古今歷史。蓋歷歷有明證也。

今者印度亡矣。安南夷矣。朝鮮殆矣。是數國者。非所稱古國者耶。然而一旦爲他人夷戮之。奴隸之。伈伈俔俔。不能自振。抑豈惟不能而已。其國之人。知國家之宜獨立而己。國之爲人臣屬。己失國家之資格者。殆無之也。夫國家之生存。必有與立。所謂國民是已。國民者。有組織國家之責。與維持國家之任。國家之若何組織。若何維持。則政治法律。其最要也。國未有政治法律之不善。而能永立於世界者。又未有其國民暗於政治法律。而能勝組織國家與維持國家之任者。暗於政治法律。即所謂失其政治能力也。是故觀印度諸國。謂其兵力之弱。商工之拙。科學之稚。固也。雖然。猶其末也。其所謂受病之源。吾得以一言蔽之。亦曰無善良之政治法律而已矣。

反是則請觀文明諸國。若英、若美、若德、若法、若日本等。其所以致富强者。蓋有種種之原因。而推其本則在得法治國(Rechtsstaat)之主義。論國家制度之變遷者。大都分爲三時代。(甲)專制國。(乙)警察國。(丙)法治國是也。專制國純爲君權集中時代君權之所至。法即立焉。故得明聖之君則國賴以治。而反是者則危亂隨之。而至警察國爲國家權力擴張時代。人民之共同生活。國家均用干涉主義。然國家之行政作用初不受法之拘束。故人民之權利往往有失其保護之虞。法治國爲法律神聖時代國家之權力雖主擴張。而無不範圍於法之中。人民與人民之關係。則有民法商法等諸法。主權者與人民之關係。則有憲法。推至一國家與他國家之關係。則有國際法。其他事無大小。人民得據法以爭其權利。國家不得違法而逞其權力。此法治國之精神也。是故法治國之人民。其視國家之政治法律。猶之日用行常之具。內閣者。大政之所出。而國民得議其可否。議院者。立法之大府。而國民得預其組織。他如軍事外交。爲立國之大問題。而國民無不關心注目。以國家之休戚。爲己身之休戚。故國家之舉動。亦往往視國民之意嚮而定其標準。夫國家者。國民之積。國民與國家合爲一體斯國強矣是故其國民之政治能力愈發達者則其國之政治法律必愈修明而其國勢亦必愈強盛斯固因果之理而現今文明諸國之事實亦確乎可徵者也。

歷史家有言曰「羅馬之統一世界有三大要素。(一)兵力(二)宗教(三)法律是也」雖然。羅馬之兵力未閱數世久已蕩焉無存羅馬之宗教至今日已不能維持其勢力教皇之徒擁虛位而已獨至法律則自英國以外歐洲大陸諸國無不淵源於羅馬而稱之爲模範法是故羅馬法創自千數百年前而其影響乃及於千數百年後助成今日各國之文明其勢力抑亦可謂偉矣不寧惟是政治法律之爲物其主張自個人者亦有最大之勢力自孟德斯鳩(Montesquieu)創三權分立之說而文明諸國均由之以定國家機關之組織自盧騷(Rousseau)主民約之說而國民主義乃磅礴於全歐羣奉之爲立國之基礎其他學者創一說立一案爲治國家之原則者殆不可勝數而其最著者則日耳曼帝國之憲法純據史當氏(Stain)之學理以爲製定之標準夫以個人之勢力而能轉動國家乃如此其果何所恃耶恃國民之有

政治能力而攪之使醒引之使發而已

由是觀之政治法律之重要其關係於國家如此遠徵古代之歷史近鑒列國之事實靜察人類之天性傍攷建國之大本國家之所以生存不可一日無政法故國民之對國家不可一日無政法之思想而怠其研究然則吾國民今日之急務其亦可知矣今夫處吾國今日而言研究政法其大目的有二

其一爲創立憲法之準備法治國時代之意義前既言之矣法之爲物所以平人與人之爭而爭之最大者一國之內則治者與被治者之間最易起爭憲法者所以定二者之權限而申明其各有權利義務者也憲法之發生乃各國歷史上治者與被治者相爭之結果憲法立而國未有不治者此無他法治國之主義以法爲神聖無上而憲法爲諸法之冠憲法立則諸法之完備可期日而待也是故世界各國往往以憲法之有無爲國家文野之別自英國創模範憲法而歐洲大陸諸國靡不聞風而起日本維新亦以頒布憲法爲立國之大本其大較可知矣今吾國論者蓋亦稍知憲法之重要於是有昌言者曰「立憲立憲」雖然立憲之事豈易言耶憲法之可

六

貴非以其法文以其法文之精神也苟國民無實行之資格則憲法亦空文耳強不知禮者使入宗廟其不手足無所措者蓋幾希也吾更有一實例立憲以議院爲唯一之制度今使國民於選舉之原理代議之天職茫焉無所聞知則憲法之實効將何恃以行哉日本立憲之議創自明治十三四年而須行則在十年以後謂之立憲準備期限而立憲定議以前其國民之注意此問題者又不知幾何年此無他憲法之爲物其於亞洲國家實爲新發明之產物使非養成國民習慣之性質無論他日必視爲具文而立憲之觀念且不能一時普及全國也是故吾國處法治國時代以立憲爲第一要義此不待言然欲創成立憲國家必先勉爲立憲國民所謂十年之病三年求艾是也且憲法者視國體而異又視時勢而不同爲吾國計當以何種憲法爲最當尤國民所當日夜推考而不能以一語了之者也不然是猶不下種子而望收穫恐立憲之福決非怠惰國民所得而享也

（未完）

政治

論國家

攻法子

緒論

人有恒言曰「國家」世界人類無不範圍於國家之中是故人類之大問題未有過於國家者也德儺開(Treitscke)曰「人類之於國家其重要猶其於語言」故人類不能須臾離國家之組織而營共同之生活即國家之問題不能須臾離人類之腦中而淡焉若忘是所謂國家思想也文明國之所以興野蠻國之所以亡一視國民之國家思想厚薄爲斷而國家思想之厚薄一視其國家學之發達與否爲斷

國家思想者其殆個人完成國民之基礎乎大地之上立國者何啻千百而旋起即亡者無國民故也國民爲國家之最大要素國無國民其不國也可崇朝而待焉雖然所謂國民者固非僅多數個人之謂集多數之個人而蚩蚩焉氓氓焉不自知其身之與國家有密切之關切國家之爲何物與國家之何以存在若何成立均置之不問是雖有國民之資格而實未盡國民之責任也國民之責任者何參政權是也

國民何以應得參政權以其爲國家之分子故也國家有種種之機關（如立法、行政、司法等類）而非國民則無以組織國家有種種之活動（如內治外交等類、）而非國民則無以運行故既爲國民則人人心目中宜無不存一國家而日思所爲國家維持秩序增進幸福之道於是國家問題乃不能等閑視之矣

國民之國家思想何自而發達則國家學其母也英國者國民主權最純之國也而有陸克（Rocke）等之論國家法國者國民主義最盛之國也而有孟的斯鳩盧騷(Montesquieu, Rousseau.)等之論國家德國者國民組織最完之國也而有伯倫知理(Beuntschli) 等之論國家是數國者當今日之世其國民之國家思想可謂達極盛之點而皆有最有名之國家論以導其先使國民眞知國家之性質然後國家之思想乃油然而生故曰國家思想之發達視國家學之發達爲標準者也

今欲研究國家問題則不能不取之於泰西學說是無地闢國家學之新路者泰西學者實司之而吾東亞學者（除日本近師法太西外、）間焉無聞也其散見於經史者間有一二與語泰西之新學理有若合符節之處而偏而不全於國家學上不能獨占一席故

東亞之國家雖建立之古無遜於泰西而關乎國家之理論則大都適合於數千百前之國家而於近世之國家往往有矛盾之處故欲新造吾國民不能不悉取泰西之新說以引吾國民之新國家思想

泰西學者之論國家其要點有二一據歷史一據法理古代學者大都專據歷史而不知所謂法理故其論國家也雜而駁近世學者大都以法理爲標準而以歷史之事實副之故其論國家也精而純今夫歷史者國家之產物未有國家無歷史者也且古代之歷史無論何種國家往往有類似之處故苟得法理之標準則易彼國家之歷史而證以此國家之歷史其於國家之理論蓋亦可思過半矣

今論國家其體裁與材料均本之太西學說其大綱先述如左。

第一論國家之命名。

第二論國家之觀念。

第三論國家之起源。

第四論國家之要素。

第五、論國家之種數。

第六、論國家之目的。

以上所述。特其大綱。其中又別有細目。玆請以次述之。

第一　論國家之命名

上古希臘時代。國家之發達尙屬幼稚。曰市。曰國家。其義無別。其所謂市。即國家是也。故希臘"Police"譯言市之語。即國家之意。惟當時之所謂國家。僅指市民之團體而言。至團體所恃以存在之土地。不包含在內。此當時以土地爲國家要素之觀念。尙未發達之所致也。羅馬亦然。其所謂"Civitas"譯言市者。即國家之意。其義亦與希臘同。然其后羅馬之市。勢力日漸强大。各民族均爲所倂吞。浸浸有成一大國家之勢。乃以"Civitas"之名爲不便。而別創"Imperium"之名。"Imperium"者。羅馬人所謂最貴重之權力也。自是二語兼用。視國家之大小而異其稱。其小者仍市之名。其大者遂稱爲"Impcrum"。此上古國家名稱之由來也。

迨至中世。社會幾經變遷。於是政治上之情形亦一大變。國土之大小。於一國之政治上有最大之影響。於是國土之觀念漸生。而以土地為國家之一大要素。不問大國小國。乃均稱之為"Terra"（譯言土地）然"Terra"之名。雖足以示與市有別。而其他若州郡等類。均用是名。故仍不足為國家特有之名稱也。伊大利當十四世紀。種種性質之國家。漸次發生。於是前此所有"Police; Civitas; Imperium; Terra"諸名稱。益不足以明國家之觀念。至第十五世紀之初。伊大利學者乃創"stato"之語。以名國家。"stato"云者。蓋包括住所秩序規則等種種之意義者也。

近世諸國所用國家之名稱。如德語謂之"staat"法語謂之"Etat"英語謂之"state"其源皆本於伊大利"stata"之語。而此諸語為國家特有之名稱。不與其他相混。此蓋由於國家觀念之發達。故國家之名稱。亦得歸於正當也。其次請論國家之觀念。

第二　論國家之觀念

『國家者果何物乎』此論國家觀念之本義也。古來學者於此問題。有種種之學說。而大別之可為二派(甲)客觀派國家說(乙)主觀派國家說是也。客觀云者。以國家以外之事物爲本位而論國家之觀念主觀云者以國家爲本位而論國家之觀念是也[8]茲以次敍述各種學說而附以論斷以示折衷焉。

(甲)客觀派國家說

客觀派中又分爲三(A)事實國家說(B)狀態國家說(C)分子國家說其下以次述之。

(A)事實國家說　此說以國家爲現有之事實謂國家之爲物非思想上之產物而目前實在之現象也。是故論國家者僅認國家之爲事實即足明國家之觀念他可不論。然此說之缺點即在於是。事實亦有種種之意義或爲精神上之事實或爲物質上之事實或一事實而二者兼而有之僅言事實而不分析說明則失之含混而不足以取信也。

(B)狀態國家說　此說爲自然法派所唱其最著者爲康德氏(Kant)氏之言曰「國民中之各個人其互相關係之狀態謂之國民狀態國民全體與其分子關係之狀態是即謂之國家」由氏之說蓋謂國家云者即國民之狀態與自然之狀態相對者也。然此說之結果僅就國民之狀態立論必至分國家爲無數之統治關係而於國家統一之觀念大相背戾。此其欠點也。

(C)分子國家說 以構成國家之分子視爲國家之本質。是謂分子國家說。國家之分子者何。土地國民統治者是也。以三者之一種爲國家之最大要素而其終遂視之爲國家。蓋唱此說者之要點也。此說又分爲三。

其一土地國家說 歐洲當中古時代。以國家之領土爲君主私有之財產。其重視土地與上古時代重視人民之觀念正相反對。先是希臘羅馬其所謂國家者。即指市民之團體而不及土地。至中世則偏重土地。是爲國家觀念中心點變動之徵。而所謂市國者。乃變爲領土國矣。此說以中世之觀念爲基礎。其與歷史上之事實不無相合。惟其過重土地而遺其他之要素。於國家學說中不足爲精密之論也。

其二國民國家說 以組織國家之人類視爲國家之本體。其立論最近理。故奉此說者亦最古。希臘人之國家觀念爲此說之代表。固不待言。即中世以土地爲重而唱此說者。亦不乏其人。近世之國民主權說。即以此說爲根據。彼所謂國權必掌自國民。國家機關之權限。必由國民分配之。主張是等學說者。其根據悉在乎此。此說大有造於國民。而於論國家之觀念。亦可謂得其本源。惟其欠點則在混個人爲國民。凡個人之得稱爲國民者。以有統一之思想爲斷。而統一之思想。以有統一之組織而始能發表。統一之組織云者。領土與主權均其要素也。故以多數之個人而即視之爲國家。仍未足以盡國家之觀念也。

其三統治者國家說。　混政府與國家爲一。此世人之通弊也。國家無形。而代表國家之統治者則有形。故以統治者爲國家。其說最易行。然此說之不合學理。人人知之。其根本上之誤謬。則在混自然人之統治者與法人之統治者爲一是也。國家有永存之性質。自然人之生死。與國家之消長無涉。使以自然人爲統治者。則國家有不能永存之患矣。故謀國家之生存。不可無永續之制度。此所以論國家者。不得不假定法人。使立於一定之地位。而視之爲唯一之統治者也。此說專主自然人之爲統治者。故學理上不得謂之正當。且此說於近世之國家觀念。其相牴觸者甚多。如近世以國民爲最大要素。而此說不及之。

此其最顯而易見者也。

以上所述。爲客觀派國家說。此派學說。非無足取。然要之。此派之論國家觀念。不求之於國家本體而求之於國家以外之事物。故間有發揮眞理足以明國家之爲何物者。而大都偏而不全。其價值。蓋在主觀派之下也。茲請述主觀派。

(乙)主觀派國家說

主觀派中亦分爲三。(A)有機體國家說。(B)團體國家說。(C)法人國家說。其下以次述之。

(A)有機體國家說。　此說從國家之意思立論。國家有獨立之意思。故有具此意思之機關。由此機關而國家之意思乃能得獨立之運用。故國家爲有機體。唱此說者。首推伯倫知理氏。(Bluntschli)氏之言曰。「所謂有機體者。無論何種。不可不備精神與物體二原素。國家亦有國家之精神意思。與立法行政各種機關之組織。凡無論何種有機體。無不由數多之部分而成爲一體。此等部分。視全體之需要。由種種方法以補充之。於是全體乃成立。國家亦有種種之官署。即所謂機關者。以爲其關節。此等機關。皆所以備國家之需要而行動者也。各種有機體。皆能生長發達。故國家亦能生長發達。」此說論國家之爲有機體。最屬確而有證。以治者與被治者無數之個人合爲一體。故雖歷年久。仍能保其獨立之生活。此實國家觀念中應有之義。或者有謂以國家爲有機體。猶之以人類爲有機體。於法理論上觀之。不能得分析之說明。然此不過立論之點不同。至其明國家之爲何物。確然成一家之言。則無可疑也。

(B)團體國家說。 此說以人類之共同團體爲國家。共同團體者。人類永久結合之團體也。主張此說者。因非新奇之思想。惟古時論者。大都注重團體之目的。而於團體之性質如何。搆造如何。未有深究之者。此與近世學者不同者也。近世唱此說者。以吉耳開氏 Gielke 爲最著。氏之言曰。「國家者。乃有强固組織與永久目的之一團體也。」蓋國家之爲團體。乃人類結合發見之徵。集個人之多數 (Plurality) 而營共同生活。是謂共同團體。共同團體之成立。必具强固之組織與永久之目的二原素。斯即所謂國家也。質而言之。國家者。個人之集合體而已。此說之長處。在得國家之眞相。而於國家與個人之關係。國家機關與國家全部或一部之關係。以及國家之發生存續變遷諸問題。均得由此說而解釋。於論理上毫無疑義。故團體之觀念當置諸國家觀念之第一位而團體國家說遂爲不刊之論至團體說之所以異於客觀派之國民說者國民說以個人爲本位而不言如何之組織與如何之目的。團體說則以個人之集合體爲本位而於集合體所以存在之故一見即明斯其所以足取也

(C)法人國家說。 此說爲國家主權說之根據。蓋白耳 Gerber 爲首唱。而臘彭達(Laband) 繼之。此說之大旨。蓋謂國家爲個人之集合體。故有社團之性質。民法上之社團。有獨立之目的。與應得之權利。故稱之爲法人國家亦有獨立之意思。與其目的。故其爲法人。乃當然之事。使不認國家之爲法人。則國家不能爲權利之主體。而失主權者之地位矣。近世之國家爲主權之所在。此有實例可證國家有制定法律之權使人民服從之其明證也且國家之爲法人於國際法上更爲必不可缺之事何也。國際法定國家與國家之權利關係故必以國家爲權利之主體也是故法

人國家說。於法理與事實。均相符合。蓋亦國家觀念中至當之義也。或謂此說與客觀派之統治者說有相類者。不知統治者說以自然人爲本位。無論與近世之國家觀念不能相容。而自然人之生死。將爲國家存亡之關鍵。此與國家永存之原則大背者也。法人說則以國家爲本位。而以國家爲法律上擬定之人格。推人格應有之權利以明主權之在國家。其立論之點大異。不待知者而知之者也。

以上所述。爲主觀派國家說。取國家共通之原素以明國家之性質。就國家以論國家。故能得國家之眞相。是以後之論國家觀念者。無不以是說爲宗。非若客觀派之置國家於客位而取其他之一事物。欲以形容國家之全體。其偏而不純。固其所也而主觀派三說之中。亦各視立論者之目的而顯其特別之精神。有機說從國家之意思立論。法人說從國家之權利立論。而團體說則從排成國家之最大要素而具有組織具有目的之人類而立論。故有機體說與法人說者。純乎其爲法理論也。其精密深到之處。雖千萬言而不能窺其極。團體說者。其說理固完全無缺。而立論則極平易。雖婦人孺子。可以一語而知國家之爲何物。故三說之中。使非立論者有特別之目的則無寧主團體說使人易知國家之觀念且團體說之論組織與目的與有機體說法人說亦實有發明之處故即以此二說歸納於團體說之中亦未見其不當也論國家之觀念者數千百年之中學者輩出而得其要領者蓋不數覯自團體說出乃以一語明之其於國家學上之功抑亦偉矣

（未完）

第十九世紀外交通觀

今已入二十世紀之新乾坤通觀既往百年中外交之經過歷史之變遷以察舊世紀中如何之情形成新世紀中如何之事勢舊世紀中如何之原因得新世紀中如何之結果。正非無益之事。惟是百年之中事實繁多。記載精詳。專史具在。無待贅述。茲特揭其大綱。合為一篇。於讀史者之記憶力。度亦不無小補歟。

曠觀百年前歐洲之大勢拿破侖以民權自由之精神思欲統攬內外內則集國中之專門大家編纂民法自以深遠明爽之識力當逐條修正之任當時之僅以軍人目拿破侖者。無不驚而訝之。外則以革命之大義諷示列國人民思欲盡逐其專制君主逼植法蘭西之勢力自一千八百四年登帝位後至一千八百十二年歐洲大陸幾盡歸其權力之下此時直接間接不受拿破侖之指揮者僅英吉利及俄羅斯二大國瑞典葡萄牙及西班牙之一部分而已然當時曾爲拿破侖征服之各國君主無不欲恢復其權力與自國之人民約保護其權利自由立憲法設議會隱示以意謂與其依外人之勢力以得苟完之人權何如奉祖父相傳之政府以保獨立之實際各國人民亦承諾之故拿破侖木司冠之敗也奧大利普魯士首脫法國之羈絆合軍英俄以擊之遂以一千八百十四年逐其位聯合四國之目的欲使歐洲列國回復其固有之地位故會各國之君相於維也納以拿破侖逃離愛爾帛島之故暫爲解散明年復行會合六月遂決議簽押

維也納會議之結果其最要之點有二一各國人民各得復其舊態依其自然之結合與其君權相傳之歷史而自爲一國正統主義是也二君主之權勢復熾專制主義是也十九世紀之初三十年中爲舊態回復主義成功之時代其次二十年中專制主義漸破是爲前半期之大勢一千八百五十年以後正統主義漸破其結果各

以其外交之手段實行其膨脹主義是爲後半期之大勢

第一　反動主義之時代

納也納會議之決議。其主要在定歐洲各國之關係。似於一國內部之政体。毫無影響也者。而其實不然。何以言之。有此決議各國之領土始得復舊各國之君主既有領土始得同心協力復行其專制手段以防革命之復起試徵諸當時之記錄其所以立憲法設議會者無非爲拿破侖之勢不可嚮邇欲維繫民心非藉保護權利自由爲名爲暫救目前之計不可故一旦拿破侖既敗大小君主即會合於一堂共講善後之策相提相携君主之權勢一張而不可復制矣

當時聯合四國之中。最有力者。爲奥大利。其宰相梅特涅。固有名之專制家也。彼於維也納會議之後。即立俄普奥三國神聖同盟。其精神專在防制人民之革命。英國則已於法國革命之前。確認人民之權利自由。開設國會。故未加入其中。俄普奥三國。更依戰勝之威力。駐軍於法。以備不虞。迎立盤蓬統之王路易十八世。聯合四國之間。更結一密約。以防革命運動之再發。而干涉法蘭西之內政。以拿破

命及其子孫。爲歐洲平和之公敵。特定條件。不得復使爲法國之主。英國亦以拿破侖擾乱歐洲全局之故。贊同此議。法國之新政府。則欲藉各國爲後援。以維持其王政。故亦極意贊成。於是五國之聯合以成。

梅特涅以一千八百十九年。召集德意志各聯邦之宰相於卡羅斯摸。自爲議長。告以前此發布憲法及開設國會之約。不必履行。苟處必不得已之勢。或須發布憲法。則其憲法之中。務當集國家之權力於君主之一身。萬不可分之於其他之機關。一千八百二十年至一千八百二十三年。西班牙及葡萄牙等處。有革命之舉動。聯合四國。遂干涉之。英國亦默許焉。

自一千八百十五年至一千八百三十年。是爲中古專制主義復興之時代

第二　立憲主義之時代

至一千八百三十年。形勢又一變矣。路易十八世之政府。歲月既久。漸與議會不和。一千八百二十四年。楷爾司十世立而軋轢益甚。至一千八百三十年七月。遂發勅令。限制刷印之自由。縮小議會之權勢。人民以其有違憲法。拒不之奉。時巴黎市中。

有一會黨。黨員約有萬人。其政治上之主義。雖不一定。而其欲滅盤蓬統。去王政之白色旗。代以革命之三色旗。則皆無不同。故又名三色旗黨。遮斷巴黎市街之交通。抗拒官軍。謀倒王政。時巴黎市中。雖有一萬四千之官軍。而皆不足深恃。七月二十七日至二十九日。三日之中。遂奏革命之功。革命黨既倒前政府。而關於新政府建立之事。尚無定見。謂即宣言共和。自是上策。奈國中保守黨之勢力。尚不稍衰。且恐有外國干涉之虞。故有力之政治家拉非脫雀寒鉤乍等。迎立民主主義之路易非立泊。路易非立泊。本盤蓬統之支派瓦路命統之主也。革命之首。隱於民間。唱自由民權之說。欲模範英國一千六百八十八年之革命。順民情而登王位。雀寒等迎立之檄文中有曰。

楷爾司十世。不洽輿情。因已逐去巴黎。此時如立共和政府。既恐生分裂於內。復恐啓衅端於外。路易非立泊素知民間之疾苦。奉行革命之主義。以之爲主。實法國憲法所承認。抑亦法國人民所希望者也。

路易非立泊。順民情而登王位。是爲君民共和國。彼使其外務大臣。宣告於列國曰。

法國之所以迎立路易非立泊。實爲防法國之再有革命起見。苟不如此辦理。則惟有建立共和政府之一策。如此。豈非於維也納會議之條約相背更甚乎。

時列國均以兵備不足之故。未即干涉。雖俄羅斯曾一發兵。亦以無他應而止。始列國均不認路易非立泊之政府。後英國先公認之。列國亦遂公認。於是維也納會議之決議第一之要點已破

各國不得已公認路易非立泊之政府。而實非所喜也。故交際之間。均不待以對等之禮。法國人民。憤々於心。屢嗾政府。搆衅端於外國。藉以破維也納會議之決議。而紛更歐洲之現狀。此時比利時中。適有獨立之運動。法國人民。以爲机不可失。無不躍躍欲試矣。比利時。本與法蘭西同一民族。依於維也納會議之決議。隸之於荷蘭國王之權下。荷蘭政府屯軍隊以抑制之。比人輙憤憤不平。今見法國七月之革命又成。遂乘机而起。抗敵荷軍。逐之於國外。荷蘭國王。請聯合四國干涉其事。普魯士及俄羅斯。均出兵以援荷蘭。路易非立泊之政府。則決意援比。聲言普軍朝自東入。則法軍暮自西入而應戰。此時俄國之內。有波蘭叛亂之故。不能盡全力於此事。遂

由英國出爲調停。開會議於倫敦。以一千八百三十年十二月。議決認比利時之獨立。於是維也納會議第二之要點又破。

路易菲立泊之立。雖謂順從民情。而猶未得謂之純然民主政府也。故祗與實權於中等良民。而制限選舉資格。納稅二百法朗以上者。始得有選舉權。五百法朗以上者。始得有被選舉權。以是民間自不能相安無事。一千八百三十年至一千八百四十年。十年之中。計共更迭宰相十次。一千八百四十年以後。能在位至八年之久者。惟鉤佇一人。鉤佇用聯絡議員之策。誘以種種之利益。使其贊成政府。故政府常得多數。得藉此以行其政策。此時議院之中。反對政府者。爲共和黨。然彼等亦非欲必廢王位。又不望普通選舉。其眞主張民主政体者。全院中惟洛侖一人而已矣。然共和黨員之在院外者。則以鉤佇聯絡議員之故。無不懷恨於心。相結而起。思與之抗。一千八百四十七年以後。選舉資格改正之聲。遍於各處。開會於巴黎。昌言非廢王政不可。政府禁之。會中有反對黨之議員。以政府不應下此禁令。不絡席而出。會主移檄於學生及勞働者。以二月二十二日。集合於麥豆蘭寺院之前。政府又禁其集合。然無數之學生及勞働者。已集而不可復解。侵入軍械製作所中。刼奪鎗砲入夜則於王宮之前。燒桌椅以爲炬火。警察制之不聽。至二十三日。其數益增。群呼共和萬歲。發憲兵以制之。而憲兵本與鉤乍政府不善。均不用命。群民遂設防栅於市中各處。以備攻擊。進迫王宮。路易非立泊。乃罷鉤乍而使徭寒組織共和黨內閣。群民猶以爲未足。刼政府之交涉委員。與衛兵戰。破之。闖入王宮。路易非立泊讓位於幼孫巴黎伯。僅以身逃。於是共和黨議員。集於巴黎府廳。組織假政府。行普通選舉。召集國民會議。制定純然民主主義之憲法。大統領亦以普通選舉之法選舉之。拿破命一世之弟。現爲荷蘭之王。路易之子。路易拿破侖被選爲四縣之代議士。更於國民之普通選舉。得大多數。被選爲共和國大統領。時一千八百四十七年十二月十日也。

此次法蘭西之革命大有關係於歐洲全体者也各國人民於拿破侖一世之時已飽嘗自由民權之甘味一千八百十四五年之間各爲自國之君主所愚復陷於專制之苦境恢復之志終無由伸今見法國人民兩次顚覆其政府如此其易終得依

普通選舉之法建立國民各自所欲之政府夫人孰不願就甘而棄苦其欲儆之則之實得有安享共和之一日情所固有勢所必然也故一千八百四十八年自由民權之運動幾無地無之除素以專制著名之俄羅斯及自古保護民權自由之英吉利與夫僻處邊境之數小國外其他各國無不被其動搖從來壓制較烈之比利時荷蘭丹麥遂有選舉法改正之期成同盟與大利本部普魯士及其他德意志諸聯邦之中遂迫政府制定憲法其已制定者則迫其改正何牙利伊太利北部及屬於丹麥之雪蘭司維翟司塔陰之中遂成獨立戰爭

法蘭西播種於前各國收成於後未制定憲法之國新制定之已制定憲法之國則改正之國會之權力以張人民之自由以全革命之主義幾成爲各國普通之事實君主爲國家之公僕已認爲各國政体之根本維也納會議之決議君主連衡以維持專制主義之大旨至是全破而十九世紀前半期之大勢亦遂告終

第三　國民主義之時代

此時專制主義雖破而維也納會議所議決歐洲關係之其他半面則尚完然無缺

所謂正統主義是也。蓋對於正統主義國民主義之思想。初無異對於專制主義自由主義之觀念。未至其期。人人心腦中一若無此一點。既至其期。則一發而不可復遏。至普利米戰爭以後。歐洲之大勢日漸趨於國民主義矣。夫所謂國家也者。自國民之精神上言之。則民同種。祭同神。言語法律風俗習慣無不相同。始得合而爲一國。異之者則分而爲列國。是之謂國民主義。自君主之權力上言之。則反是。不問自然之分合與否。但依父祖相傳之權力。領其固有之土地而爲一國。是之謂正統主義。當拿破侖一世擾亂歐洲全局之後。各國君相會議於維也納。分畫定界。以冀永保和平。當時普魯士之全權大臣倡議謂建邦定國。當依國民自然之分合。今當定議之初。務宜注意此點。方無後悔。其爲此言。可謂獨具卓識。眼光直射百世下矣。然各國之君主。兢兢焉惟恐失其尺寸舊有之領土。衆口一辭。咸以恢復舊態爲得計。其結果仍爲正統主義之勝利。俄羅斯皇帝兼波蘭及芬蘭之君主。奧大利皇帝兼伊大利北部郎白地維尼西亞之王位。丹麥國王兼雪蘭司維霍司塔陰之公主。荷蘭國王。領有比利時全土。後比利時離荷蘭而獨立。已爲破正統主義向國民主義之一端。然在此時國民主義之勢力。尚未大盛。至菩利米戰爭之後。形勢乃爲之一變。

一千八百四十八年之革命憲法中。定大統領之任期爲四年。不得連任。大統領路易拿破侖。欲長此保其權勢。結托民心。以爲改此憲法地步。當其發表法律案之時。議會不之許。遂與立法部衝突。一千八百五十一年十二月二日。以强制手段廢止議會。依國民之普通投票。新制定憲法。集國家之大權於大統領之一身。大統領之責任。直接對於人民。對於議會。毫無責任。改任期爲十年。後又改爲終身。一千八百五十二年十二月十日。拿破侖三世遂登帝位。

拿破侖三世。欲使歐洲各國。公認其爲法皇。然歐洲各國。曾有密約。以拿破侖一世及其子孫。爲歐洲之敵。永世不得君臨法國。故皆不之許。英相潘瞞司登。猝以己意公認之。英皇即使其辭職。俄皇尼哥拉司。致書於拿破侖三世之時。亦祇待以大統領之禮遇。此時尼哥拉司將伐土耳其。謀扼君士旦丁而出地中海。如此則英國與印度之交通。大爲妨害。英國思制止之。然茲事體大。躊躇未有所決。拿破侖三世。乃決意利用此相。援英而擊俄。以謀躍登歐洲外交之舞臺。若利米戰爭事起。拿破侖三世。全獲外交上之勝利。開公會於巴黎。協商利事。威勢振於全歐。於是歐洲各國。不得不公認拿破侖三世爲法皇焉。

此時爲拿破侖三世全盛時代。其聲勢之盛。權力之大。較之拿破侖一世。殆過之無不及。大興土木。盛修宮室。改正巴黎之市區。開萬國博覽會。人之淺視拿破侖三世者。一若其專尚奢侈。不惜民力。而不知其命意所在。正所以爲籠絡勞働社會之具也。

拿破侖三世。更以爲欲長保帝權。最上之策。莫妙於用干涉手段於外國。使國民致力於外。無暇內顧。方可保革命之不復作。其心跡可謂與拿破侖一世暗合矣。拿破侖一世以自由民權之大義。干涉外國。擯逐其專制君主。遍植法蘭西之權勢。然一千八百四十八年世變以來。自由民權之大義。已成歐洲各國確定之事實。憲法國會。殆已無國無之。今更欲唱此主義。其將何從藉口。於是拿破侖三世。巧變其術。謀所以煽動各國國民。使各國政府。奔走狼狽。不得不仰法蘭西之鼻息。其術維何。國

民主義是也

拿破侖三世以主唱國民主義爲己任結托反對正統主義之國民以冀得其同情爲干涉其政治之地步先試其術於伊大利伊大利於維也納會議之結果所損爲獨多北部二州則白地及維尼西亞割之於奧大利馬狄那、潘麥、脫斯卡尼等地亦立奧之親族爲之主中部之中有羅馬教皇之領土幾包括全半島四之分一南部則有餒盤斯王國而戴盤蓬統之君主其爲伊大利國王所領有者惟接近法蘭西之撒地尼王國而已伊大利國民憾之思依撒地尼以恢復伊大利半島之統一撒地尼之宰相加富爾以畢生之全力經畧此事拿破侖三世與之結援伊以戰奧勝之是爲一千八百五十九年之伊大利戰爭拿破侖三世得薩伏埃、尼斯二地以爲報二地本屬於撒地尼國而居住之者則皆法蘭西人也併之於法蓋亦依國民主義也

伊大利之統一實爲正統主義一大失敗維也納會議以來抱不平者無不躍躍欲試思合同一人種之國民獨立一國拿破侖三世苟善乘此機經畧其間非常大事

洵易易如反掌矣。惜乎其無拿破侖一世之方畧。悠悠不斷。以致莫大機會。交臂失之。曾幾何時。併其固有之權力而亦不能守。此其故未始非國民主義有以誤之也何也。波蘭大族見屈於斯拉夫民族也久矣。今見伊太利民族一旦恢復其統一。彼久屈於人下者。有不有感而動者乎。彼拿破侖三世既以唱國民主義爲已任。今不替助波蘭。不特無以慰波蘭。抑亦無以對各國。法既助波。俄之結德以仇法。亦勢所必然也。

拿破侖三世。既唱國民主義矣。而不能貫徹之。實行之。遂使利用之者。得以乘機而起。卑思麥克是也。國民主義。本維也納會議之中。普魯士全權所首唱。今普魯士國欲依此主義。統一德意志國民。自覺光明正大。勢如高屋建瓴。加以卑思麥克之方畧策劃其間。更不難坐觀厥成矣。德意志國民。依維也納會議之決議。分爲數多之邦國。與奧大利形成德意志聯合。各國公共之事務。則依聯合會議之決議。而執行之。奧大利素稱大國。且有權力。故聯合會議之中。常占議長之地位。威權無敵。然匈牙利及巴海米之中。有非德意志人種之人民三千万人。奧大利欲統御此等人民。

不得不行其必要之政略。而其政略。亦必不利於德意志人。故各邦人民。均不喜之。要求奥大利。使除非德意志人種之人民。僅以德意志人。成一聯合。奥大利不之許。乃更要求德意志人種之人民退去聯合。卑思麥克。以為欲發揚普魯士之國威。在此時矣。遂乘此極大之机會。施其極大之手段。達其極大之目的。以成一千八百六十四年至一千八百六十六年之歐洲歷史。其詳如左。

丹麥與普魯士之間。有寺蘭司維雀司塔陰之二州也。其地本為獨立之公國。而依維也納會議之決議。置之於丹麥國王之權下。然此二州之人民。則固德意志人種也。今見伊太利之統一。亦思依國民主義。附合於德意志。遂起獨立戰爭。卑思麥克。協議於奥。援彼以擊丹。於是二州。遂為普奥二國之共有領土。然卑思麥克。知奥之必將據為已有也。待其既發。而後一戰破之。遂可逐之於聯合之外。奥大利果以一千八百六十六年。謀據二州。普遂伐奥。薩特渃一戰。普軍大捷。達其宿昔之目的。以純粹之德意志國民。建立一大聯邦國。普魯士國王為其盟主焉。

其次則有一千八百七十年之普法戰爭。普法戰爭。本因拿破侖三世與普魯士國。

爭歐洲之霸權而起。初無關於國民主義。其結果則與國民主義大相反。蓋以法蘭西人居住之恩薩斯羅倫二州。合併於德意志也。職是之故。法深惡德。兩國國民之間。軋轢益甚。竊恐今日國民主義之勢力已盛。雖暫反之。終必有相底於平之一日也。

至一千八百七十六年。巴幹半島之中。國民主義之戰爭又起。延至一千八百七十七年。遂成俄土戰爭。巴幹半島中之巴斯尼亞海是瓜維塞維亞麥鐵尼瓜及巴爾利人種。宗教均與俄羅斯相同。言語習慣亦皆無異。故俄羅斯專欲煽動此等人民抗土耳其。以成獨立。而自爲其保護者。巴斯尼亞海是瓜維先發。塞維亞麥鐵尼瓜應之。俄羅斯以保護基督教爲名。舉兵干涉其事。福蘭維那一戰。土軍不利。而爲城下之盟。媾和訂約。俄羅斯盡占權勢。使土耳其認塞維亞麥鐵尼瓜之獨立。巴斯尼亞海是瓜維則以之贈於守局外中立之奧大利。而包括歐羅巴土耳其之最大部分之大巴爾利國始起。名爲土耳其之屬。而實爲俄之保護國也。後以伯林公會之時。英國反對之故。削其半以歸於東羅曼利亞之一土耳其地方。而塞維亞及麥鐵尼瓜之獨立。則已牢不可破矣。

至一千八百八十五年。復有變動。東羅曼利亞之人民。欲再合巴擟利。抗土耳其而獨立。逐土耳其之知事。與巴擟利交涉。巴擟利之公主白吞撥親王諾之。然此合併。以非成之俄人之手。故俄人大為反對。逐去白吞撥親王。英國則翻前議而贊成其合併。立英王之親族佛勤南親王。為大巴擟利國王。當時英國之所以贊成之者。無他。東羅曼利亞本與巴擟利同一國民。苟或分離。則永不能保巴幹半島之平和也。

降至一千八百九十六年。希臘又與土耳其戰。希土之間。有克利脫島焉。在昔為希臘之一部分。相嬗至今。人種宗教語言風俗。無不與希臘相同。故其欲合併於希臘也。匪伊朝夕。希臘人之欲合併之也更有迫不及待之勢。壓迫其政府。紛爭之末。遂出於戰。各國干涉之結果。名義上雖為土耳其之屬。而其實則以希臘王子為克利脫島之知事。國民主義又得一大勝利。

十九世紀之後半期。歐洲之形勢漸趨於國民主義。無異前半期之漸趨於自由主義。今歐洲之中。與國民主義相背者。尚有五端如左。

一俄羅斯領有波蘭及芬蘭。

二英吉利領有愛爾蘭。

三奧大利與匈牙利爲聯合國。領有巴海米。占領巴斯尼亞及海是瓜維。

四德意志領有恩薩斯及羅命二州。

五土耳其領有馬其頓。

其中俄之於波蘭芬蘭英之於愛爾蘭則以中央政府權力強大之故挽回甚難匈牙利與奧大利之關係則盤柄太甚終必有變動之一日恩薩斯羅命二州之事德法之間不久必有調處之策至於馬其頓則擔保土耳其領土安全之各國苟不紛爭當易於長保此局勢也

第四　膨脹主義之時代

今也國民主義已成爲確定之事實歐洲之中雖有強大之國斷不能併他國之土地人民伸自國之權勢威力突然十九世紀前半期中各國無不伸張其權力今雖已底於平而國民務外之心既張而不可復弛處今之時非講擴張經濟事業範圍

之策不可於是海外膨脹之事以起英國既先大陸諸國而收其功大陸諸國之中先着眼於此點者又首推德意志卑思麥克不特竭其全力拓地於亞非利加且以殖民事業爲與法蘭西和觧之具當翻利第一內閣之時先說翻利以突尼斯爲法蘭西之保護國至翻利第二內閣更遠征東京開大殖民地於印度支那於是晚近十五年中各國又無不競講膨脹政策矣

歐洲各國膨脹之方面非亞非利加即亞細亞也然未有一定國民之土地不難直接併之而既有土着國民之邦土則以唱國民主義自任之歐洲各國明目張膽併之吞之不特自相矛盾抑且需用兵力實多於是巧施其術曰永遠租借曰保護國曰勢力範圍曰鐵路敷設權曰不讓他國條約皆所以避併吞之名而收併吞之實者也

十九世紀之中亞非利加之全部殆已割取無遺自今以後歐洲各國膨脹之勢力又注集於太平洋溯支那朝鮮方面而直下二十世紀之最大活劇演之於東亞大陸必無容疑英之加拿大鐵路更謀短縮之策俄之西伯利亞鐵路即當全部告成

德之經小亞細亞出波斯連絡英之印度線入支那南部達於香港之鐵路十年之中當可戳事俄之從中央亞細亞經天山伊犁方面入支那西部之鐵路亦將旦夕可成陸上之權力既經之營之算無遺策矣而海上之權力更謀所以擴張之策海軍擴張案已爲各國議院中極大極要之問題嗚呼茫茫大陸其欲不爲白皙人種之殖民地也不可得矣

（完）

法律

法典編纂方法論

赤門生

世之談歐美各國之富强者莫不曰工商農業之發達似也抑思其所以致此發達者實本於組織之有秩序更推其組織之有秩序何莫非源於法典之脩明故今日世界列國之盛衰之文野莫不視其國之法律之程度爲差徵諸史冊昭昭然矣吾國人民之於法律也猶狃於使由不可使知之謬解嗚呼、法律者非徒爲駕御蒼生之利器歐洲十九世紀前卓識鉅見之政治家已大聲疾呼而道破之吾亦可以豁然而醒矣歐美人之來吾國也一若彼可辱我而我不可辱彼彼可凌我而我不可凌彼此亦視法律之有無而區別耳彼有法律也即處處有域限也故犯之而即懲我無法律也處處無域限也故彼得蹂躪而有餘吾又可以對觀而悟矣況乎無法律之觀念即無權利之觀念宜乎民氣之日弱也嗚呼、普及法典之智識於民間爲國家第一之責任(未

tional Duty）英國女帝之溫詔如告也奔走編纂組織草案賓塞姆氏士某蓬氏之熱心可師也吾國中之士夫豈無聞而興起者毋亦以法典浩瀚正如一部十七史無從說起也因譯輯歐洲各國編纂法典最初之模範以待朝野之有志者。

歐洲各國編纂法典之方法不可不經者計十有四事。

第一　定編纂規程

第二　定法典範圍

第三　定法典主義

第四　定法典本位

第五　定法典綱領

第六　定法典文體

第七　定法典材料

第八　定法典各條各項之立案

第九　開立案審議會
第十　開草案審議會
第十一　公布草案及理由書
第十二　設審查意見事務官
第十三　開第二次審議會
第十四　草案既決上奏之事

本論就右列各項。參考歐洲已成之事實。而畧爲說明之。

第一章　法典編纂規程

編纂規程者。示委員遵守之條規也。攷諸歐洲各國。大抵約以三種方法。或由政府制定規程。交編纂委員者。一也。或別設準備委員。制定規程。交編纂委員者。二也。或徑由編纂委員議定規程者。三也。德意志國民法編纂之時。曾設準備委員。似添置一官。示以鄭重。實則不惟其重複。而惟其窒礙不經局中之甘苦而出於局外之代謀何往而不隔膜也。故德意志國編纂民法之時。準備委員所擬編纂規程。究嫌不足。而編纂委員。又自定編纂準則。德語所謂 (Arbeitsplam) 是也。故上述三種方法。要以第三種爲最便。蓋編纂委員者。必選拔國中法律名家。又何患其制定之不密乎哉。

編纂規程之內容。有若委員會之議事規則。委員長及各委員之職務、立案審議、修正之細則而已。他若法典之結構體裁主義等事爾。

編纂規程而定於政府或準備委員者。必及法典之主義。編纂規程而定於編纂委員者。僅及編纂之準則。其他法典之結構體裁等。別開委員總會以議定。此亦常例也。

第二章　法典之範圍

天下同種之法律。似可編入同一之法典。然而誤矣。蓋法典之範圍。憑事物之便宜非可執一以定也。譬如民法商法之別。其機甚微。惟其微也。故分之愈顯而別有商法法典。又如軍人之犯罪。似可同編入刑法中。乃別立陸海軍刑法法典。此範圍之因時制定之最著明者也他如單行法之規定不列入於法典範圍者比比然也即如日本刑法第五條。

此刑法無正條者即就其他法律規則中指定刑名者各自從其法律規則也。

由是觀之刑法法典中不盡含刑事法規者斷可知矣假令民法法典中凡關於民事諸法規者無不揭之假令刑法法典中凡關於刑事諸法規者無不舉之恐反生種種不便之害矣故編纂法典委員當議定編纂規程之先不可不豫定法典之範圍也。

法典中不可編入之法律甚多茲舉其重要者如左。

一單行法之附屬法規例如郵便罰規附屬於郵便法租稅罰則附屬於租稅法此由於便利即不揭於刑法者。

一時時變更之法律。

一實施期限之法律。

一特別細密規定之法律。

一地方上或一種人民中之特別施行法。

一如商業法、工業法、農業法、森林法、海上法等。有一種特別規定之法律。

以上所述。撮其大要言之。德意志帝國民法編纂委員之編纂準則第二條。議定民法、法典、之範圍。若商法、海上法、爲習法、郵便法、山林法、專賣特許法、意匠法、版權法、商標法等及其他十餘種法律。悉不在其列也。

法典者包含全體法律之說。古來學者及政治家之間。已紛紛論議矣。苟使立法者廢單行法而布法典。恐不免生實施之妨害。苟使立法者網羅一切法規包諸法典恐亦不免失敗之處。此愛麻士氏及從來學者所以有失於懦怯而過大膽之論也矣。Amos-English goda.

一千八百七十九年。英國國會、提出之刑法草案 (Draft of the criminal gode) 由士基蓬氏。費二十五年之辛勤蒐集材料而成也。又經判事蒲蘭恩克扣路恩氏 (Lord Black burn) 判事、排來氏 (Justice Barry) 判事臘希氏、(Justice Lush) 及士基蓬氏等之四人。爲編纂委員之議定。洵稱備矣。英國判事長可扣路恩氏 (Lord chief Justice cockburn) 對此刑法草案頗有精密之批評建白國會直以「議院文書」(Parliamentary Paper) 公刊當世其批評書中謂刑法草案中第一之缺典是在不能包含刑法之全體可氏之意若曰所貴乎法典者貴乎完全故綜括法規之有効力者務期纖悉不遺是爲編纂法典之要件備此要件則在上者之施行以及在下者之服從俱不致有支絀之困難然又非搜索夥多之單行法而使全書浩瀚無稽也是則全部法規之事情可窺矣否則同種之法律漫爲割裂反以單行法令爲補充之要則試問編纂法典之目的果安在者哉觀可氏之言知其以綜攬同種之法律而編爲一篇之律書是爲法典之目的但遍讀各國立法史上未嘗有如彼所說之例也故士基蓬氏在十九世紀雜誌上有答辨一篇中論英國刑法中有不可編入法典之故者(The Nineteenth century, Jan. 1880.) 蓋可扣路恩氏以法典之範圍爲無限士基蓬氏等以法典之範圍爲有限此二氏之大區別彼此所見之不同也

國家之紀律莫重乎法典法典之紀律莫重乎主義故編纂委員者以兩可爲戒以游移爲懲溯從來之歷史察當今之人情不可不確定者也

譬如憲法或取君主主義或取民主主義或取國家主義譬如民法人事篇或取家族主義或取個人主義財產篇或取完全所有權之主義或取有限所有權之主義相續篇或取分配主義或取總領主義譬如商法或取保護主義或取助長主義或取放任主義譬如刑法或取絕對主義或取對立主義或取折衷主義或就復讐恐嚇改良防禦等諸主義中而擇其一譬如治罪法訴訟法或取口訴主義或取書訴主義或取聽訟主義或取糾糺主義譬如裁判所構成法或取單獨裁判之主義或取合議裁判之主義在在宜愼擇而固執之者焉

一部法典中有大主義小主義之別大主義則融貫全體小主義則略示一班故當編纂之初大主義不可不確定俾小主義有所準繩否則脉絡不相接能無矛盾扞格之虞假令憲法則取國家主義民法則取社會主義顯然出入轇轕有餘整齊不足何以致國家於安寧升公益於社會者乎從來法典抵觸之弊往往由分擔編纂

者之學派互異因之學說不同各逞私說不顧公共徒使各法典間有扞格不通血脉不聯之弊此編纂委員所宜三致意也

第四章　法典之本位

法典之全部必區之以門類析之以條文但門類如何分條文如何立非武斷可許也非懸揣可定也實有一定以為準繩一定者何所謂本位是也歐美法典本位之種類約有四說(一)權利為本位(二)義務為本位(三)複本位(四)新本位即行為為本位

權利二字恐閱者不能瞭解畧註如下

德意志國學者曰法律學即權利學也西洋諸國法律權利同一語言無甚區別以法律為權利之外表以權利為法律之內容主觀言之則是權利客觀言之則是法律二者雖有內外之別實質無不同所謂二而一一而二者是也故權利為法律之精髓無權利即無法律講法律學者不可不先明權利為何物此歐洲法學家之常言日本權利二字譯自西文當其始也知其義者甚稀學士大夫旁註曲釋或載新聞或訂成本解說之書不知凡幾邇來漸漸融會於

國民之腦筋而民氣日强矣。今吾國民權利之觀念猶未萌芽。故香港琉球台灣旅順膠州威海衛等地被人侵佔而不動其心。鑛山鐵路稅關等重要之國本被人攫奪而不動其心。此國民權利觀念之薄之明證者。毋亦由禮讓之觀念浸潤太深也。苟有人有以振作之鼓舞之。吾知其即能蓬蓬勃勃矣。德人伊耶凌氏憂澳國人之委靡也。曰救之之法。莫如發達其權利思想。故著權利之鬥爭及權利競爭論（此書曾有譯出）專爲澳人痛下鍼砭者。日本岡村司氏憂日本人之乏權利思想也。故其所著法學通論中於權利精義。論之剌剌不休。蓋以權利思想之發達。警醒國民猶如暮鼓晨鐘。岡村氏又曰以西洋人權利思想之發達。若猶欲獎之。不啻薪而添油矣。以東洋人權利思想之薄弱。若猶不獎勵。不啻奴隸而加以鐵鎖。恐卑卑不勝屈矣。

權利本位。　由權利之區別。分類編纂。故法典中之條規。一以權利爲目的。義務者。全爲權利而存。凡百條欵。悉置權利於主位。義務於客位者也。

義務本位。　正與權利本位相反者也。由義務之類別。分項編纂。故以權利寓於義務之中。若法典條規之制定、皆爲人民之義務。蓋以義務爲目的者也。

復本位。　不拘一格、有時以權利爲本位、有時以義務爲本位、因時制宜者也。

新本位即行爲本位。　脫姆斯沙路難里氏（Thomas Thornely）著「法典新本位」一書論法典以權利義務爲本位者、幾生種種之不便、不如以「行爲」(Conduct)爲本位之宜也。脫姆斯氏以行爲爲本位之要旨曰、法律之制定、莫非視人民之行爲。故法律者或助行爲、或禁行爲、或以權利而得爲、或以義務而得爲、或強制其不可爲。故以行爲爲法律之目的物、誰曰不宜、然則以行爲爲法律本位之說可定也。法典之排列、悉視行爲之種類而分、似最爲妥洽者也。茲述行爲分類之大要如左。

（甲）不法行爲
- 公犯、即犯罪。
- 私犯即民事犯。

命行爲、例如納稅、兵役等類。對國家者也。又如負債償還、等類、對個人者也。
（絕對義務對立義務。）

（乙）適法行爲……許行爲例如關於所有權之行爲對一般者也又如關於債主權之行爲對個人者也（對世權對人權）

New Bassis for a gode-Law May. & Rev. Nov. 1889.

法典本位之說自來學者之論議不一若寳塞姆氏 (Jereny Bentham) Works. III. P. 181. 澳鉼斯脫、康姆脫氏 (Auguste comte) phil· pos.VII. P. 150. 花其孫氏 (Shadworth hodgson) The Theory of Practice. Val. II. P. 169. 等主張義務本位之說若澳斯聽氏 Austin 等則又主張權利本位之說若米路氏 (John Stuart Mill) Dissertation and discussion. 愛麻斯氏 (Sheldon Amos) Systemematic Vew of the jurisprudence. 等則又主張複本位之說若脫姆斯氏則又主張行爲本位之說名之曰新本位者以示於諸說之外別倡一義也學說紛紛莫衷一是吾輩考諸歷史在古代權利未發達之時人民者惟君主之命令是從法律不啻命令也當時之法律悉以義務爲本位也近世權利之觀念漸漸發達故知法律者非僅爲君主之命令實保護人民之權利也權利主義日漸風行於是法律之本位大都以權利爲則故斷之曰古代之法律以義務爲本位近世之法律以權利爲本位。

雖然亦有例外者如法蘭西國之民法其中所有權之法理則基於權利本位地役權之法理則基於義務本位既非單本位又非複本位可稱爲變遷時代之編纂法也。

近世法典皆以權利本位爲主徵諸近史有斑斑者矣但是公法中之法規有不得不基於義務本位者譬如徵兵令租稅法等純乎其爲義務本位者又如刑法中禁害公益者若人之生命身體榮譽自由等例此禁法之成績即生權利之効驗然而在權利猶爲間接之結果不如在義務得直接之結果由是觀之似乎法典又不能概以權利本位也況如澳斯脫列亞之維克脫爾國一千八百七十九年立法議會中提出普通法典草案則雖在近世法典尙有以義務本位者是則不可同日而語也要之國法全體之制定終不得唯一單位之是從務憑法典之性質而遂定其本

位者也

沙路雛里氏、行爲本位之說古來諸國之法律頗有行之者稱便利矣雖然以行爲爲本位者不過分類之便宜猶非示人以直接之目的也就法理上論之不如以權利義務爲本位使人一望而知趨嚮之爲得也

第五章　法典之綱領

法典之重要者在於各條之立案尤在於全體之順序及各條之排列是必有綱領(Plan)也如人身之有頭骨而全部之結構悉據以爲準者故綱領立案之手續尤爲要中之要歐洲各國法律綱領立案之方約有三種(一)委員長自任其事(二)選委員中之法理最精者任其事(三)開委員會合議其事

昔德意志國編纂民法之時由準備委員議定綱領而後編纂委員皆從之也有時募集綱領之定案者有時徵法律家之意見而斟酌損益者蓋大體之論議既同亦省却此後瑣屑更改之勞矣

如普魯士編纂普通國法之時第一制定法典綱領而後委員據綱領以成法典分

爲數編。一方仍蒐輯普魯士現行諸法。若羅馬法、慣習法、成文法、裁判法等類。分別其若者可存。若者可廢。又增補其新者。至是普魯士之法典正文始稱定稿。此立案之主任者爲克臘因氏。(Klein)而最後之修正草案成於士槐來氏(Svarez)之筆也。

第六章　法典之文體

法典文章之用語。關乎法典之聲價非淺鮮也。若法典之文辭高遠嶄新。恐僅適於執法者及專門家之悅目。而一般人民未必緊能融會貫通也。若法典之文字意義曖昧糢糊。又恐作奸犯科徒陷良民於法網。故賓塞姆氏有言曰。法典之文辭貴於寶玉(The words of the laws ought to be weighed diamonds"—Benthem)誠以法典聲價之高低。悉視文章用語之何如。賓塞爾氏之取喻非溢論也

法律文章之用語。以平易簡明人人了解爲主。在昔古代。以法律徒爲治民之要具故法律之文章。僅適於執法者之了解而足。近世則不然。以法律爲保護權利義務之利器。不可不家喻而戶曉也。試觀丹馬國之克里斯鄭第五世時代極之芽檜部

屋法典與聖約全書同爲書架必備之品後世傳爲美談法典智識之普及亦立法者之責任不容旁貸者也一千八百六十六年英國女帝勅選調査法律委員若干名既而復命者以普及法典智識於民間爲國家第一之責任(National Duty)今錄其言曰。

天下人民有遵守法典之義務若不知法典恐不免蕩檢踰閑之舉(中略)故法典之條文務以平易簡明俾婦孺皆能成誦此即國家對人民首先之義務臣等所確信不疑者也

由是觀之法文簡明實爲法治主義之根本然非法律家之論曰通俗文辭而用諸法典恐文字浩瀚不能簡截恐意義漠然反生疑惑不免釀成爭訟之虞也亦有曰法律文字務以矜嚴莊重以示人凛凛然不可侵犯之狀此則誤以法律爲駕御蒼生之秘具不待辨而知其爲謬見也要之法典中艱澀文字不可不除若已爲法律上習慣之成語(Technical Term)沿用既久有確定之意義非通俗語所能代用則不得不仍其舊也 Benthem's works III. P. 209.

一千八百七十四年九月十九日。德意志國民法編纂委員開會定議。法典中之法律語務以德意志國向來固有之辭爲决除羅馬傳來之法律語沿用既久既普及於民間者不採別字但有時求意義之適合不得不鑄造新語以成之焉

向來法律之病往往失於文字意義之曖昧吏胥之舞弄奸徒之漏網小民之誤犯何莫非由法文不明之所致乎故法典之用語務以正確明晰一目瞭然人人易曉爲斷前既縷々言之者矣

欲使法律條文之意義明曉其方法不一而足也如法蘭西民法法典中之所有權。地役契約等。及其他重要語詞皆定註解。如英國近世之法律法令中又揷以解釋文。(Interprotation clause) 如印度刑法印度契約法等之各條範例皆附以說明。如一千七百七十三年英國之高等裁判所條例。(Supreme court of judicature) 法典末尾。(第一百條) 有法典疑義定解。又一千八百七十五年之高等裁判所條例。(Supre me court of judicature act, 1873,) 附則末尾(附則第六十三條) 有法典雜語解題就法典文體而論與其揷解釋文於全體中不如置法典附則之爲優也

法典者順社界之變遷庶幾不違乎人情古來法典往往不能因情制宜常爲非法典論者之指摘是爲法典中之一大闕點故編纂法典者不可不講求彌縫此闕陷之方法近世制法典者常有救濟法之論以法典之條文僅示原則而止不可別揭細則也若一涉事物之細微則雖些少之變遷不得不因之而更動也

穗積陳重氏評之曰法文之繁簡精粗不得不由法典之種類而區別或者必列細則或者僅列原則而可究不可執一以概論也譬如訴訟法治罪法等條縷之瑣繁由於性質之細密非列細則不備也其次行政法商法之條項以視民法爲細密反是若憲法刑法民法等止於副則原則變則而可不必過涉於細密者矣要之法典條文自以概括汎則不生枝節爲貴然使星移物換社會之狀態煥然一變仍不免改正之勞矣故條文之繁簡不得不憑法典之種類而定雖然事情之可省者省之無事冗務也

德意志國民法編纂委員於一千八百七十四年九月十九日委員會之決議民法條文務以原則副則變則而止不涉細則爲主義故新民法草案之條項大加刪減

蓋守其決議之主義者也

德意志國新民法草案全典一千六百十四條。比之南部施行之法蘭西民法。減卻一百十七條。比之中央部施行之撒克孫 Saxon 民法。減卻四百五十六條。比之北部施行之普魯士民法直減去三分之一耳。Jacobi-Entwurf eines buergerl, gesetsbuches.

左列之對比表。採諸劇可別氏 (Jacobi.) 民法草案論中。德意志國之新民法。以視舊時之法典。不知簡截若干倍。於此可窺一班矣。

	普魯士民法	德意志帝國民法草案
占有法	二百五十條	二十八條
地役法	二百四十八條	十四條
使用權法	一百八十六條	六十三條
質權法	五百三十五條	一百六十四條
貸借法	一百八十六條	六條

贈與法　一百四十一條　十四條

賃借法　三百六十八條　四十六條

第七章　法典之材料

當法典之立案。不可不先集材料。欲集材料。不可不遵左方之順序。此驗諸歐洲諸國而已然者矣。

第一　蒐集現行法令、慣習法、判決例、及各家學說。以備法典之彙類。

第二　蒐集外國各種法律。以備分類參考。

第三　將現行法令、及慣習法等。淘汰而刪除之。

第四　改正法規、及新定法規之事。

以上四者。確定爲法典之材料。起草委員者始則配當各編各章。繼則再分各條各欵也。

德意志國編纂民法之時。曾經三次之手續而後告成全璧也。始則網羅搜集若德意志固有法。若普通法之本於羅馬法。若殺克孫法。若還奈路克法。若法蘭西法。及其他帝國中通行諸法例。次則就諸法例而淘汰之。舍其短而取其長。終則調和糾合集成法典條項之案。由是稱備矣。全典分五編。由各主任委員分擔其事。每年中數星期開總會一次。議定大綱。俾各委員擔任之部分不生齟齬矛盾之處也。

獨是德意志國民法編纂之起源。猶在一千八百七十八年。應爲草案脫稿復命之期。以事業之浩繁而不果。一千八百八十年。聯邦議會中提出草案之問題。而事亦中止。迄一千八百八十一年。草案漸能脫稿。復舉修正委員。撰定順序。整一文體。定各條之號數。而各編卷末附以委員之會議。溯全典第一次審議會在一千八百八十七年。當第二次審議會之既終。由委員長訂定草案及理由書。上諸帝國總理大臣。翌年由聯邦議會將草案及理由書公布於民間。查委員議事錄。計先後開委員會者七百三十四回之多也。

殺克孫民法草案之起。成於海路鐸氏 (Held) 之手。一千八百五十六年。舉委員十一名。公選大審院議長臘恩翻氏爲委員長。重加編纂。并說明海路鐸氏之起稿原案。(海路鐸氏死後。稀陪恩排路氏 (Siebenbaal) 代之) 其他由行政各官衙各派委員參議其間。令觀其編纂之方法。先開委員總會議定法律全部之大綱及定委員擔任各部之條項。迨原案脫稿之時。復開總會議定其事。計開擔當委員會者八十三回。總會議者二百四十五回。經過四年之歲月。幾告大成。一千八百六十年公刊草案及理由書。先導民間。又經國會之修正。送諸政府。一千八百六十三年。爲法典發布之期。一千八百六十五年三月一日以後。爲殺克孫民法實行之時代也。

以上既敘德意志編纂法典之取材。試進述英國編纂法典之事業。

英國之人民。富於保守精神。而不肯翻然捨舊更新。雖政治之變更不尠。而未有如他國革命之時。掃蕩舊制之烈也。自諾路曼恩戰捷以來。猶未知治安策統一策更新策爲編纂法典之至要也。社會之進步日未有已。判決例之叢生亦日未有已。故英國判決錄之帙數。日積月厚。數千年來陳腐不適用之法令猶未刪除。以及判決錄之已經破毀者。猶與現行之法相提並列。交互錯雜。識別爲難。專攻法律之士。猶覺搜檢之苦。何論民間乎。故英國而言編纂法典。先在整理以區別其成文法不成文法之規則。而後可言編纂法律之事業。當時英國之朝野上下。莫不悟其積累之獎者。故愛路槐路鐸第六世之詔勅中。有其詞曰。

朕欲將向來複雜冗長之法令編成一平易簡約之律書。俾人民容易知法禁之意義。時哉勿可失。爾諸臣其有以副希望焉。Burnet-History of the Pefor-mation, Vol. II. P. 102.

王雖發此詔。而不能踐其言。其後洛路脫培可恩氏。於法典編脩之事。屢有建議。王亦不從。自是以降。實質上改良之說漸息。而形體上改良必要之說日盛矣。當第十九世紀之初。賓塞姆氏著書立說。昌言法典編纂之必要。又有西路氏 (Sir Robert Peel) 洛路鐸蒲洛哈姆氏 (Lord Brouyham) 其人者卓見鉅識。是爲當時之政治大家。極奔走盡力於法典編纂之事也。但英國之法律。沿數百年來。高積數百卷。猶棼絲亂麻之不得蹤尋其緒也。故先以整理之方。茲述其順序之次第如左。

第一　徒法刪除　(Expurgation)

第二　法例彙輯　(Consolidation)

第三　成法編纂　(Condifacation)

第一、徒法删除　廢止數百年來無用之法律是謂徒法删除如英國法律之複雜累積當編纂法典之前不得不審去取蓋不能一任已意務宜出諸斟酌也先時廢止之明文猶未公告一千八百五十四年洛路鐸克臘思蛙路斯氏之上奏言之甚力因舉「成文法委員」(Statute Law Commission)以當揀擇去取之權而政府遂有删除法(Expurgatin Acts)之發布矣計舊時法律之不適於用而先後廢止者至三千有餘條之夥亦具見英國法律之複雜而整理之不容須臾緩焉

第二、法例彙輯　同種之事件而隻語單句或雜在判決例中或混入單行法中由散而使之聚是謂法例彙輯譬如有一會社相關之事乃有數百之單行法數千之判決例則爲之删煩就簡彙輯一完全之會社條例是也斯爲整理法律猶之編纂一小法典也故曰法典編纂之豫備至爲便利之方者也按此法例彙輯之舉始於一千八百二十六年至一千八百三十二年間通行刑法改脩之始創議於匹路氏者也一千八百三十三年洛路鐸蒲洛哈姆氏組織刑法委員起刑法總則之草案建白於上議院不見採用一千八百五十三年克臘思蛙路斯氏因刑法彙輯之

相關。應徵各裁判官之意見。莫不非笑之。而克氏固執高見。不動於其中。卒也制定「刑法整理條例」Climinal Law Consolidation Acts, 1861. 爲刑法書中最有名譽者也。刑法整理條例之內部。曰正從犯條例。曰財產毀害罪條例。曰證書僞造罪條例。曰貨幣僞造罪條例。曰人身毀傷罪條例。總稱曰六法。自是以還。英國政府益矜矜於法律形體之改良。一千八百六十六年。選拔法律家十二名爲委員。命其調查編纂之方法。及分別成文法不成文法之彙類。於定英國之制定法律。得長足之進步。其效卓著。若商船條例。會社條例。實業讓與條例。爲替條例。破產條例等類。從來數百之判決例。數千之單行法。零星散落於處處者。今則彙輯於一方。陳者新之。分者合之。俾讀者之易解。檢查之便宜。詎非蒐集編纂之所賜者乎。而字之曰「成文法」

第三成典編纂　條例者。蒐輯單行法令及單行判決例而定。成典者。蒐輯各條例。彙類編纂而定。自來英國立法之順序如此。故刑法治罪法訴訟法等。雖成典之要點極多。亦不得不經以上所述之順序也。如現行訴訟法。在十九世紀時代。猶爲單行法。一千八百六十年。纔改正爲「普通訴訟法條例」(Common Law Procedure

Act. 1860.) 至是普通法與訴訟法之條例合而爲一矣一千八百七十三年及一千八百七十五年之兩回行大改革法律條例之舉若裁判構成法及訴訟法合而爲一法典曰「高等裁判所條例」是也亦成典編纂之一大紀念物也

英國刑法治罪法之草案成於士悲蓬氏 (Stephen) 之手蓋奉大法官開路恩士伯爵 (Lord Chancellor Cairnes) 之命而起草者也一千八百七十八年檢事長花路喀路氏 (Attorney-general Holker.) 在議院提出此案由議院命精通法律者爲草案審查委員(一)判事蒲臘客衣扣路恩氏 (Lord Blackburn)(二)臘希氏 (Lord Justic Lush) (三)排來氏 (Justic Barry) (四)士悲蓬氏翌年委員等加之以脩正復命於議院當時議院因議事之件蝟集此案未嘗開議一千八百八十二年政府再提出治罪法草案而議院中仍未議決故刑法治罪法之草案脫稿以來已經過十有餘年尙未公然發布也民法商法等既徒法廢止之奉行莫不頌爲簡截了當政府尤夙夜從事整理之不遺餘力也

法典條文起草之法有二類。一則全編出於一人之手。是曰單獨起草編纂法。一則本於法典之綱領。立案之事。數人分任。是曰分擔起草編纂法。單獨也分擔也。其名雖殊而定稿後必經衆議則一也。若遵單獨起草編纂法則文章體裁。皆得一律。而首尾亦得貫串焉。雖然。如民法之範圍廣濶。斷非一法學士之力所能勝其任也。勢不得不遵分擔起草編纂法。添選委員。分司其事。既非一手。恐不免扞格之處。欲除其弊。非多開立案協議會則不得竭。草案脫稿後。尤宜開草案審議會。務使各部之脉絡貫通而全典之文章體裁。亦不致有參差不齊之病也。

太古之法典遵單獨起草編纂法者爲多。有若印度梅泥之法典。希臘鐸臘克之法典沙龍之法典莫不成於一人之手。其他如羅馬之殺羅維耶士及里耶奈士之「永久告示法典」克來可里耶恩法典海路厤其泥耶恩法典及日本中世之上宮太子「十七憲法」皆是也。雖然近世法典。遵單獨起草編纂法者不得謂之絕無也。其中以富衣哀路排富氏(Feuerbach.)所編之陪陪里亞國刑法。非耳特氏(Dudley Field) 所編之紐約洲法典。士其蓬氏所編之英國刑法草案。此數種爲最著名者也。若日本之法典。則又據單獨立案合議定案之方法。如刑法中治罪法之部。則成於扣阿沙那鐸氏之起草。商法草案則成於姚士來羅氏之起草。訴訟法草案則成於鐵戲姚氏之起草。蓋草稿雖由於一人之筆墨而議定案實經多數之審度。故不致有流弊也。

If it is to bs done well, it must, in the first instance, be the work of one minde, although that work ought to be carefully corrected and checked by other minds," Sir, J. F. Stephen.

德意志民法。法案據分擔起草合議定案之方法。編纂委員者。遴準備委員。議定之法典綱領。而分民法全典為五編。每一編由主任起案委員手定。故編纂委員共有十一名。其中以一名為委員長綜理編纂事業及整理法典之全體者也。五名為主任起案委員各自從事擔當部分之起草及編脩理由書也。五名為協議委員與各起案委員和衷共議。當委員會時。如對原案而有意見者。直陳不諱也。分擔起草諸稿。務經委員總會之審議。損益脩正以後。方得謂之草案云。

德意志民法編纂委員之職任及其姓氏如左。

一委員長。　牌陪氏（Pape）

一總則主任。　牙蒲哈路脫氏（Gabhardt）

一債權法主任。　留陪路氏（Rübel）

一物件法主任。　姚花氏（Johow）

一親族法主任。　蒲蘭恩克氏（Planck）

一相續法主任。　休米制脫氏（Schmitt）

一協議委員。
台路險衣鐸氏（Derscheid）
可路扣姆氏（Kurlbaum）
洛脫氏（Roth）
爲陪路氏（Weber）
烏衣恩鐸耶衣鐸氏（Windscheid）

此外則又別選法學士及裁判官等九名爲編纂補助委員（Huelfsarbeiter）

分擔起草編纂法者。雖若衆擎之易舉。然亦錯綜之可虞。就法典全體而觀之。恐不免參差不齊之弊。蓋主義之傾向不同而文筆之濃淡又殊也。迨合議定案之時。欲使主義僉同文筆歸一。恐非易易。德意志編纂民法草案之成立。不覺蹉跎於十三年四箇月之光陰。其中以七年一箇月費於起草期中。六年三箇月費於議定期中。此亦分擔起草合議定案之編纂法也。

德意志法學士臘沙氏曰。Rassaw 據分擔起草編纂法。則恐法典之完成。未免因扞格而遲滯也。蓋氏之意。不以分擔起草爲然。Gruchot-Beitraegen zur Erlaeuterung d. dent. Recht. 皮耶花士氏 Bierhaus—Die Entstehungsgechichte. 對之曰。德意志國唯一獨尊之民法。法典事之重大。自不待言。何計乎十年之遲速也。雖然。以視法律家之殫精竭力。務編成一完全法典。則此猶全體之一部。滄海之一粟耳。

第九章　草案之公布

粵稽古代。法律者。徒爲統御蒼生之具。便君主一己之私圖。有如日本前代。上宮太子之十七憲法。北條氏之貞永式目。德川氏之御定書百條。皆是也。所謂法在有司民不周知當時政府之主義。謂民可使由不可使知之一言。故如御定書百條之序文曰。「奏達上聞。執役之外。不可有他見者也。」其條文之秘密有如是。又何論制定法律之參與權哉。近世法律之主義。隨世界之文明而更新。法律者不徒爲官吏之執務規程。實爲保護人民權利義務之障壁。本乎必知必行之主義。不獨公布法令於既成之後。尤當公示法案於未成之先。非僅以編纂法典爲至重至大之事業。不可輕易確定。誠以法律者爲人民所日用。如水火布帛之不容須臾緩也。是與人民之利害有直接之關係。安得使之不見不聞。而有若愚弄之也。況乎今日列國交通。民法商私尤覺處處相干。雖欲秘之而不得。掩之而不能。要之法典草案守之秘密者。專制主義之制法術也。一言以決之曰。以私治天下也。法典草案公之於衆者。立憲主義之制法術也。一言以決之曰。以公治天下也。故近世文明諸國。當制定法典之初。莫不公開立法議會。將法典草案宣布天下。以窺全國之輿論。又徵集意見於大學校裁判所法律家學術家政治家實業家等。若彼等有意見書送呈。則特派審查意見書事務官專司其事參互考訂不厭其詳當徵集意見書之時貴乎審慎周詳斟非是採否則生遺珠漏玉之譏矣貴乎靜心平氣虛懷若谷否則遺吐露不實之憾矣貴乎博採衆言不僅及於學問家裁判官等之諮詢否則蹈偏重一派之弊矣貴乎從容不迫假以時日否則不能潛心推察徒貽潦草塞責之譏也凡百意見書及理由書皆當公刊於世不沒撰者之苦心亦示去取之一秉至公也是則有例可證者如一千八百七十九年英國議院判事長可扣路恩氏提出之刑法草案批評假「議院文書」刊行於世者是其一例也。

編纂法典之大業事事有權利之所存不得委任於外國人者其理固昭昭然矣獨是國家當鼎革之初尚未養成法律之材一時不得不借材於異域者誠可愧之尤者矣雖然即有立法之材不免少年新進於立法事業猶未練達迨草案初成乞外國之碩學大家發學術上之討論批評以收他山攻玉之益亦求完全法典之一策也即如普魯士之民法一千七百八十四年至一千七百八十八年四年之中分六回之公布廣徵公衆之意見凡意見書之裨益於國計民生者則旌功行賞授以勳

位、不僅徵諸普魯士境內、猶廣徵諸德意志全國、及澳大利等之大學校、裁判所、法學家、裁判官、辯護士、政事家等之批評、政府之度量如是其正大光明也、於是愛國之士、莫不披陳意見、頓覺盈車累篋也、一爲編輯、得三十九大卷之多、傳爲盛事焉。委員士槐來爾氏(Svarez)之命意編纂「意見書拔萃」(Extractus monitorum)八卷、附以調查報告、刊行於世、普國政府得如許之意見書、後來草案之修正、據以爲粉本者、不知凡幾、迨草案之改正既竣、復經委員之審議、其用意之周到、有如是者、故普魯士民法、雖未能臻於全璧、然私家之評議、未有所聞也、反是者則有如澳大利之編纂民法、當其草案之初成也、僅就政於本邦之大學校、裁判所、法律家等、而未及於德意志全國也、故澳大利民法之優劣、以視普魯士之民法、不甚差池、而編纂方法之不適、德意志國學者、交口譏之矣。Tellkampl-Essay on law Reform, P. 86. 德意志國民法編纂委員所議定之「編纂規程」內第九條曰、

「民法草案當起業委員第一讀會之後、即添附理由書、公刊於世、且送呈於聯邦諸政府。」

按此條之意。即知第一讀會之前。委員全體之意見。猶未確定。不容公布。迨第一讀會草案既定之時。即添附理由書。刊行於世。廣徵法律家實業家之意見如何

又第九條曰。

第一讀會既終之後。即設審查意見書事務官。以備審查聯邦政府及其他諸人等提出之意見書。整理編輯。以當第二讀會脩正案之準備。

右遵編纂規程第八條。起案委員第一讀會之既終。即由政府直託苦鐵恩達克(guttentag)書肆。刊行發賣。計草案一卷。理由書五卷。其草案緒言之結末曰。

「聯邦議會於一千八百八十八年一月三十日之會議。決議法典之第一讀會草案。及其理由書。公刊諸世。其實施之事。委托諸帝國總理大臣。務期吾邦法學者、司法官、實業家、政治家、諸氏等。反覆本案。各賜批評。摘出其應加脩正者若干條。提出於總理大臣之前。是爲公刊之本意也。」

現今歐洲各國中。稱爲法學之泰斗之淵叢者。莫德意志帝國若也。既精選法學士及裁判官十一名爲委員。重費十三年餘之歲月。而後纔成民法草案。亦既審愼周

詳矣。乃猶卑辭言遜。不自滿足。廣徵天下之輿論。非愈見編纂法典之事業。至重且難者乎。

第十章　草案之上進

法典上進者何。編纂法典之最終方法也。編纂委員者。或受政府之委託。或受立法議會之委託。迨草案既定。立案之事業告終。不得不有以復命者。是之謂上進。亦有不脫於政府並不愜於立法議會者。一時法典之公力。不得發現。如喀姆陪三來氏所編之法蘭西民法草案是也。觀古來諸國之立法史上。往往有之。故法典之草案。必待政府之可容。議院之可決。君主之裁可。方爲編纂之事業告成焉。

編纂法典之事業。亟令名於青史者。歐洲各國。古來不乏其儔。其中以希臘之臘衣克路牙士王。羅馬之及士其泥耶恩帝。丁抹之克里士其耶恩第五世。普魯士之富來台里克第二世。法蘭西之拿破崙帝。是爲最著名者。歷史家其蓬恩氏 gibbon 嘗評及士其泥耶恩帝之偉業曰。及士其泥耶恩帝之戰捷。僅屬一時之虛榮。早已化爲塵芥。不留影迹矣。惟及帝立法之芳名。則與紀念碑以常存。洵足千秋萬古也。

(Gibbon-Decline and fall. ch. 44.)又如拿破崙帝者。席捲全歐。震動非洲。昭昭在人耳自然。其功業之煊赫。尤在其法典之足以模範諸國也。即拿帝之言曰。「朕手定法典。垂裕後昆」蓋亦自知武功之威覇不如其文德之優長也

由是觀之。編纂法典者。「經國之大業。不朽之盛事」榮莫榮於斯。德莫德於斯。誠以國家千秋之利害。生民億兆之休戚。胥於是關係也

日本穗積陳重氏曰。編纂之責任。既如是之大而重。當執何道以處之方足揚邦家之光而盡吾人之責任。是不可不深長思也

(完)

國際法上之印度觀

瀧川學人

緒言

不知國際法之歷史。不知國際法之性質。而責白人以不守萬國公法。亦未明國必自伐而後人伐之之義矣。國際法之發生。雖原於羅馬。其成熟則在十七世紀十八世紀之間。當宗教改革以後。美大陸發見之時。國際交通之狀態。逈異前日。凡舊日

之法理不能適用於新世界新問題於是競惕爾斯。gentiles 葛羅措斯 grotius 諸人著書立說風靡全歐全歐之政治家採其說而實行之國際法遂成長於此時國際法固歐人種間之生長物也至十九世紀之初。那破崙廢位之際。歐洲四强國若英若俄若澳若普。爲一致之運動乃開國際協商之端緒凡國際事件之發生四强國商議而裁定之其後維也納會議。伯林會議。倫敦會議。伊法二國先後加入此團体之中而國際之社會益以堅固諸强國不啻國際事件之審判官而小國皆仰其鼻息焉至美西戰爭以後。歐洲協商變而爲歐美協商迨北清事變以還而歐人種以外之日本亦浸浸而爲團体中一員矣

一國之加入國際團体。及有國際法上之資格。須經各國之承認。有默示之承認有明示之承認有諸國先後承認之有諸國同時承認之一國承認而一國不承認。固爲其國之自主。然得一國或數國之承認自餘諸國皆起而承認之或先得强國之承認自餘小國皆從而默認之此國際社會自然之勢也然必此國先有加入國際團体之資格然後諸國起而承認之否則降而爲弱國降而爲被保護國降而附庸

國降而爲從國再降而不國國際法上國無國之資格猶之國內法上人無人格國際法上之資格國際法上之能力也。彼未開之地。對外而無國際資格就之未成年之幼者民法上無行使法律之能力亦有數千年文明舊邦失其國際上之資格猶之成年之人精神喪失民法上遂受無能力之宣告吾視印度降而爲弱國降而爲從國至今日而不國吾觀日本明治以前其名若存若亡東方之有日本歐人知之者鮮甲午以後對等條約締結以還變而爲平等國至今年而英日同盟列於强國之伍一興一亡殷鑒不遠因先作印度觀一篇略述其滅亡之梗概。

英領印度之成立

英之經營印度。其始皆假手於東印度會社。至千八百五十八年。始公然直轄於英國政府。然東印度會社之設立。得英國之特許。立於英國監督之下。英國國家之一机關也故掌握印度之政權由東印度會社之手而移於英國政府之手不過內部之關係國際法上視之當其始東印度會社之行動即英國政府之行動蓋國際法論國際權利有權利即有權利之主体權利主体者行使此權利享受此權利及保護此權利而不使侵害者也法律上必明定權利主体者何也以同一權利不能有兩主体故近世國際法之發達國際權利之主体其爲國家耶其爲會社耶二者皆可有此資格然英印當時之關係其權利之主体屬之會社耶屬之英國家耶又不可不明定其一也否則英之對於印既爲權利之主体會社之對印又爲權利之主体是同一權利而有兩主体矣與國際法之原理相背此篇論英印關係明認英國爲主体而會社則其机關也國際法上雖爲淺近法理然法學上之原理如是雖淺近而實至要不得不明辨之以告治法學者

東印度會社無土地無人民以一會社之力而能滅亡人國何其滅國之易也會社果操何術以致之其滅亡之源因其滅人國之手段讀印度衰亡史讀英國屬地史當無不知之詳而言之盡也此篇僅從法理上立論國際上觀察於事實歷史舉焉不詳然於印度衰亡之所以然已不難窺見其大概

十八世紀之印度及東印度會社之地位與千六百四十八年惠斯脫利亞媾利以後之神聖羅馬帝國相類似蓋當時羅馬帝國內之各國皆分裂自主不受中央權

力之羈束。神聖羅馬無統一之權力。遂肇分割離散之患。帝國內之外交。一任諸實權者之手。而神聖羅馬帝國之威權。遂爲奈那破崙所破壞。印度冒葛爾帝國。其中央權力之凌替。與神聖羅馬同。其國內之各國分割。與神聖羅馬同。由民間而起之叛亂者。樹立其政權。國勢日以紛亂。東印度會社。以保護爲詞。陰樹其權力於印度。與冒葛爾帝國內之實權者。結同盟之約。訂和戰之條。於是帝國內之實權者。相互之間。及與東印度會社之交涉。儼然成國際上之關係。東印度會社當時之地位。勢力。與帝國內之實權者同矣。此東印度會社經營印度之第一着手。不如是不能樹政權於域內。不如是不能與帝國內之各實權者（即國內之分立國主）同其地位。而會社之能行其政策。實印度國不統一有以致之也。

然冒葛爾帝國雖徒擁虛位。而名義上之權威。猶留保其一二。帝國內之實權者。奉冒葛爾之虛權。猶之羅馬帝國內之各國。承認皇帝之宗主權同。故東印度會社征服而得之領土。或讓與而得之土地。名義上須經冒葛爾之認許。其後冒葛爾爲叛立者麻邏哈他人手中之傀儡。而權威益以不振。至一千八百〇三年。英人戰敗麻邏哈他。占領首府賢爾希。收廠邏哈他而代之。冒葛爾乃爲英人手中之傀儡。然謂之曰傀儡其形骸尚存也。英人亦何不憚煩而爲他人之傀儡師乎。英人於是乃置冒葛爾於英國保護之下。舉向日冒葛爾之權威一掃而去之。自是以後印度之狀態不復能與神聖羅馬類比矣。

英國之樹權力於印度。其種種行動。可執國際法以繩之乎。不可也。蓋國際法至是而不完不備。無可引用之條規。英雖欲遵守之。無從而遵守之。然國際法之不完不備。國際法學家之罪乎。歐洲政治家之罪乎。抑國際法自身之罪乎。非也。法律者社會之映像。有相應之社會。然後有相應之法律。國際法之發生於歐洲國際社會。其國家皆同等也。國家之文明程度同。國家之宗教同。國家政治制度之縈飾不爲他國所伺隙。不爲他國所藉口者又同。其他刑罰裁判國民文化皆具同等之發達。一國而常處於亂。一國而常陷於無政府之狀態。危險及於隣國。爲歐洲國際社會所豫想不及之狀態。故無豫定之國際之無豫定之國際法。故不能制限英國之野心。不能紀律英國之行動。英之竊食印度擴張國權。其心可恕而不可恕也。英之行爲不能以國際法繩之其事不可恕而可恕也況國際法之不完不備者多矣文明同等之國際間國際法中其待後學之釐訂而增補之其待政治家之創設而增訂之者正多當世文明同等國之政治家外交家其胸中有國際法其腕底有國際法故國際法上已成之條規則斷斷焉以與對手國爭即國際法之新問題不難援先例以爲比例而使對手國無所藉口國際社會以外之國家其國既常處於亂其國之人民政府素未諳文明國之法理法例其能據此以與對手國爭乎不可能之事也然法律當未完未備之時社會上本有一原則存曰「人之行爲當遵從法律然不因法律上無可遵從之條規而遂廢行爲」此人人自明之理而即爲國際法之原理其行爲將以何爲標準乎唯有隨良心之指導而已印度恆陷於無政府之狀態（無政府之狀態有二義一則前政府已覆新政府未立之義一則內政不舉外交不飭有政府而如無政府之義印度之無政府當從後解）英適與之相觸相接此正國際法上條規缺如英可隨機以施其政策之時然而英猶守不干涉之方針以爲適者生存印度而興也眞實權力之發生獨未晚矣迨期之已久而印之頹廢如故英乃起而圖之

英之破壞胃葛爾權威。未當自居於繼承其權威之人。取而代之也。十年之間。不過於土着國主之間占一覇者之地位。以同盟之名保護土着國主之人民監督土着國主之外交。而土着國主。外交上受英之監督未嘗受英之禁止也。此時英之地位。對異種文明之國家。（即印度）有一種保護權二國國際之關係猶綿綿未絕也即度居於英國保護之下者有年而內政不修秩序不立如故也於是英之方針又一變英之經營又進一籌遂絕其對外之政權而使之降於從屬之地位英國此主義確立之時正印之國際關係斷絕之日前之緒論中所謂降而爲被保護國再降而爲從屬國者其斯之謂乎。其斯之謂乎。國際法上被保護國與從屬國之異同。其地位之差異有三點焉。今列於左。

A被保護國雖在保護國保護之下而非受制於保護國主權之下故被保護國之內政有時雖受保護國之干涉仍不失其國家之資格不得以保護國之一部視之至從屬國則雖內政之受干涉者甚少而非獨立之國家矣

B保護國與被保護國之權利皆以條約而定故條約上之權利被保護國可自

由行使之至從屬國則不僅無此權利也雖特別認許之自由本國可隨時加以制限

C 被保護國除特別制限以外有自由完全之權利至從屬國則不過本國之一部除特別認許以外無一毫之權利

英對印度之新主義未嘗昭然宣布之印之從屬於英亦未嘗明認之英之權力可謂自然之發展印之權力可謂自然之消滅二國之關係皆由漸而成一千八百二十三年至一千八百三十三年海斯欽古斯在職之時正英國方針回轉之期。自是以後。英國與土著國主所結之條約。皆用孤立及從屬之新主義以對印度而以前存在之條約。無事更改。自然廢棄。蓋條約之名義。雖為國與國之約束。而英國自適用新主義以後。英國與土著國主之條約。不得以普通之條約解釋之。英之對於印度。有無上之權力。非權力之行使無一定之範圍。又可謂無限之權力。此權力中之一部。或由條約而取之。或由讓與而得之。此外則皆潛移默化。印度於不知不覺之間。舉一國之主權。拱手以讓於英矣。有此權力。而英領印度帝國之基礎以立。有此權力。而印度之名雖存。印度之國已亡。自是國際法上英國而爲交戰國也。則印度亦處於交戰國之地位。英爲中立國也。印度亦當守中立之義務。印度雖遠處亞洲之南。其人民之一擧一動。皆隨英國以爲俯仰矣。其權力之確定始於何日則不能明。指之雖英之政府。印之人民。亦何從而明指之。何論國際法學家。蓋其權力之起原。隨英之實力而生。亦隨印度服從之習慣而成。服從之習慣其成立始於何日。不能明指之。故權力之確定始於何日。自不能明指之也。又兩國舊時形式上之稱號。雖事實變更以後。猶沿用之。其殖權力發生。無從明指之一大原因也。當一千八百五十八年。自稱寶衛希王宣刑之日。英之行動。始顯然居主權者之地位。其宣言中有曰『隸於英國政府之印度臣民。違背忠節之義務。一千八百五十七年。對國家有叛逆之行爲。自稱主權者。不法占取寶衛希市。』英國非顯然自居於主權之地位。不能爲此宣言也。

國際法上追論主權成立之原因。謂之權原。權原可大別爲三。曰占領之權原。曰讓與之權原。曰征服之權原。自羅馬以迄今日。國際法學家之分類。大率不外乎是。於未開之地創設一新主權則曰占領與他國訂立條約其主權得他國之認許然後行使之則曰讓與以兵力滅人國取其主權而有之則曰征服印度爲數千年舊文明之國非未開之土地可比則不得謂之占領之權原蓋占領云者其地本來無主權土地爲其國占權主權亦爲其國所占有蓋對占領地以外之第三國而言印度未屬英以前固明明有主權也則非本來無主權之土地可比矣由條約而讓與之主權則其土地必直接隸於主權受領國政府之下今印之土地依然印度土著國主之土地也況英與土著國主間不盡有條約有條約而非主權讓與之條約則不得謂之讓與之權原由征服而得之主權則被征服之國必滅亡否則許其存立而一部之領域必全歸於征服者之手英之於印度又非如是英之於印可謂一種奇異之征服既非正式之滅國又非正式之讓與征服者之權力既自然而得之被征服者又服從之出於不自覺也

（未完）

經濟原理

無逸

上古文化未開。與木石居。與鹿豕游。獉獉狉狉。無營求心。渾渾噩噩。無希幾心。無營求。故無所事事。無希幾。故無所欠缺。茹毛飲血而不以爲苦。巢居穴處而自以爲安。無他。無欲望動於中也。無欲望故無經濟。是故欲望爲經濟之母。經濟因欲望而精。欲望與經濟有兼營並進之勢。而或謂草昧之世。人智未濬。斯固然矣。至易生食以火化。更茅茨以屋宇。欲望之奢。較前爲甚。而何以漁獵時代。游牧種族。亦猶是與禽獸爭強弱。向草木計生活。而不聞出一策以使之碩大繁滋。饜我欲望者。不知民族未衆生息。有資無論爲魚爲鼈爲禽爲獸。爲水草。爲乳哺。凡此天然之物。使不盡行暴殄。已覺取之不竭。用之不窮。漁獵游牧。所以祇知有天然物產。而於滋生之理。不暇計。用之簡斯取之約耳。孟子以二十取一爲貉道。誠以貉無城郭宮室宗廟祭祀。無百官有司。故不害其爲二十取一。至其所以安於簡陋而不求有城郭宮室宗廟祭祀百官有司者。猶是欲望之未動也。後世文教日盛。需用日繁。取資日困。天然之生產不足以供無饜之取求而於是起競爭焉競爭不已乃成殺戮攻城奪地掠衆虜財馴至以征伐爲富國要圖希臘羅馬時代欲望甚奢矣惜當時之制度崇尙貴族以貴族爲有食於人之資格奴隸爲有食人之義務致貴族之起居服用悉取之於奴隸而以多數之奴隸供少數之貴族遂令貴族之需要不見其缺貴族之生計不事他圖當時之建築彫刻種種美術思想所以能蔚爲千古壯觀而需要之欲望雖宏經濟之志慮不獲進也我上古日中爲市傳於黃農務財訓農通商惠工稱於衞文經濟政策素千年前已有知者宜其駕泰西各國而翹然特出而何以萌芽在數千年以前進步反居數十國之後豈黃種果無科學之腦筋耶夫亦習慣誤之耳曠觀士夫號稱賢哲者率以儉約爲美德以紛華爲惡習夫文明進步求享幸福是亦造物自然之至理使必以苟有苟美爲知足則居今世而但求溫飽足矣何以周冕殷輅必不能仍上古之樸素可知日逐靡麗亦理勢之所不能止況當交通互市各出其技藝以相炫惑之時耶我黃種正坐以紛華爲惡習之一語致數萬之人之腦中祇事消極而不事積極事保守而不事進取以數千年前所已發之思想日芟夷

勞除而不使稍萌推其極必屏盡其欲望而後可夫復何由得經濟之思想哉。雖然。求進步。求幸福。得溫飽而思輕肥。去危險而就安樂。日思進化而不能歷久不變者。天演之公理也。豈一二人之學說所能阻止。第成爲習俗。不敢偶違。遂致强有力者思彌其欲而不敢公然言求之。末由激成横取嗜利。吝與在所不顧。愚無識者又不足與競。流離失所。無可自活。乃出詐欺之技以相蒙。國瘠民偷。種種衰弱之事。皆緣而起。吁可哀矣。西儒之言曰。經濟者。所以彌人之欲望也。故欲治經濟。當先察人之欲望。夫欲望豈欲壑之謂哉。貪得無厭。不可謂欲。損人利己。非所謂望。欲望者。謂欲得和親康樂之休。而因而求所以供其和親康樂者。晨夕思索。構成願望。辦一定之程度。無滿足之時期。乞丐者流。分以杯羹。詡詡得意。膏粱之子。日飫酒食。猶或歉然。既不能懸一格以爲之準。又不能盡人類而絶其欲。此德儒駱休爾分欲望爲自然欲望應分欲望奢侈欲望。而日人田島氏所由訛其爲無當。而改駱氏之說爲生存之欲望與開明之欲望與。然生存之欲望。止於溫飽。開明之欲望。在便利。在美備。進化無止境。欲望豈有已時。懸一格以求之。恐終不可得其定衡。彼治經濟者之察欲望。亦猶治水者之順支流耳。因勢利導。藉免汎濫。固不必問人類之欲望如何而止。而但就當時之社會中其欲望當如何而彌斯可矣。顧欲彌欲望。非事積極不爲功。欲事積極。非講求生產不可。

雖然生產之中。有有形之生產。有無形之生產。有形之生產。製一器。種一物。人所共知。不煩贅述。無形之生產。如勞力運輸貿易之類。以至衛生教育軍事。或增人之康健。或啓人之智識。或維人之秩序。不必有生產之形式。而所增之康健與智識。皆足供生產之用。所維之秩序。皆足爲生產之衛。下至新聞出版。無不皆然。況勞力運輸貿易。或資以生殖。或懋遷有無。皆足增生產之價值者。則視爲生產也固宜。或謂軍事爲國家莫大之費用。而不知耗之適所以生之。前世紀容有誤以擴充軍備爲消耗者。徵之近時之歷史。皆無復仍前說矣。況必如實製一器。實成一物。而始謂生產。則生產者或轉成耗費者。何則。製器成物。必有藉以製作生成之原料。如彼織婦。其所製成者。布也帛也。明明見爲生產。而所藉以紡績抒織之。或絲或綿或紗或絨。則已消歸無有。詎不成耗費者。大匠亦然。當運斤成風之際。其所庇之材木。已非復合抱之森林人將指其爲生產乎。抑消耗乎。吾知其所資之原料雖令耗盡。而但使所志之新製作得有成就。且其所成就者之値價逾於其所消耗者之價値。則謂之爲生產也可。是爲生產之定義。否則自有地球以至今日。凡經生成者不知其幾千億兆。經消滅者亦不知其幾千億兆。而揆之物理。則各物之元子。無所增亦無所損。吾人究謂其爲生產耶。爲消滅耶。或謂生一物滅一物。則生與滅相抵。即謂之爲不生不滅也可。然則天地間之元子有定。吾人斷不能於元子之外別創一物。則又何由得其生產者耶。要之有一原料於此。不加工不足以慰人之欲望。一加工而即足以慰人之欲望。且於加工以後之價値。較之加工以前之價値。貴賤不同者。則皆爲經濟上之生產。故經濟上之生產有三原質。曰土地。曰資本。曰勞力。昔之經濟學者。類皆以是爲準。今雖分類日晰。而有以自然與勞力分類。降資本爲生產之一件。而不以爲生產之元質者。然自然之生產中。雖有風力、水力、熱力、光綫、氣候、引力、培養力、動物力等。而要皆取舍自由。不煩以貨幣購買之。則於經濟界中無甚關係。他如電力、汽力。既由人工器械煤炭而得。則當屬於勞力資本之中。鑛物、野獸、魚鼈、天生林本等。當屬之於土地勞力之中。固不必以自然分類也。彼以資本爲生產之一件。而不以爲生產之元質者。皆以狹義釋資本。謂資本爲或由勞力而得。或由天然物而得。皆屬於生產物之利益。而不得爲生產之元質。窃謂除自然界之土地與勞力外餘皆屬之資本。蓋資本者不必問其爲貨幣爲非貨幣。而但使供我運用足生利息並得將貨幣表示其價格者。皆資本也。夫資本既爲生產之元子之一。則有土地與勞力以產原料。有資本勞力以運用原料。原料之價值增。生產之額增矣。然以爲經濟之能事。盡於此焉則未也。蓋以所增之生產。未必爲人所欲得之生產。如彼運輸。由產地以運至用地。使猶是一物。而所易之價值頓增。則在原產地所得之價值已不啻倍其生產而無如揆之原產地之欲得價值之心。固非眞欲殖其貨幣也。亦謂將此貨幣可以易我所需要之物耳。則僅此貨幣之繁殖。而謂生產之額已增。亦第擴其原有之生產耳。豈遂足慰人之欲望哉。人之經濟。緣人之欲望而起。人之欲望又與生計相銜接。有正動者。有反動者。種種原因。互相關係。紛紜駁雜。莫可究詰。論者謂治經濟者。當舍狹隘之範圍。以從事於社會之全体。而無如世界之大。人類之衆。即令竭力精研。而以一二人之心思。綜括全球之需要。講求雖切。吾未見其有獲也。無已。則請爲之申一說曰。亦還究之欲望之所由出與夫欲望之原動力耳

今夫欲望之原動力。即散布於懷有欲望之社會之全体者也。社會學者謂當研究社會之動念。謂當研究社會之動念之性質以區其善惡。經濟學者。則不獨研究社會之動念之性質。尤當於動念之性質之外研究其動念之分量也。飢者思食。寒者思衣。人之動念不同。貧者思完備。富者思餘裕。人之動念之分量尤不同。以不同之分量而於社會之中求其分量之最多數者。人之欲望可知矣。且即其平日所最珍重之貨幣。而於見一品物之時。能舍其若干貨幣以購買彼所欲望之品物。則當時之購買力可知。即其平日所最厭惡之勞苦。而於被人傭僱之時。必須具若干之貨幣。然後得使受極不欲望之勞苦。則當時之生計力又可知。吾人於一人之欲望之特點。則畧而置之。於全一階級之欲望。則詳而求之。分而晰之。時而就一國之全体以觀。時而就一方之現象以觀。又復助以統計之學理。參以現時之實迹。而以貨幣爲欲望所集合之中心點。舉凡生產、消費、需要、勞力。無不以貨幣爲衡。則欲望之所

在幾無餘蘊。英之學者。以研究個人之欲望爲主。德之學者。以研究集合之欲望爲主。要之社會之動念合各人之動念而成。而個人爲社會中之一分子。則研究集合之動念與研究集合中之一分子之動念。其分際無殊。而動念爲動力之所由出。動力爲行爲之所由。成社會之行爲無不基於社會之動念。研究社會之動念。又無殊研究社會之行爲也。雖其發爲行爲者。或則公正。或則詐欺。在在不同。而要其原始之動念無不由欲。彌欲望而起。吾人不可藐視。夫人謂人皆可以利誘。吾人又何可過高其論。謂人爲必不當謀利者。利之所在。人必趨之。彼楊移腹從公之說。特腐儒之論耳。否則爲好名者之矯情。吾未見有行諸實事者。治經濟者。斷不能非人之謀利。特就其所謀以生殖之分配之交換之。使謀其利不背其義。不必橫爭衡取而自有足以得其利者。則人人利其利。斯人人樂其樂矣。樂利之庥。何難再覩。百姓不足。君孰與足。百姓足。君孰與不足。有子其知道乎。若夫謀周濟之方。行慈善之業。以作社會經濟之犧牲者。爲道德之問題。而非所以論經濟也。故舍動念不足以知欲望。非深知欲望不足以治經濟

財政概論

亞粹

第一章　論財政與國家之關係

財政者何關乎公共財產之行政也公共財產者何國家及地方團體（如府縣郡市町村各自治團體）所營之資財以供公共之需用者也蓋國家所由成立之要素有三曰土地曰人民曰統治者而是三者之生存發達實爲國家之唯一目的國家爲達此目的乃設種種機關（如立法行政司法各職司）以司公共之職務而凡土地之經營防護人民之教養扶持以及統治者（此衆百司而言）之報酬供應莫不需費以行之此國家歲出所由起也國家既有必需之經費則對此經費不得不求相當之收入此國家歲入所由起也歲出歲入必據豫算以行之乃能兩相適合而無虛糜之弊此國家歲計所由起也財政之分類雖甚繁細然概括言之莫不範圍於歲出歲入及歲計三者中矣三者之關係於國家既若是其重要而財政者正所以計此三者之改良進步以供公共之需要而間接以達國家之目的者也則其重要又豈待辯而明哉蓋嘗論之財政雖爲國家庶政之一部而與他部莫不有密接之關係譬之國家猶人一身則庶政如其肢體而

財政如其血液苟肢體不得血液之灌注則麻木不仁而不能行動苟庶政不得財政之供應則職務停滯而不克進行蓋衣食足然後知禮節斯財政裕方可策富強也請更舉一二實例以明之埃及之垂亡人所共知也而其所以亡之最顯原因則其財政之糜爛是也蓋埃及不明財政之理濫募外債於英國而將國中之要務作爲抵質今埃及之財政機關已全握於英人之手一舉一動悉不能不聽命於英名雖爲英之保護國實則無異於英之屬地此財政之關於國家存亡者一例也法國之大革命因起於國民欲得自由平等之權利然使之起此思想者則民生之困窮爲其最切原因也而民生所以困窮之故則以當代法國之君主貴族不顧歲出入之相償與否惟一意重賦於民以恣其揮霍年復一年無所底止其究也財政日以紊亂民力日以枯竭而自由平等之念亦愈增其熱度於是一夫發難全國響應而革命之禍遂如洪水之來不可防止矣此財政之關於國家治亂者又一例也而反觀之我國則何如外債已開濫募之端則有類埃及賦稅已呈重徵之象則有類法國若以比較之數計之則我國之外債及賦稅皆非極重之額然他國之募外債皆

先察其有利於已國而後募之大率以之殖產興業藉拓本國之利源如俄之建西比利亞鐵路是已而我國之募外債大都迫於勢不得已藉新債以償舊債其應募者之善意如何及其抵質之利害如何皆非所問惟斤斤於利息之多寡以爲取捨而已此種募債非特於國利毫無所增且因抵質而所失之權利蓋不可勝計故我國外債之額雖非極重而不得不謂之極重也若夫賦稅之額則較之他國無不輕減然他國有一文之稅則盡一文之用取之於民者仍費之於民豫算昭昭不可誣也乃我國之賦稅多半入於官吏之私囊政府且不知其實數無論民衆也彼外人於中國之財政雖極力探究然只知其弊竇叢生而於其實數亦不能確舉惟於外人所代理之海關稅則能條舉數示足備稽考焉即此可推見我國賦稅之紊亂無紀雖其明額甚輕而暗中之苛索蓋不可勝計況其明額所得亦不用之於國利民福而殖業興業仍須民自爲計乎故我國賦稅雖曰極輕而不得不謂之至重也夫外債過重則對於國外而常受要迫之虞賦稅過重則對於國內而不免怨望之禍內外交迫國何以立嗚呼我國之前途不其可危哉當局者有欲挽此危局者乎則

莫若一變財政之制度以一國公共之財辦一國公共之事歲出歲入必有一正當之豫算募債務期其有利而無害賦稅務期於正確而有償內厚國力外競國權夫如是則不特破產之禍可以免而富強之基亦於是焉立矣

第二章　論國家之歲出

國家之歲出者國家經費之謂也其在古昔國家之觀念未眞以爲君主與國家同體於是國有財產官有財產及君主財產俱混合而不分君主之收入支出即爲國家之收入支出國家猶一私人務以節用豐收爲政策故國庫有餘則稱善政國庫不足則稱秕政量入爲出實當時財政之主義即國家之經費務以收入爲制限苟非收入有所餘則雖有國家應增之職務當與之利益亦祇得置而不顧恐有損於國庫也職是之故當時國務之範圍較今日甚爲狹隘大都不過軍事與司法二者而已及國家之觀念大明君主不過國家之一統治機關君主之財產除憲法上之皇室費以外與私人之財產無異而所謂國有財產者乃國民團體公有之財產以充國家之經費而供國務之需用者也國家爲達其自存發達之目的而設種種機

關以司其行動國愈進化則其行動之範圍愈廣而機關必愈加完備故國務有日增之勢而經費自不能限以定額惟須支出得當而已故今日各國之財政皆量出以爲入而財政學亦先論經費而後收入茲仿其例請論國家之歲出。

第一節　歲出之意義

歲出者每歲以豫算所定之支出也凡國家制定之機關爲達公共之目的而所需之費用皆在支出之例其所支出雖不必盡爲貨幣而皆以貨幣之價格表明之。如政府所使用官有森林之材木。或供官吏所住居之衙署。皆係以實物充支出者也。然非以貨幣之價格折算之無由知實在支出之額故豫算上於一切支出皆以貨幣計算之也

第二節　歲出之原則

國家之經費以職務紛繁之故每易流於汎濫故其支出及監理之法不可無所標準所謂歲出之原則是也茲請舉財政學者所採出之原則。條列於左。

(第一) 國家之支出必使之有所生產且務以少額之費用收其實效

國家之支出若係徒歸於虛糜而無相當之利益者則不可不即停止之如國家之置兵備固所以保衛人民之生命財產俾得安心以經營其職業者也則兵備雖似虛糜而實非虛糜然若徒爲壯觀計而擴張國防所需以外之軍備則糜費曠業莫此爲甚是當急爲廢止者也

（第二）支出不可失之過多

歲出之目的原爲增進國民一般之利益然支出之額若失之過多則必至得反對之結果何則支出之額若大增加則徵收之額亦必更加重其結果必使人民不勝負擔之力而喪其營業之資本國家雖一時豐其歲出之額亦斷無可以永續之理蓋民間資本既乏即無生產力以爲納稅之資也故爲長久之計而欲調理歲出或增課租稅必也應納稅者富裕之程度而行之庶乎國利而民福隨之否則國家之財源不難立涸也然於此原則有一異例焉則國家當危急存亡之秋苟有必需之支出皆不得謂爲過多而必竭力以支出之迨事變鎮定之後則務減少歲出之額以恢復國力如美國際南北戰爭之內亂不吝費莫大之額以保國家之統一及戰

爭平定之後乃大減歲出卒得實行償却國債之策是其一例也

（第三）支出不可失之過少

諺曰一分價值一分貨此蓋世態之常不能易也國家欲善其職務亦必支出相當之價值以酬執務者之勤勞不可吝也非然者其人必不願十分盡力而職務之延滯即在所不免此證之我官之官吏而有餘矣我國官吏俸給之薄殆非他國所能比類而其曠職者之多亦非他國所能望見究之得不償失害及國家論者固早已非之而即出於此原則也又關乎公益之事業如敎育衛生交通之類苟非國家經營勢難期於完備是亦不可吝費者也

（第四）歲出額之比率因國而異

一國之費用固當與其國之所入成適當之比例然以此比例思適行於各國則斷不可得蓋各國之收入財源既各不相同而支出之道亦互有差異於此而欲以一定之比例制限之是膠柱而鼓瑟也譬之英國其國家費用之全部殆皆以租稅充之而普國則於租稅之外復以官有之土地鐵道鑛山等所收入者充之是已

（第五）歲出務使注於本國而勿外溢

凡國家所認爲必需之各種歲出苟無害於歲出之目的者皆務使勿溢於外爲要蓋消費之資財其注於國內者尚可變爲本國之資本而流於國外者則成他國之資本也彼募國債之道亦猶是焉募國債於本國人民則利息仍在本國而募國債於外國人民則利息外溢而非我所有矣又國家當與一事業務使其所出之品通行於國中而勿仰給於外國之物庶可奬勵本國之生產事業而其費用乃爲生產之費用如西歷千八百七十一年以後德國於一切軍艦之製造舉委任於本國之造船所其始所需之費用雖較購之外邦者爲稍昂然能助成本國之造船術以保政治之獨立而致國力於強固其所得已足償所失況造船之術日精則費用之額必減終有廉於購價之一日乎由是觀之則歲出注於本國其爲國民之利益蓋無可疑矣然猶有進者則歲出務使之散布於本國之各部而勿叢集於一方大都今日各國之歲出最占多額於首府蓋首府爲高等官廳所在之地其需經費必較多又爲富裕人民集合之區國家應付國債之利息亦必較巨至於中央集權之國其

首府所占之歲出尤爲多額如法國首府之歲出遠過於其歲入其所不足之數則歸其他各州分擔之夫歲出常占多額之中央都府固今日國勢所不能免然首府之歲出愈多則他部之負擔愈重設非斟酌至善必至貽害多數之國民故國家之歲出務底於全國平均方爲至計也

（第六）歲出之豫算額當類別而詳定之

一國之歲出甚繁若欲豫算其額非類別定之不能詳審其當否即無以取信於國民故當制定豫算之際須細分項目各定以相當之費不得移用於他項如是而後國會易於監視財政之盈虛并藉得督察政府之行動國會與政府既無隔閡之弊則信用必加鞏固而關乎租稅增減之請求必能秉公協定以不越乎適當之範圍故類別豫算之法實歲出所必不可廢者也

（第七）歲出之正確與否當設會計檢查法以綜覈之

凡欲整理國家之歲出須有會計檢查之法以監督政府使用之費額故各國皆設會計檢查院以司其事會計檢查院大都直隸於君主而對與國務大臣有獨立之

地位。其所職掌。即檢查國庫會計數目之精確與否。幷監督歲入稅之使用及國家財產之經理。果遵守現行之法律及成規與否。又各歲出之果無違背歲計豫算之法律與否是也。

第三節　歲出增加之趨勢及其原因

今試考察近世文明諸國歲出之實況。而知其額數之增加。蓋月異而歲不同焉。其在古代。國務之範圍甚狹。分業之方法甚疎。佃漁之民。皆兼兵役。而君主亦兼司法統兵之職。故國家之支出。自無多需。及國家之組織日漸進步。洎乎近世。乃置常備兵及常任官吏。國家之經費乃大增加。更至近年。則國家因擴張公益之事業。而歲出遂愈增加。瓦格奈爾曰。「經費者乃年年增加而無已者也」可謂至言。蓋世界之人口每歲必增其數。而世界之文化亦每歲必增其度。人口之增加乃直接以增國家之經費者。而文化之進步乃間接以增國家之經費者也。羅布爾曰。「國家歲出之增加。非政府爲之。而實人民希望之也」蓋今日文明諸國之歲出。無不經國會之協贊而來。非政府得而主持之者也。茲據亞丹氏之統計。記歐美列國經費增加之實狀如左表。

年度＼國名	英國 歲出總額	英國 國民一人歲出之比例額	法國 歲出總額	法國 國民一人歲出之比例額	俄國 歲出總額	俄國 國民一人歲出之比例額	普國 歲出總額	普國 國民一人歲出之比例額	美國 歲出總額	美國 國民一人歲出之比例額
一八四〇	一三八	九・五〇	二三七	六・九八	…	……	四〇	二・七六	二七	一・六〇
一八五〇	一四三	九・〇〇	二五四	八・五九	一九五	三・一〇	七七	四・〇三	四六	二・〇〇
一八六〇	一五四	一一・五〇	三六八	九・八七	三二四	三・〇六	九六	五・一六	七七	二・四五
一八七〇	一五七	一〇・八〇	四一〇	一〇・八二	三四三	四・三九	二一七	五・三〇	三八九	八・〇三
一八八〇	四〇七	一一・六三	六〇三	一六・八二	四四六	五・三九	二七八	六・〇〇	二六七	五・三五

右表歲出總額之單位爲百萬弗。（弗卽美國金圓約值我國二圓）歲出比例額爲一弗。

更據日本之統計觀之。其經費之增加。亦甚顯著。日本今爲東亞文明之先進國。而昔則與我同其政俗者也。迨夫王政維新。更張百度。文化乃日以進。而國用亦日以增。蓋改革之業。非費不舉。謹揭其累年歲出比較表。以供我國人之參考焉。

年度＼歲出分類	經常費	臨時費	合計
明治元年	五、五〇六、〇〇〇圓	二四、九八八、〇〇〇圓	三〇、四九五、〇〇〇圓

明治五年	四二、四七四、〇〇〇	一五、二五五、〇〇〇	五七、七三〇、〇〇〇
仝十年	四五 二五三、〇〇〇	三、一七五、〇〇〇	四八、四二八、〇〇〇
仝十五年	六三、六七九、〇〇〇	九、八〇〇、〇〇〇	七三、四八〇、〇〇〇
仝二十年	七二、六四四、〇〇〇	六、八〇八、〇〇〇	七九、四五三、〇〇〇
仝二十五年	六三、六一五、〇〇〇	一三、一一九、〇〇〇	七六、七三四、〇〇〇
仝二十七年	六〇、四二一、〇〇〇	一七、七〇七、〇〇〇	七八、一二八、〇〇〇
仝二十八年	六七、一四八、〇〇〇	一八、一六九、〇〇〇	八五、三一七、〇〇〇
仝二十九年	一〇〇、七一五、〇〇〇	六八、一四〇、〇〇〇	一六八、八五六、〇〇〇
仝三十年	一〇七、六九五、〇〇〇	一一五、九八三、〇〇〇	二二三、六七八、〇〇〇
仝三十一年	一一九、〇七二、〇〇〇	一〇〇、六八五、〇〇〇	二一九、七五七、〇〇〇
仝三十二年	一三七、五九〇、〇〇〇	一一六、五七五、〇〇〇	二五四、一六五、〇〇〇
仝三十三年	一四九、一三〇、〇〇〇	一四三、五九六、〇〇〇	二九二、七二六、〇〇〇
仝三十四年	一一四、六七六、〇〇〇	一〇四、七六五、〇〇〇	二六九、四四一、〇〇〇
仝三十五年	一七七、六四一、〇〇〇	九八、一〇九、〇〇〇	二七五、七五一、〇〇〇

（此節未完）

歷史

史學槪論

袞父

本論以坪井九馬三史學研究法爲粉本復參以浮田和民久米邦武諸氏之著述及其他雜誌論文輯譯而成所采皆最近史學界之學說與本邦從來史學之習慣大異其趣聊紹介於吾同嗜者以爲他日新史學界之先河焉

編者識

第一節 序論

凡學術之研究無精密之觀察以發揮其起源成立之順序與無統一之知識以條貫其散漫活動之事實者則其心力常迷眩於所研究之對象而不足以舉完全之成績歷史者記錄過去現在人間社會之陳迹者也人間社會爲最複雜之現象故歷史有種種之方面若政治若法律若宗教若產業若學術技能無一非人間社會之產物即無一非歷史之要素抑人間社會者進化之物也進化無極歷史亦無盡現今人間社會之歷史尙在敍述之途中而未達歸納演繹之時代即歷史猶不免

爲話說之狀態而未能完成其爲科學之形體就此衆多之方面。與不完全之形體。而予以科學的研究尋其統系而冀以發揮其眞相者是今日所謂史學者之目的也。史學之大價値。實在於此。

古昔學者。受治於君相威權之下。言論思想。不得自由。又困於儒學之流弊。常以崇尙古代畏敬先哲。爲人間惟一之美行。一切學問。皆束縛於舊例故格之形式。其所謂歷史者。不過撮錄自國數千年之故實以之應用於勸善懲惡之敎育務使幼穉者讀之而得模擬先哲之眞似而已是與今日世界之學術思潮立于正反對之位置者也。夫社會之知識。常隨世運之健行。由蒙向明。不容有一息之退步。吾人眼前所睹生物之顯象皆然。即歷史所示之顯象亦無不然。此謂自然力之制裁苟反戾此自然力者則其物皆已朽廢而爲歷史之鑛史學之必要即在去其鑛而發其瑩以速吾人之進步者也一家之中。子優於其父孫又優於其子則其家必昌一社會之中。現在者優於其過去。方來者又優於其現在則其社界必優勝。若如從來之思想。以歷史爲先哲之眞似而讀之者。則知識凝滯。而終亦與古人同滅而已矣。

尙古之風。儒學之所爛。而階級世祿之餘臭也。此病之顯象。雖與世祿之廢。同時銷滅。而其幻影之留於後世者。至今未盡焉。今新思想之人。固憭知其謬誤。實則古人亦已有覺悟其非者。試爲拘執舊想者一贅陳之。老子者。周之太史。彼之道學。即由歷史發明之哲理也。老子之博學。雖孔子亦嘗以爲先輩而敬禮之。其謂孔子也。曰「子所言者其人與骨皆已朽矣。獨其言存耳」是即打破尙古之思想而發現進化之精神者也。孔子繫易之乾。亦曰天行健。君子以自強不息。其言深可玩味。然孔子雖觀察天運之健行。而不能脫尙古之成見。故僅著勸懲之歷史而止。而老子之卓識。亦止走向極端之哲理。一卑一高。雖均不得史學之正鵠。而較諸束縛於時政之下者。其見識則既到矣。處今之世。政治上之壓力。既將全絕。而猶徒知拾歷史之朽骨。不知法行健之天道者。抑孔子老子之所笑也。

第二節　史學之定義

欲明史學之概念。不可不先知其定義。爲定義者。雖各因其所見之不同。而有種種之異說。要之苟下精細之觀察。而得其眞理者。其立言之點。必無相衝突之意味。不過於文字上稍異其形式而已。今所采用者即如左。

史學者研究社會之分子之動作之發展之科學也。

右定義中所用之名詞其內含之意義甚富。試一一疏解之。

所謂社會之分子者何也。人間者。史學之目的物。故其生存不可不爲共同之團體又不可不於團體之中而各爲其一體。團體謂之社會。其一體謂之分子。凡不成社會之人間。與生存於社會之中而不爲其分子者。皆非史學之目的物也。不成社會之人間。即所謂野蠻人。僅保其家族於山谷之中。而不能盡離禽獸之狀態。固不得爲史學之目的物。又雖在社會之中而不爲其分子云者。凡個人之對於社會各有所擔之任務。盡其任務而生存焉者。是謂人間。人間之盡其任務也。雖有出於自覺與出於不自覺之差別。要之無不有任務之當盡者則一也。此社會之分子各盡其所擔之任務。以維持社會。而後社會之爲物。得以生存焉。然無論何等之社會。若古代若今代。若未開之社會。若非常進步之社會。皆不能無不負擔此任務之人。

第一、兒童。　兒童者。其力尚不足以爲社會之分子而負擔任務者之幼稚動物也。

故所謂父兄者。當注意其生長上所當有之利害而務使之能負擔未來社會之任務。

第二、衰年。 篤老之人。身體不能自由。五官不能盡其用。是於過去之時代已嘗盡分子之責而今以衰老之故不復勝此任務實與已死之分子同其任務由子孫負擔之。

其餘恆人所不注意之中。而有爲『社會之非分子』者。大別之爲二類。第一則社會之害物第二、則其爲害於社會之迹雖不甚彰著而對於社會終竟無纖毫之益者也。間接論之。是亦爲社會之害物此二類者第一即各種之罪人。盜賊、乞食無賴等、是也。第二間接以害社會者。即通俗所謂旁觀。及埋迹山林。自號隱士者之類是也。悉除此類之害物。其餘或通體健全日夕任事。或苦心焦思。以謀盡力相集而維持社會者是眞健全之部分也所謂社會之分子。指此而已。

次明動作之義。上文已言人間之盡力於社會也。有自覺之動作有不自覺之動作凡曾受中等以上之教育者。其對於社會之動作。恆出於自覺自餘之下級社會。皆

二〇

不自覺者也。此不自覺之動力所貢獻於社會者其分量比諸自覺者之所貢獻爲復廣大。

無論何代何地之國。其曾受中等教育者。必占少數。且非比較的少數而顯著之少數也。教育之程度愈低。則自覺而動者愈少。變文言之。即不問何國。其最多數之國民。初無爲國家若社會盡力之感。其所營營而不輟者。惟以爲皆自爲而已。

此分子之動作。常視其所居於社會之位置。而有相差之點。雖然其動作爲復善耶。爲復惡耶。貴耶賤耶。此類倫理學上之評判。非史學所與知也。又動作之大小。不得因其跡象之大小而測量之。夫以動作之不可顯見而遂謂之爲小。抑以其所顯彌大而遂謂之爲大者。是無異睹月球之輪廓而謂其大於目力所不及之海王星也。要之史學之所問者。惟在其人之動作所及於國家若社會之影響有若何效力也云爾。他非所知也。

簡單言之。史家之眼中。無神亦無魔。其所見者。惟動作於社會者之實體而已。等而上之。若等而下之。固尚有不可見之物也。

末所當講者發展之義也發展者謂一物本其內部所含之力自伸自鍊而生種種之變態者也歷史上所謂沿革變遷推移等種種之名詞皆示其發展之一端而已

此發展之名詞於史學上占最重之位置不可不察也

發展之爲物當向若何之方角抑當從何等之原則又其淵源爲何物此類之問題當委諸他科學史學所不解釋也變文言之即任其若何變遷若何發達而自史學之眼光觀之則苟見其發展之實際而止更不下『發展必若何而後可』之轉語也社會成國家立而忽焉入於衰亡之傾向者有之矣向也隱沒於若有若無之間俄而一躍爲當世之大國者亦有之矣如是等類通謂之發展

是故發展者史學目的物之眼目也無發展則史學之目的物失矣設有一社會於此有向進之勢而或因種種之事變俄焉中止即不復爲史學之目的物又有一國家於此凡國家所必要之機關一切完備爲夙進之社會而或於數百年間有停滯之狀是亦非史學之目的物反之而國家雖小社會雖幼穉轉有爲史家所不得不注目者固其所也一言以蔽之則史學者觀社會於其動不於其止者也其對於國

家也亦然。

觀以上之解釋。而史學之定義。大要已明。然後其研究法可得而言也。

第三節　研究法

學術幼稚之時代。承學之士。知有所研究之客體而已。更無能研究之主觀者也。自近世哲理的思想漸次發達。又科學的調查漸次緻密。而後學者遂各以其統系之知識。從事於實地之觀察。於是所謂研究法者。遂為一般學問之準備上所必不可缺之事。史學者為今日新起之學科。而在研究之初步。比於他學。特為幼稚。故其研究之方法。猶不能達於完全之域。單不過為其準備上之準備而已。今舉其最簡單之方法。大別之為二。曰縱觀的研究。曰橫觀的研究。

凡生物界之現象。莫不本自然之機能而成長焉。而發達焉。其成長發達也。有一定之順序。由粗而至精。由單純而至複雜。由脆弱而至堅強。此晚近科學家所鉤知其理。而著為公論者也。人類之知識。由蒙昧而趨于開明。亦以其時代之順序為比例。立乎今日之世界。而觀察古來之社會。猶以成年之人。而觀察兒童之狀態也。故治歷史者必按配其年齡之順序自其當初之萌芽迨于多少之成熟而于其間詳細觀察其精神行動漸次相異之點然後可以爲適當之品評焉是謂時代之思想例如今日郡縣一統之思想不可以論井田封建之時代萬國交通之思想不可以論閉關獨立之時代民權發達之思想不可以論君主獨裁之時代自由貿易之思想不可以論官府貿易之時代夫宗教之奇者莫如動物崇拜而自宗教學者之思考則知其與心理之關係矣法制之奇者莫如女系繼承而自社會學者之證明知其與倫理之關係矣夫即古代之歷史而輒以今日之思想解釋之者是恒人所不免之病也治史學者不先去此病而以時代之思想銘諸其腦則夫於歷史之事實豈能免多少之誤解乎

抑社會之進步不獨與時間有密接之關係而已其於空間亦有偉大之影響者也變文言之則人智之所以發達者不獨恃內部之機能而已彼外界之刺戟亦其要素也緯度之高低地質之新古海岸線之長短河流之橫直大陸之與半島高原之與平原皆於其國民之精神現象有非常之關係文明之所以起原國家之所以成

立胥由於此觀萬國之紀行。則有聲明文物赫然中天之國。亦有深林野艸之中。手唇相接。集居穴處。書契以前之民族。非人類天賦之不齊。實外圍之景物。有以制限而區別之而已。就此外圍之景物而一一比較其異同者。是謂地理之知識。簡單證之。彼埃及人所以能夙明幾何術者。以尼羅河每歲變其國土之形。非藉精確之測量。則土地所有之爭訟不能定也。印度人所以確立宗教之基礎者。以信度河流域之豐穰。喚起其讚美自然之思想。彼婆羅門所謂梵詩人地方。即此河之平原也。使羅馬人而去意大利之半島。必不能擴張其帝國之偉業。使拉丁民族而不居於南歐。必不能養成其優美艷麗之特色。使墨西哥不近赤道。必不能於哥侖布發見以前。維持其固有之文明。使今日之英帝國四面不環海而內地不富於石炭。必不能輝其國旗於日所出入之處也。地理與人民相待而後文明生焉。歷史成焉。二者之關係。其親密殆猶官骸之於精神也。

以上就時代之順序而研究之者。謂之縱觀法。就外圍物之異同而研究之者。謂之橫觀法。要而言之。凡學術之研究。當使其視線大于對象之全體。毋徒爲對象所眩而自隘其視線之界故善治學者猶居高山之巔而俯視山下之地勢不善治學者反之譬之遊拉庇林斯之迷宮者能入而不能出也夫學術之中以天體之研究爲最正確者由其與視點之距徑爲最遠而已矣

（未完）

雜纂

◎政法片片錄

◎法律參考書批評（此次因限於篇幅下期再登閱者亮之）

本編價目表

全年十二册	半年六册	每册
二元五角	一元三角	二角五分

外準郵費視路遠近照加

廣告價目表

一頁	半頁	一行（四號十七字起碼）
五元	三元	二角

凡欲惠登告白者須於本編定期發刊之前五日交到價須先惠欲登長年半年者價當格外從減

政法叢書

第一編

國法學

再版

各國之政治其組織不同其起源亦各不同不明其組織起源則於其政治之長短利害未由而判國法學之範圍即以此爲目的凡國家如何成立及國家有幾種機關與機關之如何運行與元首臣民與立法司法行政等項均包括在內日本各政治學校均以此科目列入首年其重要可見法科大學校亦然此書爲岸崎中村二君合著而二君學說均本於大學校故其議論考證均極精切完備實詳求政治學者之基礎也爰急譯之以餉同志

◎全一冊定價六角五分

第二編

歐美日本政體通覽

本書詳敘德國、英國、法國、美國、墺國、日本國之建國、政治議院、組織等。行文極平易簡明。讀者通覽一過、於世界各國政體之大意。不難了然於胸。凡研究政學者。允宜手置一編也。

◎全一冊定價三角

第三編

日本行政法綱領

行政者國家之活動也國家有種種之機關機關之活動即爲行政吾國行政機關最爲複雜而又最不完備其原因在行政法不發達故也是書編譯日本行政法之要領解釋純正詳簡得宜誠政治家必讀之本現已付印不日出書

第四編

日本國會起源

立憲國之精神何在乎在國會而已今日文明諸國無不以國會爲立國之本日本維新其國志士日以立國會號於衆遂成今日之治此書詳述設立國會時種種變遷迄乎成功前事之師誠爲有志者所急欲觀者也現已付印不日出書

政法片片錄

攻法子

英人之權利思想

今日之世界。一權利競爭之世界也。故其國民權利思想愈發達者。則國愈强。反是者則必爲人所制而陷於危亡。諸强國中。其主張權利最盛者。首推英人。英人之視權利。重於其視身命財產。伊耶陵氏（德國法理學大家、著有權利競爭論）曾舉一證。謂有英人某以一金之失。與人爭訟。費至數十金而不悔。其意蓋謂一金雖屬細事。而權利受人侵害。則恥無有大於此者。故必爭得而後已。此雖一端。而可見其全國民之氣質。盎格魯索遜（英國人種名）人之所以橫行地球。無處不有其屬地者。其皆基於爭權利之一念乎。

日人之權利思想

歐人論亞洲人之缺點。謂亞洲人不知權利之爲何物。此語雖過酷。而亞洲人之放棄權利。亦實有可憐者。個人細事。姑不必論。參政權爲國民分內之事。而置之不爭。主權與領土爲立國之要素。而任人分割攘取。太阿倒持。恬不爲怪。由是觀之。歐人之言。蓋亦實言其真相也。日本者。亞洲之先進國也。當其鎖國之日。固亦深染亞洲之習。而自變法以來。吸太西之新文明。與求其新思想。於是權利之念乃大發生。其權利思想之實行可見者。在內則爲國民爭立憲。在外則爲與各國改正條約而爭治外法權。至其併琉球。攫台灣。帝國主義之興。亦權利思想發達之所致也。然此均屬國家之大端。至個人之處世。若英人者。蓋無其例也。近年以來。講求權利者日盛。於是關乎個人者。亦遂生一新例。梅謙次郎氏者。法學大家也。（法科大學教授）此次以其住宅爲市會徵稅。視應出之稅增一金有餘。遂訟之。卒得直而後已。一時傳爲美談。先是人有勸其息訟者。梅氏曰「余非以一金。故余所爭者權利也」自是以往。日本個人權利之思想。必因此而大開其端。而歐人之言。將以日本爲例外矣。

國民主義

福本誠者。日本著名之教育家也。其所著「日南子」中。有論國民主義三節。雖語不多。而於國民主義之眞相。蓋盡之矣。特摘錄於此。以備參考。

其一、國民主義之原理　法國之大革命。蓋有史以來未曾有之偉業也。其裨益世界之功蹟。不可勝言。而其最彰明顯著者。則國民主義之原理。自此而始發見也。其所謂人權之宣布實能深印人人之腦中。而羣奉以爲圭臬。今試舉其言曰「立於同一法下之人類集合體即所謂國民者不可受治於外國人又其國之全體或二部分不可分割於外國蓋國民云者固宜獨立而不可分辭者也」其言如是自此原理發見而全歐之民無不率由之以行。且又將使未行者行之至百年後之今日遂信爭於全世界矣

其二國民主義之實際　當一千八百十五年拿破崙一世（Napoleon I.）敗績法蘭西帝國墜落之際。國民主義一時潛焉無聞。白耳義見併於和蘭。伊太利匈牙利及鮑海安受軛於墺國德意志之鮑耳新登爲丹麥所領取波蘭爲俄普墺三國所分割達奴白河及白耳根半島爲土耳其所掩襲所謂國民主義者幾於蹂躪殆盡矣然曾幾何時。試觀一千八百九十年之歐洲希臘則離土而獨立矣白耳義則離和而獨立矣鮑斯登則復屬於德矣匈牙利則得特別之憲法矣德意志及伊太利向之爲帝政與敵政之餌者皆自立矣而羅馬尼塞爾維孟德尼克洛諸小國亦各成獨立之邦矣又試觀一千九百年之歐

洲。匈牙利則侵有與澳分裂之勢。勃爾牙及羅麥利則漸有獨立之勢。而參波蘭之近狀亦有終非久困之勢。乃至僻在南阿之脫蘭斯哇澳倫斯二小國。亦起而與威名赫赫屬土徧地球之英國爭獨立。嗚呼是皆非國民主義之實際而實行之有明證者乎。他日此主義日進月上而全世界無不受其磅礴。蓋可計日而待也。

其三國民主義之特色　歷史家臘維斯氏有言。「國民國家主義者今世之特色也。故凡爲一國民者。即偶在他國民之配下。猶所不願。非特政事爲然。其他若文學技藝語言。亦無不然也。此就闡明國民國家主義之國觀之。蓋歷歷可證也」此數語可謂盡國民主義之特色。凡欲勉爲獨立之國民者。不可不三致意也。

法律與法理之別

何謂法律。法律者規則之謂。何謂法理。法理者規則之原理之謂。蓋法律其當然。而法理其所以然也。惟其法理如是。故法律必由此而定。惟其法律如是。故法理亦因此而出二者蓋交相濟而其區別則顯然也今試分析言之。

(一)法律者國民行爲之準則即所謂權利義務之標準也而法理者則爲說明此標準中應有之義非必實行者也。

(二)法律有強制之權力而法理無之。

(三)法律爲主權者所定而法理則爲學者所發明。

(四)法律出於人定而法理則自然存在。

以上所述於二者之區別可得一班雖然近世歐美之所謂文明法律無不以法理爲根據故欲研究法律當先研究法理必知法理之神聖然後法律之思想乃有根據世之學者當不以斯言爲謬也。

愛國心與常識之關係

國民之對國家以有愛國心爲第一義斯固然矣雖然愛國心之發見必先習知已識之可愛者何在而後愛乃用得其當是所謂常識也是故愛國者有二派其一爲盲信已國派此派以已國所有者視爲至上無極不知已國之外更有世界若吾國

古來自稱爲中華。而其他皆鄙爲夷狄之類是也。其二爲無視己國派。此派以己國所有者。視爲一無足取。一唯他國是崇拜。而不知國粹之爲何義。若日本維新時。有唱言日本國語。當易以英語。日本人種。當雜以西種之類是也。是二派者。一主保守。一主進取。其望己國之爲人上。而有純然之愛國心一也。然其無常識則均不能爲二者諱。由前一派。則易生自慢心。而有增長國惡之患。由後一派。則易生自棄心。而有蹂躪國粹之虞。其於常識。蓋一過之。而一不及也。有常識者。必深知己國之長短。己國之所長者則崇守之。己國之所短者則排斥之。崇守排斥之間。時寓權衡之意。不輕自譽。亦不輕自毀。斯之謂眞愛國者也。雖然國家當過度時代。常識者既不可得。則與其不及。無寧過之。國粹稍損。尚有恢復之望。國惡日長。將有危亡之虞。得百自譽者。不如得一自毀者。其猶有進步之望也。

附録

◎留學界

◉第一次速成師範卒業

◉各省留學生總數

◉浙江同鄉會記事

◉第二次士官學校卒業

清國留學生會館招待規則

一 本館因中國渡留學之士人地生疏故特設專部代爲招呼一切凡有函致本館者本館即盡招待之義務

一 招待地方有二一在橫濱一在新橋凡由神戶起岸者本館幹事當至新橋招呼由橫濱起岸者本館幹事當至橫濱招呼其神戶上海天津三處均有本館贊成員代爲經理

計開

神戶孫君實甫　神戶海岸仲通稽商益源號

上海戢君元成　上海四馬路作新譯書局

又王君培孫　上海大東門內育材學堂

天津張君亦湘　天津玉皇閣前日日新聞社

一 各省東渡留學者可於就近本館贊成員諸處詢問購買船票一切情形於動身前七日先行函致本館以便屆期前往招呼

一 天津航路至神戶起岸船抵長崎後可發一信致孫君言明乘坐何船何日何時可至神戶屆時孫君代爲照料神戶易車後可託孫君代爲電知本館（電費約二三角）車於何時抵京本館幹事即至新橋招呼

一 上海航路至橫濱起岸可由長崎或馬關函知本館船於何日何時至濱屆時本館幹事至橫濱招呼

一 東渡之士行李物件務以少帶爲便其烟酒綢緞各貨爲入口應稅者萬勿攜帶免致多生枝節

一 到京後或入預定學校之寄宿舍或暫寓旅舍均聽本人自便

一 本館招待幹事一切費用均由本館公款供給至本人一切費用由本人自理

一 本館各處招呼之人如有更動之時當隨時登報申明

日本東京神田區駿河臺鈴木町十八番地

清國留學生會館啓

最新精繪學校建築模範圖

定價兩圓

此圖爲日本文部省秘本詳列學校房舍一切配置之法自師範學校以至幼稚園無不具備本社不惜工本托文部省代印告成現在吾國各處興建學校苦無善圖可作模範以此圖參考之於應用大有稗益印刷不多務望速購

譯書彙編社告白

開明書店代售各種新書告白

本店專經售各種新學書籍與日本留學生諸君訂有特約凡譯書彙編社及教科書譯輯社所出各書均由本店一手發行並代購日本文及西文各種原書郵寄迅速價格克己賜顧諸君幸垂鑒焉

上海四馬路開明書店謹啓

第一次速成師範卒業

本社社員

自嘉納治五郎氏倡速成師範之議。湖南官派最居其先。其後若廣東、若湖北、若江蘇、若浙江各省。陸續增派。加以自備資斧者。計共百有餘人。原議以六個月爲期。其第一次講習會已於本月告竣。卒業者爲湖南官費俞君誥慶等十人。溫州自費姚君廣福等四人。此外又有遊歷員戢君展誠等。亦各預會聽講。同時卒業歸國。瀕行時嘉納氏爲言吾國開辦教育之法。頗極詳盡。據嘉納氏之意。現在最急者。爲普通教育。至專門教育。則宜先興政治法律及醫學諸科。此蓋興辦教育必然之順序。且嘉納氏此次新自吾國遊歷而歸。其所言亦實適合吾國之情勢也。

按速成師範講習會之舉。實爲吾國興辦教育之基礎。各國教育之發達。無不由實驗而得。自學制以及教授法。均有一定之原則。決非可以杜撰。吾國開學堂數十年。而絕無成功可觀者。此無他。當教育之任者。爲教育界中之門外漢故也。是故吾國今日專門教育。姑作別論。欲與普通教育。以造就校長與教員爲第一義。造就之法。非十年不能得全材。而以今日需人之急。又不能俟之。若是之久。則速成師範之舉。實救急之良策也。且費省期短。輕而易舉。若各省同時仿辦。則不及一年。而足以當校長與教員之任者。徧全國矣。近頗有疑速成爲無裨實用者。此蓋不思之甚。速成之舉。期限迫促。不能深造其極。此不待言。然爲開創之用。所謂大刀濶斧。於教育之大致。吾信其綽綽然有餘裕也。日本初派留學生。其年限亦極短。若伊藤侯等。不過一年餘即歸。蓋創始之人材不及深求。且亦不必深求也。惟若於速成之外。更選年少之士。使之久留以期大成。則二者並行不悖。更爲百年之計。今論者徒謂速成之無益。抑未思終身不出戶庭。而亦有儼然從事文明教育者。以六月之研究實驗較之。其相去尙可以道里計耶。要之今日論事。不能苛求其比較有利益者。即宜極力維持而擴充之。必爲高遠之論。是亦不可以已夫。

各省留學生總數

據留學生會館本年第一次報告。各省留學生總數。計五百七十三人。其分屬各省之多少。今列表如左。

旗籍	三十一人	奉天	二人
直隸	二十五人	山西	一人
陜西	二人	河南	七人
山東	十人	湘南	四十二人
湖北	八十五人	江蘇	一百十五人
浙江	八十四人	安徽	四十六人
江西	九人	福建	三十一人
廣西	二人	四川	十四人
廣東	六十人	貴州	七人

此表自本年正月起至八月止。據正月中所調查者僅二百七十四人。半年以來。復增一倍有餘。而卒業及因事歸國者。尚不計算在內。內地遊學之風。日開一日。誠不禁爲吾國前途賀也。

浙江同鄉會記事

陽曆本月九日。爲浙江同鄉第三次懇親會。是日凡留學生及浙東紳商籍隸浙江者。羣集於九段富士見軒。午前十時開會。章君宗祥首述開會辭。歷陳本會之發達。與將來之方針。並引德意志、瑞典二國學生同鄉會。於國家之教育。有絕大之關係以爲証。次孫君翼中演說。詳述同鄉與同年同寅同學之區別。並推論同鄉之觀念。其起源由於歷史地理名譽利害等種種之關係。次蔣君尊簋演說。力駁非議同鄉會之謬。並言同鄉會爲大團體之根本。次吳君振麟演說。提議二事。一浙省有每縣選派師範生一人之議。本會同人必竭力以圖其成。二各國整作士氣。以歌爲第一。如學校等各有校歌。本會當編製一歌。爲全國倡。次蔣君方震提議章程。衆贊成。次選舉幹事。午後一時議畢。乃開食堂。酒酣。由章君宗祥發聲祝浙江同鄉會萬歲。衆和之。一時歡聲滿堂。三時宴畢。乃同撮影而散。是日留學生全數俱到。浙東紳商到者。爲南洋陸師學堂監督姚君煜。及王君鐵齋、董君阜成等七八人。實爲非常之盛會云。

第二次士官學校卒業

陽歷十一月二十一日。士官學校行卒業式。是爲吾國陸軍留學生第二次卒業之期。是日卒業式。循例日有本親王到場。首行觀兵式。次競馬。次授與證書。儀式甚整。成城及弘文各校留學生均列隊往觀。惟使署到者甚少。校長於演說時。無一語及吾國留學生。（去年第一次卒業時、校長對吾國留學生、有特別演說、非期望極深、）較之去年稍形寂寞。此次卒業者計二十五人。茲將表列如左。

明治三十五年十一月　陸軍士官學校清國陸軍學生卒業人名

列序	隊號	派遣區別	姓名
步兵科			
一	一	湖北	舒清阿
二	一	仝	哈漢章
三	三	仝	良弼
四	一	仝	應龍翔

列序	隊號	派遣區別	姓名
一六	三	湖北	段金龍
騎兵科			
一	一	湖北	蕭開桂
二	一	仝	蔣肇鑑
砲兵科			

五	三	福建	馮耿光
六	一	湖北	蕭光勝
七	一	仝	寶瑛
八	一	仝	吳祜貞
九	一	仝	敖正邦
一〇	一	仝	蔣政源
一一	三	仝	余明銓
一二	三	仝	楊正坤
一三	三	福建	華承德
一四	三	湖北	張長勝
一五	三	福建	張哲培

一	一	湖北	龔光明
二	一	仝	王遇甲
二	一	仝	沈尚濂
四	一	福建	許崇儀
工兵科			
一	一	福建	王麒
二	一	湖北	藍天蔚
三	一	仝	易迺謙
計二十五名			

備考

步兵十六名　騎兵二名　砲兵四名　工兵三名

教科書譯輯社出書廣告

中學 物理學教科書

第一卷　洋裝　全一册　定價大洋六角

是書爲日本水島久太郎原著義烏陳榥譯補陳氏於日本第一高等學校卒業於物理研究有年故說理透闢措詞明達於數學公式尤所詳備洵理科之佳本也至其裝訂華麗繪圖精緻尚其餘事現已出書

中學 生理教科書

洋裝　全一册　定價大洋八角

是書爲美國斯起爾原著暨陽何燏時譯說理精實攷證詳明每篇悉附試驗方法以供臨時參攷插圖數十幅用最精銅版精緻可愛洵中等生理教科之善本前此得未曾有也現已出書

物理易解

全一册　定價一圓

是書爲義烏陳榥氏撰旁搜各書博攷學說插圖百八十餘幅說理簡明爲物理初步之佳本足與本社前出之中學物理教科書相輔而行現已出書

敝所蒙　貴國留學諸賢囑印譯書彙編教科書等不下數十種其紙質之精良墨色之鮮明字跡之端整業承　貴國朝野士紳謬相稱許邇來遠道函託者尤覺絡繹不絕當益自奮勵廉價製造無論面訂函商俱能尅日應需特將營業種類列後倘蒙光顧不勝榮幸之至

活版部　東西書籍　各種帳簿　東西圖板　新聞告白　網目板　亞鉛板　旬報　电氣板之類

石印部　地圖　票據　匯票　告白　公司股票　各種商標　肉筆印刷　一切圖畫之類

照相部　照相製印刷銅板　三色版　照相板　美術板

日本東京淺草區黑船町廿八番地

東京並木活版所

東京並木活版所工場

日本東京日本橋西川岸

本店創於明治初年營業三十餘年信川久著遐邇傳名專承攬各官衙及各公司貨物裝載汽車汽船運送之速運費之廉爲本店之特色且各處均有支店代理店及特約店一切無不便利倘蒙仕商賜顧請認明本店牌號爲記

橫濱新小說廣告

每月一回洋裝百八十餘頁
定價全年四元　每冊四角
外埠郵費照加

小說之道感人深矣泰西論文學者必以小說首屈一指豈不以此種文體曲折透達淋漓盡致描人群之情狀探天地之賾奧有非尋常文家所能及者耶中國自先秦以前斯道既卑漢書藝文志已列小說家於九流但漢唐以後學者拘文牽義困於破碎之訓詁溺於玄渺之心性而於人情事理切實之跡恣不措意於是反鄙小說爲不足道夫人之好讀小說過於他書性使然矣小說既終不可廢而所謂好學深思之士君子吐棄不肯從事則儇薄無行者從而篡其統於是小說家言遂至毒天下中國人心風俗之敗壞未始不坐是本社同人慨焉是用因勢而利導之取方領矩步之徒所不屑道者集精力而從事焉班孟堅不云乎閭里小知者之所及亦使綴而不忘如或一言可采此亦芻蕘狂夫之議也此諸新世界之青年亦在所不棄歟門類如下

一圖畫　專搜羅東西古今英雄名士美人之影像按期登載以資觀感

二論說　本報論說專屬于小說之範圍大指欲爲中國說部創一新境界

三歷史小說　專以歷史上事實爲材料而用演義体敘述之

四政治小說　著者欲借以吐露其所懷抱之政治思想也其立論皆以中國爲主事實全由于幻想其書皆出于著者自著

五哲理科學小說　專借小說以發明哲學及格致學其取材皆出于譯本

六軍事小說　專以養成國民尚武精神爲主

七冒險小說　如魯敏遜漂流記之流以激厲國民遠遊冒險精神爲主

八探偵小説　探偵小説其奇情怪想往往出人意表前時務報曾譯數段不過嘗鼎一臠耳本報更博採西國最新奇之本譯之

九寫情小説　人類有公性情二一曰英雄二曰男女情之爲物固天地間一要素矣本報竊附國風之義不廢關雎之亂但意必蘊藉言必雅馴

十語怪小説　妖怪學爲哲理之一科好學深思之士善研究焉西人談空説有之書汗牛充棟幾等中國取其尤新奇可詫者譯之亦研究魂學之一助也

十一劄記体小説　如聊齋閱微草堂之類隨意雜錄

十二傳奇体小説　本社員有深通此道酷嗜此業者一二人欲繼索士比亞福祿特爾之風爲中國劇壇起革命軍其結構詞藻決不在新民叢報新羅馬傳奇下也

十三世界名人逸事　体例略如世説新語但常有長篇鉅製大率剌取古今中外豪傑之軼事足以廉頑立懦者最錄之于靑年立志最有裨助

十四新樂府　專取泰西史事或現今風俗可法可戒者用白香山山秦中樂府尤西山堂明史樂府之例長言永歎之以資觀感

十五粵謳及廣東戲本　此門專爲廣東人而設純用粵語

以上各門不能每冊具備但至少必有八門以上其餘或有應增門類隨時補入

●十月十五日第壹號已出十一月十五日續出第二號

橫濱山下町百五十二番

發行所　新小説社

上海文明編譯印書局發行圖書要目

再版 國家學原理

日本高田早苗著
無錫嵇鏡譯

洋裝一冊 定價三角

為一國之民而欲全國民之資格必自知國家之所以為國家始本書宗歐美大家之說以發明國家之原理凡為國民者不可不讀也

實用教育學

日本[illegible][illegible]直
安東辰次郎合著
金匱張肇桐翻譯

洋裝一冊 定價四角

此書共六篇首論智德體三育次論致知進德衛生之方次論管學事宜議論親切譯文條暢中國談教育雖久而教育學之譯首推是書有志於教育者不可不人手一編也

教育新論教育新史合刻

日本天眼鈴木力造論
日本中野禮四郎輯史
金匱張肇[illegible][illegible][illegible]輯譯

洋裝一冊 定價四角

論以自育為宗以為吾人學問當求諸己吾國變法伊始教育未興士子方彷徨失所得此論必有以慰其心而壯其膽史則凡歐西教育現情無不備載展卷一讀即知舒遊諸國考察一切更妙不可言合而刻之意在使讀者知歐學之昌明甚之如之又知自化之有術而返求之身也

憲法要義

日本高田早苗著
無錫嵇鏡譯

洋裝一冊 定價二角

憲法為立國之本人知之矣然使國民無立憲思想憲政將無由而立高田博士精研政學不問政府惟以提起國民立憲精神為務雖區區小冊而於憲政精理鼓吹無遺較他家講憲法者有過無不及也

理財學綱要

日本天野為之著
無錫嵇鏡譯

洋裝一冊 定價四角

本書特色在學理則宗歐西實例則引東亞與吾國有切近之關係為書凡六編曰生財曰析分曰交易曰用財曰聚散曰財政理財學之綱要盡備於是矣

地球之過去未來

日本橫山又次郎著
無錫秦毓鎏
上海侯我江 譯

洋裝一冊 定價三角

此書無敘天空諸星者為地球已歷之境者為地球未經之境考定地球將來

必有四厄講論精闢譯筆雅達當今一大奇書也

生物之過去未來

日本 橫山又次郎著
無錫 秦毓鎏 胡克猷 譯

洋裝一冊 定價二角

此書立論謂下等動物囟在後而領在前囟小而領大禽獸是也中等動物囟在上而領在下囟較大而領較小人類是也將來世界必有一種動物囟在前而領在後囟大而領小其聰明才力遠過於今日人類繁徵博引窮精理闡加以插圖工緻譯筆雅暢定能發閱者之智

中國人之真藥 權利競爭論

德國 伊耶陵原著
金匱 張肇桐譯

洋裝一冊 定價三角

著者為德國私法學大儒曾為奧國維也納大學教習因奧人權利思想薄弱故著此書以發揮之今移以藥中國人尤為對病之藥也原書在本國出版九回他國文明譯者二十有種每至一國必受一國之歡迎必為一國之思想界添光明今既出現於我國吾不識與吾國民關係何如也

學生立志論

日本 柳內蝦洲著
無錫 秦毓鎏譯

洋裝一冊 定價二角

今日中國之學生將來中國之主人翁也今之學生豈類是古之學生歟夫伈伈伣伣抱殘守缺吾老大中國之學生也轟轟烈烈發揚蹈厲彼歐美列強之學生也此篇凡八章曰立志曰目的曰熱心曰功名心曰機會曰獨立曰除家累曰羣子二十世紀中國之學生不可不一讀也

男女交際論

日本 福澤諭吉著
金匱 張肇桐譯

全一冊 定價一角

吾國俗儒驟聞此書之名必以為誨淫不知著者乃東邦第一鉅儒著書立說振聵發聾維新自強厥功甚偉是書成於十六年前當時日本女子猶守古訓無才為德其弊與吾國同自此書行世女學日興去壓制服從之陋習得不羈自由之精神吾國可以借鑒也

未來世界論

日本 渡邊國武著
無錫 秦毓鎏
金匱 張肇桐 合譯

洋裝一冊 定價二角半

此書凡五章曰西洋文明之末路曰白種將衰曰歐洲有衰徵之兆曰世界日進於統一曰世界統一之法觀其目可以知其所論矣

日本教育論

日本 吉村寅太郎著
金匱 張肇桐譯

全一冊已付印

近年中人譯述日本教育書雖多然皆知其善而不知其弊知其美備而不知其艱難故慕之而不能效之此書著者為日本最究於閱歷之教育家書中利弊縷言凡推廣教育之阻力與籌措經費之艱難無不曉通而詳解之吾國人讀之庶幾知所難易乎

本編代派所

上海
新北門外　中西書室
北市抛球場　廣學會
三馬路望平街　中外日報館
後馬路餘湯弄　經正學堂
南京路同樂里　廣智書局
五馬路寶善街　普通學書室
大馬路抛球場　掃葉山房
四馬路畫錦里　理文軒
二馬路　千頃堂
胡家宅　會文堂
三馬路　蘇報館
四馬路惠福里　選報館
大馬路小菜場對面　金粟齋

蘇州
元妙觀西首　東來書莊
元妙觀東首　開智書室
葑門內唐家巷　中西小學堂
葑門內盛家塘　湯宅

杭州
城內銀洞橋　譯林
城內菜市橋蒲場巷　浙江大學堂
回回堂　史學齋
城內大方伯　中學堂

杭州
三跳橋　抗州總派報處
涌水方橋　瓜錫侯先生
湖州城內小西街　開智書室
無錫崇安寺　三等學堂
蕪湖[illegible]淵觀南岸　晉康煤炭公司

江西
馬王廟背後　賦梅山房主人
城內百花洲　廣智書莊

胡北
山後戈甲營土地廟轉灣　廣陵蔣寓
揚州北柳巷　許公館

天津
宮北玉皇閣前　日日新聞社
紫竹林　信遠洋行

北京
琉璃廠　有正書局
米市胡同　日日新聞分社
東四牌樓什錦花園　溥宅
汕頭鎮邦街下窑中華又新社樓上　李道南先生
南京三牌樓西首馬路明遠別墅　沈叔美先生
安慶省城內近聖街葉宅內　前和州正堂姚公館
保定蓮池書院內知恥學社理事　籍亮儕先生
鎮江西門外天主街立生煙舖　徐翊雲先生
常熟東門內二鏡廟西首[illegible]　洪鞠蒙先生
橫濱山下町一百五十二番　新民叢報社

明治三十四年一月廿八日第三種郵便物認可
譯書彙編第二年第九期明治三十五年十二月十日發行

Second year. No. 9.

THE YI SHU HUI PIEN.

A MONTHLY MAGAZINE OF TRANSLATED POLITICAL WORKS.

OFFICE:

No. 18, Surugadai-Sugukicko, Kanda;
Tokyo, Japan.

SOLE AGENCY

Kai-Min Book Store.
SHANGHAI CHINA.

明治三十五年十二月九日印刷
明治三十五年十二月十日發行

編輯兼發行者　胡英敏

日本東京神田區駿河臺鈴木町十八番地
發行所　譯書彙編社

日本東京淺草區黑船町二十八番地
印刷人　酒井平次郎

日本東京淺草區黑船町二十八番地
印刷所　東京並木活版所

清國上海四馬路老巡捕房東首
總發行所　開明書店

譯書彙編

一九〇二年第二卷第十一期

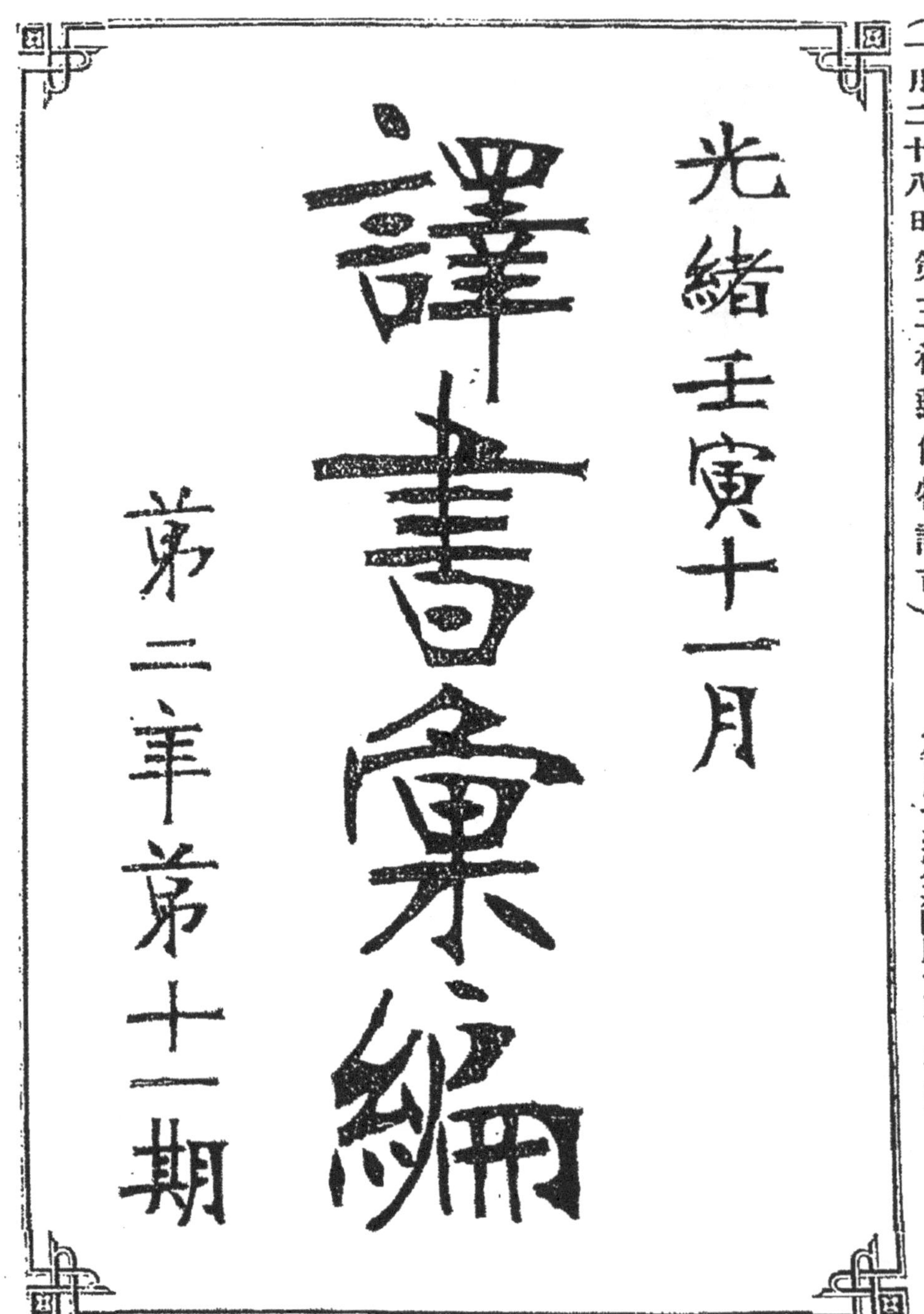

（明治三十四年一月二十八日第三種郵便物認可）

（每月一次定期陰曆十五日發行）

光緒壬寅十一月

譯書彙編

第二年第十一期

譯書彙編第十一期目次

寫眞 —
◎上海愛國學社圖
◎上海愛國女學校圖
政法通論 一……二七
◎對外觀念之適當程度論
◎中國貨幣改革議
法律 二九……三六
◎國際法上之蒙洛主義
經濟 三七……七三
◎生產論
◎財政概論（續前稿）
歷史 七五……八五
◎歐洲歷史之新人種
哲理 八七……一〇三
◎社會主義與進化主義比較
雜纂 一〇五……一一〇
◎政法片片錄
附錄 一一一……一一九
◎留學界

欽命二品頂戴江南分巡蘇松太兵備道袁爲

給示諭禁事據留學日本法科大學學生吳振麟等稟稱竊生等於光緒二十七年在日本東京糾集同志擬設譯書彙編社社中出有譯書彙編按月一冊譯輯歐美日本政治法律及各種經世專門之書業經稟奉

前兩江督憲劉 批飭通屬購閱在案此編分期拆訂即成全書與尋常月報體例不同故於各種全書告成復抽印單行本並隨時譯輯各項有用書籍刊印行世生等此舉無非目擊彼邦興盛之源妄冀

聖代涓埃之助區區愛國愚忱不敢借以牟利唯上海各地書賈惡習往往將他人善本翻印射利不特有害版權尤恐傳鈔致誤爲此稟請給發告示曉諭通屬書肆凡刊入譯書彙編之書及社中出版各書圖一概不准翻刻重印如有違禁准予送案嚴辦並請通飭租界各會審公廨一體查禁所有譯書彙編第二年改良以來出至七號計七冊並單行本已經刊行之外交通義俄羅斯政治史國法學法律學綱領美國獨立史歐洲財政史等先行呈請存案備查外其餘各書俟出書後再當陸續補呈存案事關保護版權伏乞俯鑒下情給示諭禁並具切結聲明社中出有譯書彙編之書及社中出版各書圖均係自行編輯並無抄襲割裂影射如有前等弊願甘罰辦等情到道據此除分行縣廨一體立案外合行給示諭禁 爲 此示仰書賈人知悉毋得將該社立案各書翻印漁利致干查究切切特示

光緒貳拾捌年拾月參拾日示

本編贊助員台銜續登

四品銜候選道李哲濬小川　捐洋墨銀三百圓合日銀二百四十六圓

上海愛國學社圖

（東京並木活版所製）

（東京唯水活版所製）

上海愛國女學校圖

浙江潮廣告

癸卯正月二十日發行

第一期要目

社說　國魂篇

論說　民族主義論

公私篇

學術　政法論……日本近日政府與政黨之衝突

哲理……續無鬼論

教育……中國教育之方針

歷史……印度亡國史

大勢　各國內情……海陸二大強國

極東經營……俄羅斯東亞新政策

日本聞見錄

小說　少年軍

專制虎

新浙江　與舊浙江

浙　聲

浙江文明之概畧

特色

一本誌全體皆由同人撰述編纂雖不專工於文辭然務適於我國民之用說理必明暢記事必簡賅非如直譯剪抄者令讀者昏昏欲睡也

一本誌有調查部之稿件按期刊登讀本誌可以於浙江全省之事上自朝政下逮民俗無不瞭如指掌

一本誌有日本聞見錄一門彙集旅居同人之見聞聞非無鉅細並蓄兼收令讀者不必遊歷其地而得遊歷之益

一東報偉論日出不窮同人皆編選擇尤登錄內地志士不能東遊及不能讀東報者得讀是冊於東方大勢形勢即可洞若觀火

一本誌中各科學學說半爲各學校著名教師之講義間附己意亦必經歷實驗字字皆有根據非如道聽塗說者可比學者得此不啻有無數之名師良友環坐討論可以自修可以自進

一本誌每期至少有插畫三四頁凡吾浙之名人勝景皆竭力搜求陸續印登自餘各圖非徒供閱者怡目悅神要皆切實有用可以增長智識激發志氣

湖北學生界廣告

一門類 第一期所出門類用◎爲記

論說第一◎
學說第二◎
政法第三
教育第四◎
經濟第五◎
實業第六
(1)商學◎
(2)農學◎
(3)工學◎
軍事第七◎
歷史第八◎
地理第九◎
理科第十◎
醫學第十一◎
小說第十二◎
詞藻第十三◎
時評第十四◎
雜俎第十五◎
餘錄第十六◎
外事第十七◎
國聞第十八◎
留學紀錄第十九◎
湖北附調查部記事第二十◎

二列例

一 本報擔任各門職員皆留學諸君或素有學望者每月出十門以外

一 本報每冊以六萬餘字爲率月出一冊華曆每月初一日發行

一 本報年首年尾加增葉數達七八萬字以上

◎本報俟擔任職員到齊門類字數逐行增刊

三特色

一 本報爲吾國一大雜誌搜羅宏富各種皆備或譯諸泰西哲人著述或本于日東名家講授精義明詳彌漫磅礴淵雅壯快宏瀾萬里讀者雖未遊學海外恍如逼親東西親聽講學之妙非若專事直譯損人腦筋可比

一 本報爲吾國國民說法一篇一章一行一句無不補國人公德之缺點啓世界民族之思想科學益其智識理論闢其精神事實助其感情文詞增其美德實足養成中國將來之國民

一 吾國向來各雜誌非偏于理論即偏于科學本報物質文明與精神文明兩兩輸入實有叢報兼學報之資格

一 湖北調查部一門與吾國全局關係甚重注意支那中心點者不勞親身致察利弊沿革一目瞭然

一 留學記錄一門博採各省留學諸君言論所及均關直接要聞凡中國各報所不能採訪者二貢諸國人左右願爲吾民族上作一運送家

四售法

一 全年售大洋弍元半年大洋一元一角零售大洋二角郵費另加

一 欲購本報諸君請向本社開辦處及上海武昌總發行所購取如欲任代派處者函致開辦處十分以上照定價九折五十分以上八折

開辦處日本東京神田區三崎町一番地齋藤方上海總發行所大馬路少年中國報館或四民叢書社王君 慕陶武昌總發行所省城察院坡中東書社總分派處橫街文明書室蔣曉臬先生華曆正月初發行

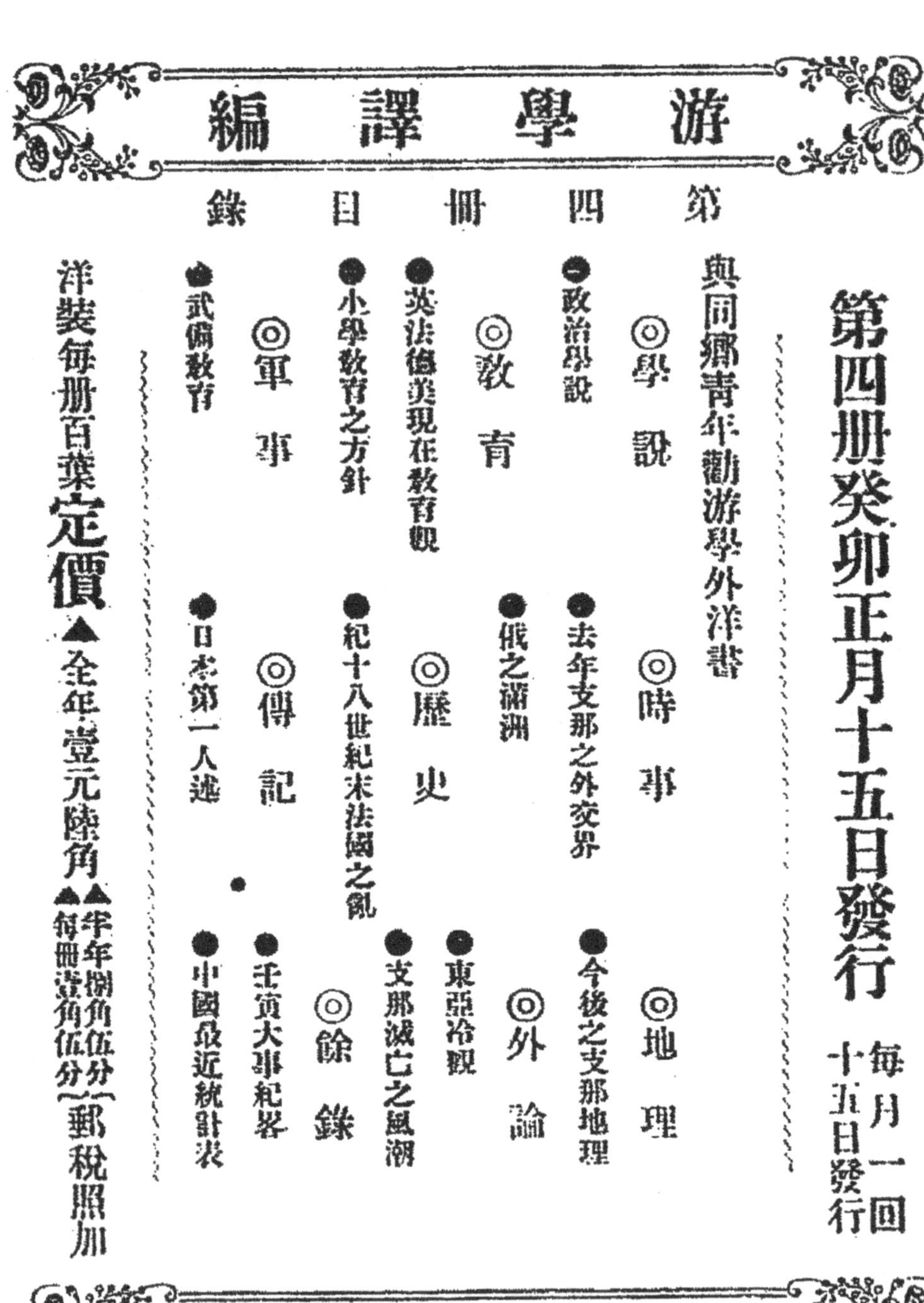

游學譯編

第四冊目錄

第四冊癸卯正月十五日發行

每月一回十五日發行

與同鄉青年勸游學外洋書

◎學說
●政治學說

◎教育
●英法德美現在教育觀
●小學教育之方針

◎軍事
●武備教育

◎時事
●去年支那之外交界
●俄之滿洲

◎歷史
●紀十八世紀末法國之亂

◎傳記
●日本第一人述

◎地理
●今後之支那地理

◎外論
●東亞冷觀
●支那滅亡之風潮

◎餘錄
●壬寅大事紀畧
●中國最近統計表

洋裝每冊百葉 **定價** ▲全年壹元陸角 ▲半年捌角伍分 ▲每冊壹角伍分 郵稅照加

發行所 湖南編譯社

本社新書廣告

章宗元譯

美國獨立史

（再版出書）

是書爲美國姜寧氏原著前後各六卷今所譯者爲前六卷其目次如下（一）覓地之原（二）殖民之原（三）殖民地之進境（四）合衆（五）自主（六）立憲自開闢以至立國詳細叙述且譯者留學美國有年凡他書事實足以相發明者均隨時摘取插入以期完美實爲專史中之良書凡從事史學者不可不家置一編也全一冊定價六角

政法叢書第三編

日本行政法綱領

行政者國家之活動也國家有種種之機關機關之活動即爲行政吾國行政機關最爲複雜而又最不完備其原因在行政法不發達故也是書編譯日本行政法之要領解釋純正詳簡得宜誠政治家必讀之本也現已出書全一冊定價五角

俄羅斯對中國政策

是書共分三章（一）俄羅斯對亞細亞大陸（二）中俄交涉沿革畧（三）俄羅斯之世界政策及對清經營於俄羅斯之野心及其深謀大計一一詳述憂世者不可不一讀也現已出書全一冊定價二角

金山吳治恭譯

二十世紀開幕時代之人物

國家之强弱視人物之優劣二十世紀世界競爭視前世紀必愈益激烈故各國開幕時代人物其關繫極大此書係日本武田原水氏原著搜羅英法德俄美五國及中國日本現時有權位有名望之人夷考其生平而加以評論有置身天上下蓋五洲之觀譯者文筆亦極銳達有志當世者不可不一讀也現已付印不日出書

譯書彙編社代白

譯書彙編社出版及發行書目

(1)政治法律書類

政法叢書第一編 國法學 一冊定價六角五分

政法叢書第二編 歐美日本政體通覽 一冊定價三角

政法叢書第三編 日本行政法綱領 一冊定價五角

政法叢書第四編 日本國會起源 一冊定價八角

政法叢書第五編 國際公法 一冊定價 （近刊）

警察學（總論之部） 一冊定價二角 （近刊）

外交通義 一冊定價八角

日本現行法制大意 一冊定價三角 （近刊）

政治學提綱（上卷） 一冊定價四角 （近刊）

各國國民公私權考 一冊定價一角 （近刊）

法律學論綱 一冊定價一角

近世外交史 一冊定價 （近刊）

最近俄羅斯政治史 一冊定價六角

最近德意志政治史 一冊定價三角 （近刊）

法制新編 一冊定價四角

(2)經濟書類

縮版 財政四綱 一冊定價一元 （近刊）

歐美各國最近財政及組織 一冊定價四角 （近刊）

理財學沿革史 一冊定價二角 （近刊）

歐洲財政史 一冊定價二角

日本財政之過去及未來 一冊定價二角

(3)歷史書類

波蘭衰亡戰史（上卷）一冊定價二角五分

美國獨立史 一冊定價六角

日本維新活歷史 一冊定價三角

(4)哲學書類

生物之過去未來 一冊定價二角五分

論理學（卷一）一冊定價六角 （近刊）

(5)傳記書類

比律賓志士獨立傳 一冊定價二角

(6)小說書類

政治小說 累卵東洋 一冊定價二角

愛國精神譚 一冊定價三角

(7)雜著書類

支那化成論 一冊定價六角 （近刊）

日本遊學指南 一冊定價二角

外國國勢一覽 一冊定價一角五分 （近刊）

(8)圖表書類

最新精繪學校建築模範圖 一冊定價二圓

政法通論

對外觀念之適當程度論

攻法子

今昔對外觀念之差　畏外媚外之現象　政府之敷衍政策　所謂新黨之崇拜迷信　受病之源　外人之地位及其於公私權之關係　外人之種類　對外之適當政策

今之憂世變者則莫不以亡國自怵攻法子曰中國不能亡恃吾歷史恃吾人種無驟亡理獨觀吾國今日上下對外觀念之謬則所謂國必自伐而後人伐之亡國之根源必基於是吁可危哉

吾國對外觀念之變換其極端當斷自庚子庚子以前以排外爲主義其視外人也儼然以中華自居而以小蠻夷畜之及屢戰屢敗外人之勢力日浸長於內地於是自傲之氣大挫積羞成怒積怒成仇其甚焉者恨外人如蛇蝎視外人如非人類恆欲一旦去之以爲快醞釀鬱積於是有義和團之舉義和團者積數千年來排外之熱爆發之最烈者也不幸而聯合軍起烏合之衆野蠻之舉終不能與文明各國相

二

敵以爭存於今日之世界而外人逞其貪忿揚言待野蠻之法當仍治以野蠻殺戮之慘荼毒之極爲文明戰爭所未有於是吾國若上若下若貴若賤若富若貧無論身受或倖免者乃無不大懲其膺排外主義遂一變而爲畏外媚外是故庚子以前吾國之對外觀念雖極頑固守舊尚有一種客氣以用事庚子以後乃併無氣排外之極尚不失主動者之地位畏外媚外之極則不至以全國舉首聽命於外不止反客爲主可以坐待吁可危哉

客有來自故國爲述畏外媚外之現象曰國民之要素所謂愛國心是已吾國今日則不知國家之爲何物懾於列强之勢不思自振務求得其庇蔭以苟活語云哀莫大於心死吾國殆所謂心死者矣譬如田產者我之私權也而外人强佔之則隱忍而敢不道身體者我之自由也而外人强役之則雖勞而不敢辭又如道路爲公共之地而外人當前則無人敢出其先裁判爲神聖之權而外人干與則凡事皆可曲從警察爲保安之吏而外人犯法則故縱在所不恤凡此諸端指不勝屈要之吾國今日無不仰外人如神明事外人若祖父乃至外人之車馬外人之役隸與夫稍習

外語而與外人稍有關係者則無不爲一世所尊重相率以爲神聖不可犯嗚呼此何象耶此何象耶是故觀外人對我之跋扈無狀令我氣憤觀吾國對外之卑屈無恥令我氣絕謂中國爲獨立之國謂中國有獨立之國民其誰信之

客又言政府之對外如何則以敷衍爲無上上策是也非不知外人之偪我實甚非不知國家之自主將失第以爲蠻夷亂華乃天運使然非人力之所能挽回故於外人之要求無論其當不當也無不出以遷延推諉之手段以爲是足以老外人之氣而希冀保守權利於萬一又平日虞失外人之歡心也則務崇虛禮以榮之厚出金帛以豢之但求一日無事則政府可以一日苟安他非所計也而不知外人深悉我之伎倆我愈遷延則彼愈切迫其最終之手段則竟強奪橫領之而不顧故敷衍者自欺而已他人不受其欺也是故接路鑛之要求也外部諉之督撫督撫諉之外部遷延遲回之中而外人敷設開掘之明文已布告矣遇教案之處分也政府務在輕縱外人務在嚴辦往復辨護之中而國家黜陟刑賞之大柄已倒持矣教士之至內地固宜保護者也而往往派專員以供送迎儼若天使客卿之在部下以備顧問者

也而往往設虛位而無實際徒養間諜縱覘近數十年吾國之外交史無一事不失敗於敷衍政策前此之割地借債金皆由先事不知豫備臨事徒欲虛飾之咎然則敷衍之計其不宜於對外明矣然而政府今日則方以爲唯一政策而不悟有如此者」咨又言守舊者無論矣所謂新黨之對外如何則又不能不喟然也彼所謂新黨者震驚於外人之强盛於是崇拜之崇拜之不已乃轉而爲迷信苟其爲短裝無辮之人則尊重仰慕之念即油然而生一若凡屬外人皆具全能者然凡至中國之外人均有實力足以任中國之事均有眞心注意中國之前途者然聞言四海一家則帖然爲之前趨聞言同文同種則慨然引爲知己其甚焉者遂有以國家之問題社會之實情日與外人相商榷而轉屏本國人於異類之例乃至籍外人爲護符依外人爲後援得得然自以爲得意嗚呼其開通可喜其心醉可悲也又況崇拜迷信之極社會國家所受之結果將有不可設想者彼夫一理髮師可以爲學校教員一下士卒可以爲醫視總監一墮落書生可以爲教育顧問非此崇拜迷信者流有以開其端耶增殖外人之勢力不辭爲虎作倀之諂諂其有愛國心未敢云然也然而全國

所謂新黨大都不脫此弊有如此者

攻法子曰嗚呼如客言可謂畏外媚外之現象矣雖然其受病之源果安在也嚮者何以排外今者何以畏外媚外外人固猶是耳而前倨後恭乃若此吾得一言以蔽之曰不知外情而已處今日之世界知有已國而不知有他國號已國曰天下餘則夷視之此閉關自大之主義其爲文明公敵固宜矣然而臥榻之側任人鼾睡外人進一步則我甘退一步外人占一著則我甘讓一著國家之施設人民之舉動咸視外人之喜怒以爲標準嗚呼若是者其異於世界公共之附庸國復幾何也以不知外情之吾國處此境地固曰是無可如何耳實偪處此非得已也雖然吾請舉對外之問題爲吾國民一解決之

對外問題所最不可忽者有二事一曰外人之地位及其於公私權之關係大地既通鎖國主義必不能復行於今日於是甲國人至乙國乙國人至甲國外人於一國內應占之地位如何乃爲國家之一大問題決此問題在知外人於公私權之關係而已何謂公私權吾請先釋其義如左(據日本井上毅之說)

六

（第一）私權者。指人民各營其生活而得之權利。所謂私益上之權利也。公權者。指社會中之一人。參預公共事務而得之權利。所謂公益上之權利也。故私權大抵以民法規定之。而公權大抵以憲法及其他國法規定之。

（第二）私權者爲人民一身一家之計。故除明文禁止之外。外國人亦得許其享有。公權者爲一國公民專有之特權。非外國人所得預聞。

（第三）私權者。人人享有。無男女老少之別。公權者。必有公民資格之人。如成年以上之男子。及未受刑法之剝奪者。始得享有。

據第二義觀之。外人於公私權之關係。可以較然。私權者。外人與本國人之所同。公權者。本國人之獨。非外人之得參預其間也。今試觀歐洲諸國對外之歷史。上古時代。其視外人與敵人無別。故或稱之曰漂泊人。曰賤人。大都置之法度之外。中古以後。尚有任意沒收外人財產之權。此其時外人之享有私權。尚未公認之也。至一千七百六十一年。法國與西班牙結約。始取國際交互之主義。國際交互云者。兩國視相待之厚薄。互相交換其利益之謂。於是外人享有私權之萌芽。以啓迪法國大革命後大昌博愛主義其翌年國民會議宣言有自由之法國宜廣開國土使地球上各邦人民同享人生固有之權利之語自是以往外人之得享有私權爲文明各國之通律自非有害於治安及其事業有關乎國家之大利益者無不與本國人同其權利至於公權則自有臣民身分者以外斷非外人所得希冀公權之種類其關乎政權者有四(一)被選議員之權(二)選舉議員之權(三)任官之權(四)參預自治之權是也此外若陪審及參審權新聞紙發布之權政社結合之權等類各國無不著之法律嚴禁外人之享有此其大較也(作者譯有「各國國民公私權考」載第一年譯書彙編第八期內可參攷)由是觀之外人之於公私權其應享有與否有一定之限界絲毫不能相混其在外人分限之內者則宜直捷與之而不然者則宜直捷拒之此國家之自主權本乎公理以行者也而吾國嚮者不知此鎖國時代充其拒外之觀念則欲併私權而禁絕及不得已而開放則國民特有之公權亦任外人之掠取而不愧嗚呼何其昧也夫公權者由國民與國家特別之關係而始發生者也若外人參預其間則其危險當有不可設想者日本井上毅曰「若乙國人得參預甲國之政權公務則其國之成立不分內外爲世界

公共國矣一嗚呼由今之道無變今之法吾誦其言吾爲吾中國前途懼也

一曰外人之種類「支那大陸爲世界逐鹿之地」歐人嘗公言之故外人種類之雜無有甚於吾國者試以謀利爲標準大別之可得三種第一謀國家之利益者第二謀一身之利益者第三謀一身之利益因而謀國家之利益者其第一種若外交官之類是其第二種若商賈之類是此爲各國在留外人通有者也獨其第三種則大都爲外國無賴遊民在國內不得職業乃思易地以圖非常之利益故不得志則孳孳於衣食尙無大害一旦得志則往往干涉政治上之問題以大逞其無賴之手段彼國政府挾得寸則寸之野心無不利用其才以自利於是此輩遂盤踞吾國重要之地位矣縱觀吾國在留之外人以此輩爲最多數而吾國人不受其欺者則居其最少數憶此不能不爲崇拜迷信者流咎也吾有一至淺之証今之文明諸國其已國人才往往日慮其不足使其人果有實學則在其國內必已大用安有舍本國之地位遠適異國以求生計者耶而吾國人不察以爲是挾婆心以助支那改革者也抑知文明之國民國家之觀念極深未有有爲之士而肯舍己以芸人者也吾願

吾國民一深省之也

然則今日對外之政策宜如何曰對外之問題與內治相聯內治不講國無實力今日之世力強則勝力弱則敗斷非可以理論爭存也惟就本問題而論則亦宜力求適當之政策使外人知我之不可欺而國民得永保獨立之氣象吾所望於政府者在定外人之公私權若者宜許若者宜不許著爲定例決以片言無事敷衍吾所望於一般之國民者在別外人之種類無濫搜羅無濫信仰無漫以眞心相許以求他日之可得依賴是故對外之道無他知外而已欲言對外請先言知外

中國貨幣改革議

瀧川學人

緒言

經濟界中至繁極賾之問題其範圍廣大其原因複雜當十九世紀末葉號爲全球一大問題者莫如貨幣本位論是也而其關係國際貿易之消長生民日用之程度至重且要者又莫如此問題若也自西歷一千八百七十三年德意志改行金貨本

位以來金銀比價之差滔々而不知所止物價因是而變動商工因是而停滯於是經濟家政治家粘此問題朝夕聚訟甲論乙駁欲窮究其是非得失或主金本位說或主銀本位說或主萬國複本位說歐美諸邦開萬國貨幣聯合會議者數次至今日而諸家學說諸國政策大端已有着落如各國皆採用金本位而銀本位已屬過去時代之制度複本位制度則非聯合各國必不可行學說上已有定論欲維持銀價之下落非聯合各國行複本位不可但各國各有隱情欲聯合而率先者卒無其人也今雖議論稍息而他日此問題必有再燃之一日今日全球商業皆注重東亞支那大陸將爲世界之市場我中國貨幣制度有一種特異之狀態各省有各省之習慣各省有各省之名稱各省有各省之衡制加以舊貨外幣充斥於市雖巧賈未易知其詳歐人感其不便欲起而更張之者數矣彼歐人之勸我政府鑄造金貨數年以前已早及此近日又聞外人勸政府鑄金貨之說一國之幣制不備而來他國之干涉亦勢所必至殷鑒不遠日本其前車矣日本當明治二年之時幣制亦極棼亂受歐美各國使臣之詰責迫其改革者至再至三當此銀價日落償款又巨之時

西人之爲我謀假倘近乎忠告政府或動容而聽毅然而行改革之事未可知也行他種變法改革之事或視爲難行貨幣改革之事或又視爲易不知貨幣本位者國家百年之大計生民日用之攸關不深究其利害得失之所存倉卒而行變革全國經濟社會必遭蹂躪而不前救藥貽後日噬臍無及之悔如印度之改行金本位至今而尚蒙其害否則朝令暮改如數年前各省設立銀圓局今日設之明日停之此省之銀圓不能通行於彼省未受其益徒滋其弊自餘各種改革吾惟恐其不速不速不足以新全國之氣無取乎慎重無取乎遲疑至行金本位之事吾又惟恐其速非熟察生民經濟之程度及國內外貿易之狀況則不可輕易爲之否則徒出一令曰行金本位有空名而不能實行則又何取此政令爲哉今日中國改革貨幣與行金本位是兩事也不可混而觀之改革現行之幣制實今日焦眉之急務當毅然決然行之何待熟思何待審慮至行金本位則當籌及遠大非沾沾於目前之利害倉卒可行之事也或謂政府之所謂改革貨幣不過添鑄幾種金貨耳而於歐美文明本位制度何嘗鑽研一二何能實行一二何必驅驅然過慮爲哉然吾所望於政府

者不在今日添鑄金貨而在將來之實行金本位制度而在現在預備將來改行金本位制度以金本位固文明進步之制度為中國百年之計斷不可無行金本位之一日其如何預備將來行金本位及如何改革現行貨幣制度當分篇述之而於篇首則略述貨幣學原理使吾國人知貨幣制度之真相及世界各國改行金本位之所以然也。

第一章　貨幣原理

第一節　貨幣之四大作用

第一作用　交換之媒介。人之以物易錢其真正之目的不在錢也謂有此錢得以隨意交換他物以供吾之用如僅此瑑瑑者而已則亦寒不可衣飢不可食故每人日日勤勞所得之金錢非其人之真正收入其真正收入則在勤勞之結果譬彼豪農傭農夫數十人以從事耕作此豪農所給之工金非農夫真正之所得其真正之所得則在田畝所生之米粟然農夫不取米粟而取豪農所給之值者何也取米粟則必更換貨幣然後得以購買他物取貨幣可以省無益之勞從社會經濟全体觀之天下之勢力微弱不能獨立者莫金銀若也而金銀之於世界今日能占有莫大之勢力者以其節勞省時實經濟界中一種至迅極速之機械物藏貨幣於懷可以交換百物爲購買各物之符劵常人之情每重視貨幣而輕物品者職是故也

第二作用　價値之尺度。　物物交換之世以粟易布以布易肉各物無一定之比價每易一物則有一價物之數催萬則物與物交換而生之價又將倍徙有十種之物則有四十五種之比價有百種之物則有四千九百五十之比價此在太古萬物簡陋之世或可行之社會複雜如今日非有一物以爲百物之尺度則物與物交換之標準無定而日中之市將不勝其煩

第三作用　借貸之標位。　當貨幣不行之世甲某所借於乙之物他日必以同量同質之物返乙然物品之重量得品質同而價格之高下則隨時不仝價落則甲返乙而乙不欲受價增則乙求償而甲不願償後世貨幣行則甲之所欲償即乙之所欲受以貨幣爲百物之代表事簡而爭熄

第四作用　價値之貯藏。　今使人遠適異國必備載百物以行雖有好遊之士亦

將裹足而不前又使蓄財者必貯積百貨然後可爲他日之資本則不勝經營管理之勞求其容量至小價格有常便於行而便於居者又莫如貨幣若也

第二節　術語說明

前既述貨幣之作用矣。將進而研究其在貨幣制度。唯貨幣學上之用語。有不得不略釋其義者。如『貨幣之本位』『金銀之比價』『單複本位』『自由鑄造』『兌換券』『補助貨』諸名目。非略釋其義。閱者不免有隔靴搔痒之歎。而於貨幣制度。恐未易窺其要領。

（一）貨幣之本位

所謂貨幣之本位者。即一國法律上所定之貨幣。無論數之多寡。得以通用。交易授受之際。不得拒而不受。非如補助貨有一定制限之數。此即貨幣之基礎。國定貨幣之本質。以金爲之。則爲金貨本位。以銀爲之。則爲銀貨本位。或曰貨幣本位。或曰本位貨幣。皆異名同辭。本位貨所以計算物價。故貨幣自身。亦有真之價格。其價格。與法律上所定之價格必相等。

本位貨表面上之價格。與實質上之價格相合。故以銀貨一圓。鎔而爲銀塊。仍得一圓之値。故本國之幣可以流入他國市場者。職是故也。墨西哥銀圓之流入中國。廣行各省。反客爲主。其勢力在中國自造龍圓之上。自餘各租界各口岸英日諸國之貨幣跳梁跋扈於經濟市場者。更無論也。

(二) 單本位複本位

單本位者以金銀二者之一。定爲本位貨幣。複本位以金銀二者並用。二者皆爲本位貨幣。皆得無制限通用之。金貨單本位之國。如英如德如墺等。是銀貨單本位如。如中國如墨西哥是。複本位者金銀之比價。以法律之力定之。市場之時價有時上落。而貨幣之比價有一定。非合萬國同採用複本位。則法律上之價格。與市場之實價。未易符合。至有金貴而銀賤。則金貨皆變爲地金。金貨一圓。以貨幣用之。不過一圓之値。變而爲地金。可値一圓以上。於是金貨或流入異國。或鎔爲金塊。必漸致絕跡於市場。而流通者僅有銀貨而已。如聯合萬國爲一致。改用複本位制度。則金銀之比價。萬國皆同。實價與法價。不致相去太遠。幷無旋漲旋落之患。然萬國複本位之制。則又言之易而行之難也。

(三) 法貨

法貨與本位貨。異名同辭。即法律上所定之貨幣。通用可無制限。補助貨亦可謂之法貨。然曰法貨。大都指本位貨而言也。

(四) 補助貨

補助貨者。所以補助本位貨之流通。本位貨價値。必在一圓以上。日用小額之受授。不得不用補助貨。本位貨以金或以銀。而補助貨則以銀或以銅。補助貨所含有之眞價。必少於法律上所定之價。否則當市場價格騰貴之時。或流出外國。或鎔解爲地金。補助貨必漸絕跡於市場。而政府之鑄造。又不勝其煩。中國當銅價昂貴之時。一文通錢。皆爲市儈所收去。政府雖設立官錢局。終亦旋鑄旋滅。此可謂引證之實例。補助貨僅以供流通之便。貨幣自身。無實際之價格。故通用之額。不得不有制限。如日本之貨幣制度。補助貨之通用。至十圓而止。以上則均用本位貨。否則受授之際。蒙其損失者多也。

（五）自由鑄造

人民以若干地金送於造幣局以鑄造本位貨。造幣局即鑄造若干本位貨。以交付人民。（或徵收鑄造費或不徵收鑄造費則視其國之政策）此謂自由鑄造。人民有地金。即可自由鑄造本位貨。至補助貨則何論何國。皆不得自由鑄造。蓋補助貨法律上所定之價。與貨幣物質上之眞價相去較遠。若許自由鑄造。則人民可占意外之奇利。而國家必蒙非常之損失。故自由鑄造。只限於本位貨。

（六）兌換券

兌換券者。（又曰兌換紙幣）所以代本位貨幣之用。可隨時兌換本位貨。其効能與本位貨同。便於攜帶易於運搬。其利甚大。今日各國行本位貨之國。無不有兌換券之制度。凡巨額之出納。不用本位貨。而專用兌換券。兌換券發行之機關。各國皆以中央銀行爲之。中央銀行。視人民信用之程度。金融之緩急。而定本位貨準備之多少。有相當之準備。然後能應交換者之求。否則發行之數過巨。準備之數過少。則兌換券之價格。必至下落。非貶其値不能通用於市場。故無相當之準備者。不能發行兌換券也。

（七）金銀之比價

金銀之比價。即金與銀相去之價格。世界金銀之價格。西歷一千八百七十三年以前。比價在一與十六之間。故各國貨幣制度。是年以前所制定者。大都金一銀十五半之比例。其後各國採用金貨本位制。銀貨遂遭屛斥。銀之產額。其數日增。銀價遂日至下落。至今日而成金一銀三十二之比價。此比價各國雖以法律定之。然金銀之實價。不免時時有多少之變動。

（八）秤量幣制及計數幣制

金屬貨幣之制度有二。一秤量貨幣。一計數貨幣。秤量貨幣者。準政府所定之衡制將金屬衡其輕重。以爲交換之媒介。即中國今日之用銀制度是也。計數貨幣。其純分、重量、皆有一定。鑄造歸於國家之手。人民則計數以相授受。計數制度更小別之。則有單本位制。複本位制。合本位制之三種。中國自上古即有鑄錢之事。至今日而尙在秤量制度之時代。貨幣學家相傳爲奇事。

第三節　貨幣流通之原理

法律之勢力　習慣上之勢力　gresham 之法則

凡百貨物其生產必委諸私人之手而後得以自由競爭而後可得最精最廉之品。惟貨幣之鑄造若非屬於國家主權未有不陷於粗製濫造之獘私鑄最流行之國家即惡貨最充斥之國家古今東西皆有確證斯賓塞氏之言曰雜貨與麵包私人所製造者皆良品也貨幣亦然欲得精品不若私鑄之爲愈其持論之誤謬已爲諸學者指摘無遺蓋貨幣者僅爲交換媒介之用。其目的在購買他物貨幣本質之善惡精粗授者受者皆不暇深顧貨幣鑄造權。各國憲法。列諸國王特權中之一。雖過去之歷史。中國王之濫造貨幣。粗其品質。以愚弄人民者。其例不少至近世之立憲君主欲改革貨幣制度尙須多數輿論之翼贊而況濫造貨幣之事其不能行於今日立憲諸國也無疑就鑄造權而論之。一國法律之効力。其影響甚大。況當世文明諸國貨幣之名稱大小、性質、價格、法律上皆有一定。各種補助貨其名目上之價格。與實質上之價格。相去甚遠。而能流通於經濟社會者。一本於國家法律之力也。然同時而民間習慣能保有一種勢力有時與法律之勢力並行有時與法律之勢力反對有時或助成法律有時或壓倒法律諸種現象皆貨幣學家及貨幣行政家不可不深長思之事也一般人民未嘗有貨幣學上之智識惟隨世之常勢以爲左右。當交相授受之際彼此胸中所有之疑問惟受之於他人者能轉而授之於他人否乎從來他人所相與授受之物已亦從而授受之可矣不文無智之社會凡品質重量之如何則更措而不問若遇形狀印章稍稍新奇之貨幣彼等即不免生疑懼之心故古來改鑄貨幣之時其形狀印章年號往往沿用舊來流傳之制市場之通貨閱時稍久不良之幣日多而精良之幣漸少其主因之所在則有二一鑑別貨幣眞價之難一習慣勢力之强盛自昔國王及僞造貨幣之人知與舊貨幣同樣之形式人民即授受而無疑以是發行諸種不良之貨以飽其私利者所在皆有同一貨幣也。或因自然之磨損。或因人爲之作僞。而生實質名目之差善良不良之別生此差別。而貨幣流通之現象。其影響之及於經濟若何則又一研究之問題也。一般之人。徒視貨幣之外觀而無暇精査重量品質之如何固也然少數之兌換商地金商銀行家之流則善通此間之消息因此而博取奇利當良貨與惡貨並行於市之時則鎔解其良貨以綱奇利於是不良之貨幣遂跋扈充斥於市場葛雷蝦痕 gresham 氏發此現象。發明貨幣流通之原理。今約舉其所說曰。『凡良貨與惡貨不能相駢而流通惡貨之力足以驅逐良惡而良貨不能驅逐惡貨』數語遂爲貨幣學上之金科玉律至今炙炙人口稱爲葛雷蝦痕之大法則也當原理未明之日諸國之司財政者憂純良貨幣之絕跡於市日日鑄造新貨以爲驅逐惡貨之用未幾而其形漸隱其跡漸絕財政家之苦心經營卒無大效自葛氏發見原理以後乃一醒古來之謬見而貨幣流通之原理大明於世

第四節　金銀價格變動之原因

西歷千八百七十三年以前。倫敦之金銀市場其比價恒昇降於六十弁尼至六十一弁尼之間。以六十五年之金一銀十五・一之比價爲最低。七十二年之金一銀十五・七九爲最高。千八百七十三年。德意志以新造之邦。改革幣制創行金本位。銀貨遂湧出於市場至七十九年。其總額有二億八千餘萬圓銀價漸有低落之勢。未幾而辣丁同盟諸邦。防德國銀貨之濫入停止鑄造銀貨銀價之下落更有助長

之勢。同時而合衆國。又停止鑄造銀幣。至八十八年。銀之價格。所謂歷史上未曾有之低價。當銀價下落之初期。世人皆歸咎於德意志。德之銀行家亦深信其言。請政府停止銀貨之賣出。然德意志賣銀停止之後。而銀價之下落如故。則銀價下落之眞源。因不在德意志之賣銀。世之鳴其非於德意志者。至是而其說遂寢。斯時爲他之說者。則又歸其源於『廢銀』一事。所謂廢銀者。當時貿易上主要之國。皆改行金貨本位之制。銀貨之使用日減。其結果遂至銀價之下落。是說也。初聆之。若有根據然細考經濟上之事實。則又近乎臆測。英國金銀價格調查委員之報告有曰。法蘭西自八百七十五年以後。銀貨之需用。未嘗稍減於七十五年以前。其他辣丁同盟諸國亦然。金本位之國。日用授受之際。仍以銀貨爲媒介。且支那東洋諸國。銀貨之需用日煩。『廢銀』者。不以銀爲本位之意。非銀貨使用減少之意。則以銀價下落歸諸廢銀之政策者。誠無據之臆說也矣。然銀價下落之眞源因。果何在乎。試觀銀之生產額而經濟上需要供給之原理。實銀價下落之一大眞因也。一千八百八十七年。銀之產出額。已增至二億六千五百四十萬圓。供給之額。超過於需要之額。遂有全市場銀價下落之現象而德之實銀政策不過此源因之發動力各國之廢銀政略不過此源因之助長力至今日而銀價下落之勢滔滔未已者尙不外供給超過之一源因也銀價之下落如此其急激矣而其影響之及於經濟社會者若何則又非可臆測而知之也銀價下落經濟上受此變動之利害者莫如金貨國與銀貨國之貿易與銀貨國貿易最盛之國莫如英而其受變動之最烈者又莫如英然經濟上眞正之變動不在銀價之下落而在銀價之動搖不定然因銀價動搖無定所生之利害海運之便交通之利如今日其影響之及國際貿易者又非若世人想像之甚也

第十二章　中國改革貨幣當籌緩急先後論

金銀銅三品自古即爲萬國通用之幣然貨幣之由銅而進於銀由銀而進於金實世界進化之趨勢非人爲之所得左右蓋一國民所使用之貨幣其種類恒視其生產之多寡交易之遲速傭金之高下以爲變更視其國貨幣制度之高下即知其國民經濟盛衰消長之何如譬諸衣服器用與其國之文化相適應金銀之働力如彼

牛馬任重致遠行千里不急之程者莫如牛輕裝敏捷迅速達者莫如馬一車而不能馬牛併用宜焉者亦不能代之以牛也貿易繁盛民業多忙其日常授受恆在五圓以上之國而必强之使用銀是猶以馬車而易汽車帆船而易汽船也貿易未盛事情靜鎮之國其人民之所爭者恆在一文半文之間則銀貨較便於金貨世之主張金銀並用者每以金貨之不足攻擊德國採用金本位之非不知改革本位不僅一國之獨立權而已也且其利害緩急恆視其國之情狀以爲取舍當改革時機已熟之時墨守銀本位而無決行之勇或時機未至漫然而圖改革者皆貽誤國家之大計也今中國幣制腐亂已極改革之急不容一刻緩固已將乘此改革之時機即起而行金本位乎數千年銀貨之邦一躍而爲金貨國民生程度之如何貿易消長之如何或不免失之過早之虞然長此銀本位以終乎則大背文明進取之道且不數年而貿易繁盛四億之衆非金本位不足以爭强於世界余得以兩言決之曰中國今日不能驟行金本位而預備將來行金本位之政策則不可不定於今日中國今日不得不改革貨幣然改革貨幣不在先行金本位而在先之以統一政策試再

舉本位之利害得失。分拆以言之。

(一) 行金本位之不利

一貿易上　據赫德之海關統計報告。每年外國貿易總額。不過二億萬兩。而內國貿易無統計不能知其詳。然按人口以爲比例。每人以二圓計之四億萬人可得八億萬兩外國貿易遠不及內國貿易之多金本位利於外國貿易內國貿易則一時必至商業停滯物價暴騰交易窒礙以八億萬貿易之不利而易二億萬貿易之利非政策之上者也

二民生日用上　覘國民生計之程度莫如一國之傭價中國上等傭工每日所得不過三百文米鹽日用之需中人之家每日亦不逾三百以上終歲之出納需用金貨者百無一二懷以金貨入市反形不便且中國數千年以來號稱銀國民間之所歲大半銀貨一旦改易金本位則銀僅居百貨之一而不能爲貨幣之用蒙其損者不僅中人之家已也

(二) 行金本位之利益

行金本位將來之利益。不勝枚舉。而舉其目前之利益。則於擴張外國貿易一事。實最著者也。蓋世界大貿易國。皆用金貨本位。而我國獨用銀貨。貿易上有非常之不便。銀之市價。變動無常。從事貿易者。不僅時時有危險之虞。且當交易既終。必對比而換算之。其煩累又何如也。我國之從事外國貿易者。恒在租界中。而不能遠涉重洋。彼旅居外洋商人。又深苦於銀價之變動無常。本位之彼此各異。因而束手者。比比。若改用金本位。則不啻握有國際共通之貨幣。可以橫行於世界市場。譬彼操異國語者。不俟翻譯通辨。可以相對而談矣。金本位之利害得失。其他不勝枚舉。然余既言金本位之不可緩行。而幣制之必當改革。必當統一矣。其如何改革。如何而後統一。及如何改革而始善。試先舉其目。再分條以述之。

一首定貨幣之名稱

一設立造幣總局

一改定衡制

一精鑄以防僞造之法

一行兌換券制度

一定補助貨制度

一設貨幣行政專官

一責成各省貨幣行政官將各省貨幣流通情形報告於造幣總局

一墨西哥銀圓之處置

一一文錢之處置

一調查各省需用貨幣之數以備造幣局豫算參考之用每年全國所鑄貨幣之數以豫算定之

一金貨流入外國當籌抵止之法

一收買金貨以備將來鑄造金圓改行金本位

（未完）

國際法上之蒙洛主義

無名氏

蒙洛者。北美合衆國之大統領也。於一千八百二十三年。曾一宣言其政治主義。於是蒙洛主義一詞。遂爲外交家國際公法學者所注意。近時委內瑞辣問題。英美之間。大起紛爭。論蒙洛主義者。又不乏其人。而其所挾之見所唱之說。則又涇謂各分。不能一致。英之政治家及學者曰。委內瑞辣問題。英人自當干涉之。非干涉之無以伸英人之權利也。此排斥蒙洛主義之言也。美之政治家及學者曰。委內瑞辣問題。美洲之問題也。美洲之問題。非美人自決之不可。美人不自決之。而取決於他人。是他人侵我美人之權利。而我美人自放棄其義務也。此辨護蒙洛主義之言也。玆姑不論委內瑞辣問題之爲何。請一言蒙洛主義之眞相。此主義之有重大關係於歐美之間。自不待言。而以此主義爲歐美間交涉上所特有者。則其誤解也亦甚矣。無論何種主義。苟備國際法之資格。無妨於萬國之通規。以之爲一國之政策。而果有利於其國。有益於其民。我恐無論何國。固將行之無疑者也。又豈獨蒙洛主義爲然耶。又豈獨美國爲然耶。今請言此主義之沿革及其性質如左。

拿破侖一世以排山倒海之勢蹂躪歐洲全局歐洲各國不堪其苦。於是英普俄與四强國出協力以破之蕭蒙脫之條約既成。絕世之英雄亦不得不俯首帖耳幽囚於愛爾白之荒島。歐洲列國之境界始定。而神聖同盟遂成立於普奧俄三國之間。藉口於正義宗教。而暗逞其私利私欲。國際法之大則。棄之背之恬恬如也。法國公使塔蘭侖竭畢生之全力於歐洲之政界。始得列法國於五强國之班。路易十八世。遂爲神聖同盟中加盟之人。法國之大革命。雖如疾風暴雨。席捲而過。而其革命之餘波。猶彌蔓於歐洲大陸。西班牙伊大利。無不被其影響。故一千八百二十年以來。蘭盤脫洛巴維洛那等之會議。雖有英國之反對。尙決議非用兵力干涉之不可。西班牙國王福騰南時七世。賴以得後其位。而遠隔大西洋之殖民地。則自由之思想。共和之氣焰。猶烈烈不稍衰也。神聖同盟今後之方針。全在鎭壓此等殖民地。英國外務大臣懇寗遂與亞達毋司交涉。北美合衆國之大統領蒙洛不能默視。以一千八百二十三年。致書於列國會議。公言其政治主義。其大要曰。『美國與歐洲各國。

相見以兵。爲國情所不許。今請以合衆國與歐洲各國之間所有之交誼感情而言。歐洲各國。欲播其政治主義於我半球。則不得不以妨害合衆國之安甯破壞合衆國之平和論。故現在所有之諸領地殖民地。我等當以不干涉之爲宜。既認其獨立而歐洲各國猶欲濫用其壓制手段以左右諸領地殖民地之運命。則歐洲各國之行爲實無以取信於人』 其次與俄國之境界問題。（美國從俄國購得Alaska）亦有言曰。『美國已早非歐洲各國之殖民地。故自此以後美國當確守自由獨立之原則』 此實當時蒙洛主義發表於世界之狀況。及其宣言之大体也。而此主義之眞意如何。國際法上之價値如何。則請言之如左。

蒙洛主義之宣言。於玆已七十餘年。其間之解説批評。雖甚不少。而此主義可大別之爲二點。則因衆口一辭。無不承認者也。何謂二點。美國既不干涉歐洲之事件。故歐洲各國亦不得干涉美國之事件。此其一也。美國既非歐洲之殖民地。此其二也。從來學者甚以此區別爲然。而世人往往混淆之。蓋非無故。就第一點而言。則恐甯照會各國之時。曾辨明干涉西班牙及其殖民地。本出於權利之外。而就第二點而言。則懇寧雖以此主義發動力之一人。亦嘗試反對而各國毫不認之。故遠衡視之一若其間之効力自差而其實不然。二者之主義實同而其表面則異。法蘭西人有言曰。『L. Amerique aux Americaires.』其意謂亞美利加當置諸亞美利加人之手中。今以之爲蒙洛主義之眞意最爲確當。雖然政治家及學者必不以此言爲然也。美之國際法學者羅侖斯曰。『歐洲當時之政界中。有神聖同盟。有東方問題。纏綿紛雜。殆不可以言語形容。蒙洛欲美洲不被其影響。故宣言歐洲之政治主義。不得傳入於美洲。然歐洲列國。果有利害之關係於亞美利加者。則雖干涉之。亦非所深拒。是實爲美國近來之政策。彰彰明矣。』(Essay on Modern Int. Law. P. 153)其爲此言果正當之見解歟。抑實此宣言之眞意歟。吾輩竊不能無疑。試思蒙洛主義實爲歐美之政事界中一萬里長城。其目的之成否。姑置不問。而宣言之趣旨實在乎此。果如羅侖斯所言。則此宣言豈非自相矛盾乎。無謂亦甚矣。而不意今之美國政治家。其所執之方針。乃與羅侖斯之言一一相吻合也。豈不奇哉。自有此宣言之後。美國之干涉歐洲之事件。正不可以屈指計。遠之如關乎豆斯海峽事件與丹麥之交涉近之如關乎西亞非利加之事會議於伯林凡此與亞美利加之政務皆所謂風馬牛不相及者也而美國一一干涉之不特爲不能實行蒙洛主義抑已背之雖然社會之不能孤立而達其生存之目的亦猶人類之不能單獨而全其生活之要素人類既有交際豈可社會而無交通於是利害之關係生焉事之有此利彼不利者固多事之因共同之利益而生者豈遂獨無社會日益進步此關係因之而益複雜蒙洛主義之遂失其用勢有必至理有固然也

蒙洛主義之眞意如此然此宣言國際法上之價値如何其所有之原則如何更不可以不論夫國家皆有自由不羈之權以立法而行政苟與他國協同辦理其公法上之事務亦出於其本心非他國所得而干涉之他國既無干涉我之權我獨有使他國採用某之憲法或變更其憲法或顚覆其政府或廢立其君長或定其行政之規準或使採用某之官制或以外權強制之之權利乎此海福太所以有關於干涉一般之原理之論而化路亦謂干涉無異敵對之行爲也由是觀之蒙洛主義於國際法上至正至當必不可少者也何也所以拒歐洲列國之不法行爲也然試一細

察之。即知其有不然者。歐洲之所欲干涉者。祗有亞美利加大陸之一部。非對於北美合衆國也。故嚴密論之。合衆國之爲斯言。一若自進而干涉歐洲之事件。亦無不可。故蒙洛致敎書於列國會議。即可謂干涉歐洲之事情。即可爲自棄其蒙洛主義之一證。然合衆國爲此宣言之時。合衆國之勢力正盛。北美之一合衆國。實代表亞美利加全体。無合衆國。即無亞美利加。合衆國與亞美利加分而合者也。合衆國既掌亞美利加全大陸之霸權。故歐洲對於亞美利加之一部。欲試其干涉手段。合衆國即當斷然拒絕之。然合衆國亦不過爲美洲之一國而已。合衆國之不得謂爲亞美利加。猶之歐洲列國之一國。不得以之謂爲歐羅巴。合衆國既不得與亞美利加合而爲一。各當維持其獨立之社會。即不得以合衆國左右全亞美利加。亦即無以專斷拒絕外國干涉之權利。或曰。歐洲列國既先干涉。故依國際法之原則。合衆國亦可以干涉之。如與俄羅斯之境界問題即是也。若然。則蒙洛主義於國際法上。無何等之位置也。明矣。

或者又曰。此宣言之基。在於自衛權。自衛權爲國際干涉之一理由。現今之通說也然此宣言果適用此原則否耶威爾西曰歐羅巴人領有版圖於亞美利加大陸爲合衆國政府所不許此言也越於均勢論之範圍者也不能均勢即不能適用自衛權之原則突又曰建立與合衆國相異之國体或變更共和政体而爲君主政体皆爲合衆國所不許此言也又證之蘭盤誰洛那之議史而益覺其言之無根焉何也政治組織擾乱之憂固在彼而不在此也今假認合衆國有拒絕歐洲干涉之權利則此宣言果於國際法上有効否耶彼法國革命所以害各國之安寧也於是歐洲列國基於自衛權之原則以組織神聖同盟猶恐其餘波之及於亞美利加殖民地也均對之而干涉之是亦不得謂之不當合衆國雖可斷言己不被害而不能強使人之被害而不防況乎欲此宣言爲國際法上之一原則而適用於後世非先經各國之承認不可承認雖有明示默示之別而要必有表示之意思試問此宣言之當時歐洲各國有認之之意思乎不然則此宣言果爲列國所慣用而爲國際法上之一慣例乎我恐合衆國早已自棄此主義不過時或藉之爲政策之一助而學者猶欲曲爲之解以爲符合於今日之政策也何其謬也

要之蒙洛主義毫不準據於國際法不過爲當時之政策而已堪維瓦評之曰『有主義之名而無主義之實』最爲適當姑不論其不合於萬國之通規若以之爲政策果能達國家之目的則政治家又何必不採而施之然時異世遷此主義之無能爲力徵之合衆國過去現在之歷史彰彰明矣

按蒙洛主義爲對於神聖同盟之反動力依此主義則亞美利加之事決不容他洲人之干涉此爲亞美利加之權利亞美利加人亦不得干涉他洲人之事此爲亞美利加之義務國際公法上所謂政治的均勢主義是也然觀亞美利加近世之舉動果何如乎彼之不肯放棄其權利自不待言而彼果能盡其義務乎先染指於薩馬亞島其次買收非律賓羣島終乃伸其權力於亞東大陸一舉一動無不與近時英國殖民大臣張伯倫氏一派所熱心唱道實力奉行之帝國主義相合故我得而斷之曰蒙洛主義己國行之則可他國行之則不可更進一步則我侵他人之權利則可人侵我之權利則不可此其蒙洛主義之眞意歟

經濟

生產論

無逸

第一節

極吾人之聰明才力而欲徒手而成一物斷斷不能然則所謂生產者豈吾人類中所可輕語而不知生產之謂非於本有之物質外刱造一新物質之謂就本有之物質從而加工之謂也保存之增殖之或使成一定之形狀或使有無窮之變化離合變換就物質之外觀言容或有時見其新異者而究其實無一質之或變也特見有天然物而占有之復就此天然物之才質以盡其用使物之不盡爲有用者一經加工而盡爲有用焉是則經濟家之所謂生產耳故生產之意義在經濟行爲中爲產業專指有形之財貨言凡百產業無有或殊而自生產之行爲言其職業不無差池

茲就其職業以區爲三類如左。

第一　土地業。所以生產粗製品及吾人之生活資料者。可晰爲二類。

(甲)　原始之業。采取有機無機之天然物。不加人工而即足以供人類之用者。漁獵礦山。及採獲野生果實之屬。

（乙）農業。以生產植物動物爲目的。而以自然力之發達爲己職者。如耕作森林牧畜之屬。

第二 工業。以求應人類之嗜好爲主。使製造之粗製品。有一定之形式。而復於既有之形式中。加以增損。務使該粗製品之爲用益廣。如機械業手工業之類皆是。

第三 商業。就原有之產額而或從地之所宜。或從時之所宜。以適當之方法。分配於消費者。使產物之價頓增。如貿易運輸之類是也。

以上所述謂之產業。謂皆屬生產之業也。然其所恃以爲生產者。僅持此吾人之才力聰明。因人類之外界之物質而施之耳。夫所謂外界之物質。雖非吾人類中所能創造而固非無發生之繁殖之之物也。若氣候若空氣若日光若雨水皆屬生產中不可缺之物。第爲量至多。取之不竭。用之不窮。不足爲經濟上之貨物。原理中已具述之。至有與氣候空氣日光雨水同爲生產外界之物質之物。而亦非可任人占有者。土地是也。有土地而後氣候空氣日光雨水之用得以見。有土地而後農工商之業可以施土地固當爲生產之一大要素有土地矣而無吾人之才力聰明以經營之則外界之物仍不能改良不能發達也勞力所以居土地之次彼輔助勞力之敏活增進土地之功效爲過去生產中之結果而於將來之生產中所藉以周轉者則爲資本是故土地勞力資本爲生產中之三大要素

第二節　土地

凡百物質無不藉土地之生產力以長雖或爲直接或爲間接產之之道不同而受其生產之力則一故在吾人所見爲最著者則有如植物之繁殖力動物之生殖力礦物之滋長力及運輸交通之屬無不有土地之生產力存乎其中而晰而言之土地之生產力厚薄不齊要有二點其一爲地味一爲地位地位之改良甚難然既經改良之後生產頗亘同是產也以運輸不便而致產地則所生過夥多成廢物他處則貴爲珍奇者指不勝屈皆地位之不良有以致之也設使築鐵路濬港灣以轉運之而使一邑之產物與他邑互市有頓成富饒者矣非地位之改良足使愈盡地力與地味有肥磽之別非經改良不足以盡其生產之力然勞力資本增加不息而地

之生產力有遞減不進轉若有一定之限制者設如有田百畝役農夫十人投資千圓種藝一年獲米三百石其次年役農夫二十人投資二千圓獲米七百石三年役農夫三十人投資三千圓獲米衹八百五十石者是第一年以農夫十資本千得生產三百石第二年所增之十農夫千金資得生產四百石第三年所更增之十農夫千金資得生產衹百五十石也無他其第二年所增之勞力資本尚未達地力之制限第三年所增之勞力資本爲已至地力之極點也知地力之有限則愈宜增加勞力改良農法以維持其生產之力使產額不致減少他如地面之形勢若山川若潮流與氣候風雨有關地層之物質若耕地層石炭層鐵層金銀層之類與生物之性質有關尤覺其與生產力有密切之關係又況居民之生產行爲每隨其所居之地產而異原壤業田河海業漁沙漠業牧勞力資本因物而施事之必然我國地處溫帶沃野千里土地之生產力不可限量而惜乎四萬萬之勞力不知合資本以改良之也

第三節　勞力

所謂勞力者。人類以能力與体力應用於得以生産之事業之謂也。故於經濟上以勞力爲人類求充欲望之手段。而不得以勞力爲人類最終之目的。雖明知使人以勞實爲苦人之具。而要不能因其勞而怨之。使自失其結果之愉快也。就其從事之職業言。有發明者之勞力、發見自然物之未發明之性質及製造上之材料與式樣等智力上之勞多。体力上之勞少。有企業家之勞力。整理各種生産之要素。監督工場之夫役。体力上之勞與智力上之勞等。而含有道德上之原子焉。有勞働者之勞力。則智力之勞少而体力之勞多矣。就所營之事業言。有生産上之勞力與不生産之勞。力雖以其作用論之。苟能營一新財富者。皆得謂之生産。而在個人則但使不干法紀。無論欺誑。無論強迫。損人益己。無不可謂爲生産上之勞力。在社會則以己所益之富。即人所損之富。於現存之財力上毫無所增。不得謂之生産也。故生産上之勞力有三原子。一曰智力。一曰体力。一曰道德。三者缺一不可。而所以能使其有此三原子者。則又有兩大源因。一曰增長勞力上之能力。一曰增長勞力上之志望。夫此能力志望。固不易增長也。經濟家謀其增長之法。則常晰爲數事。分詳如左。

一為影響於勞力上之能力者。

(甲) 体力上之强弱。及曾否鍛鍊。

(乙) 智力上之啓發及敎導之程度。

一為影響於勞力上之志望者。

(甲) 慾望之範圍。與當時之迫切程度。(此等事情所關甚繁。如体力智力道德歷史之屬。無不與有關係。)

(乙) 勞力中所得獲之利益。及法律上之安全與否。

蓋足以增長勞力者之生産力者。莫如有完善之傭給制度。及關於傭雇之一切法律也。何則。猶是勞力。而除為已執業者外。或為奴隸。或為非僕。或按日給傭。或計工付値。或許以特別之報酬。而使服至勞之工役。或利於後時之奬勵。而不計目前之薪水。所獲利益。種種不同。其奮勉即因之而殊。固不能以督促為能事也。

(丙) 尊重勞力及勞力者之念慮。

第四節　資本

資本者。用以生產新財之生產物也。前時所產之財。不遽消耗於吾人之慾望。而儲而蓄之。留作後時生產他項財富之用者。乃爲資本。於自然之狀態中。可值供人類之使用者。不得謂之資本。人類之能力。不得謂之資本。人工上之財富。專充人類之慾望者。不得謂之資本。自然之狀態中。可直供人之使用者何。水流空氣之類。非從而加工與以財力購買者。則人類所同有。不能爲交易上之財。故不得謂之資本。人類之能力者何。不論其爲天賦之能力與學修之能力。而皆不得持己之所有移之於人。則非人力所能分配者。亦不得爲交易上之財。故不得謂之資本。至專充人類之慾望者。謂供一己或一家之娛樂玩弄遊戲之具。起居服御之物。轉瞬消費。不得藉爲資本也。是故經濟上所認爲資本者。其緣因結果。約有三事。互相關連而生成之者也。三事維何。列舉如左。

第一　爲生產物所作成者。

第二　由節儉而儲蓄之者。

第三　有此生產物。得以成就新生產者。

財富之性質與作用。必具有此三者。方得謂之經濟上之資本。否則。一馬也。而飼以供騎乘步郊原。其爲充慾望之具無疑。使必與助力田事運輸者等視。則孰爲生產者。孰爲非生產者。夫亦不辨可知矣。

且夫資本之性質與作用。旣若是。資本之分類。約有二端。一曰固定資本。一曰流動資本。固定資本不因一次之生產而全耗其資本之用。即令接續用之。經數次之生產後。而資本之作用。尚不致全失。如屋宇、土地、工具、機器、服役之動物等皆是。流動資本則經一次生產之後。其作用必盡消滅。然雖曰消滅。而此資本之性質。或猶得於所生產之物中見之。此其例非一端。特舉其概略如左。

(甲)粗成品　生產物之有原始形狀者。五穀木棉甘蔗之類。

(乙)助成品　助人力之生產。而不混合於生產物者。如蒸汽機器中所燃燒之石炭。

(丙)完成品及半製品　以販賣爲目的。因而製造之者。與商業中製以供再製之用者。

要之資本之流動固定。雖有區別。而其實基於關係之性質非絕對之性質也試觀動物使當其飼養之初而意在供販賣也則所養之動物爲流動之資本當其飼養之初而意在服勞役也則所養之動物爲固定之資本又試觀夫貨幣使其用而在個人也則有轉移之迹貨幣之全体盡變當爲流動之資本使其用而在社會也則爲交換之媒貨幣之損失甚微又爲固定之資本(國際商業上以一國之民與各國之民相貿易。無異以一人與社會相往還也。資本之關係亦同)此資本之性質所由隨使用之方法而异而不得因資本之本体以定也

抑有說焉謂固定之資本每於生產之繼續時期內不變更其所置之處所形狀及資本之所有者而流動資本則川流不息無一定之處所一定之形狀一定之主人翁也孰是以例鐵道上之汽車其所在之處所時時變更而問其使用之目的則在搬運人類與人類中所需要之一切貨物其將謂汽車爲流動資本耶抑爲固定資本耶吾知必從其使用之目的而謂爲固定資本矣又同一貨幣而有時爲資本有

時爲非資本。在此爲資本。在彼爲非資本者。如、企業家之給付勞力者之工金與給付資本家之利息之類。在企業家則爲資本。在資本家與勞力者則爲非資本。以勞力者與資本家以此工金與利息爲謀生計時所生之產。而非因生產以謀生計也。

資本之分類如是。而其功用則在生產爲甚巨。不獨使人類之能力。得以盡其敏妙之致。且於身体上之機關之作用。亦每藉以發達。社會中固不可不促起儲蓄之志望。以使增殖其資本也。顧欲促起儲蓄之志望。當先籌促起儲蓄志望之事業。事業維何。曰養成人類之材能與性情也。曰謀財產之安全與保護也。曰使獲利厚而儲蓄易也。要之資本厚而後文明之進步速。文明之進步速而後資本之增殖益多。資本與生產有密接之關係。而與文化尤有密切之關係也。

第五節　生產上之經濟原則

國民之經濟之能力發達。而後勞力與生產之間。若勞働之苦痛。若慾望之缺陷。若勤勞之報酬。所有種種差异。得以漸減。蓋所謂經濟之能力者。非必有徒手掀造財富之能力也。夫亦惟節省其勞力光陰。以使出少數之費用。得以獲莫大之利益耳舉其原則約有三端。曰增加生產物之時。取其較未行增加產額之前生產費不甚增加之法（如以二倍之生產費獲三倍之生產物之類）曰減少生產費之時。取其減少生產費後所收獲之生產物不照所減之生產費之成分而減之法（如以三分之一之生產費獲二分之一之生產物之類）曰取其生產費減少而生產物反得增加之法（如以二分之一之生產費得三分之二之生產物之類）此三則也。非得教育制度與生產之要素互相補助使生產者得以配合適宜不獲奏效茲略舉其方法四則如左。

甲協同勞力。

乙使用機器。

丙自由營業。

丁教育。

甲　協同勞力。中有單純之協同、複雜之協同、單純協同。不過使二人以上同營一業。或接續營之或同時營之使時日少而成功易耕作鐵道建築之類。其利猶少。複襍協同則以一業之中。事本複襍。而分業以任之。各得專門之類也。細別之亦有二種。其一則以慾望原料器械手工等互相牽聯。而自然成爲分業者。如村落之工匠。一人或兼數事。都市則不然。其一則以一業而分作數科。各專其技。當今之工場事業。每每因之。如英國之製造時辰錶者。分爲百有二科。於生產之事業中。獲利最大。而亦有不能者。事業限之。財力限之也。資本不厚。則不能廣集工役。範圍不廣（如消費者之購買力不充或運輸之機關不備或生產之容積過大）則不能多得銷路。時閒不合（如農桑之類有時宜多得工役有時則一無所用）則不能接續經營。至其利則在一人專執一業。無變更地位工具之勞。有熟知鍊達之益。且一業中。苟非極單純者。必不能無勞逸難易之殊。而得分業之法。精壯者爲其難者勞者。老弱者務其易者逸者。無棄材之患。而有易於得人之勢。當其謀業之始。祇專一業。易於學習。及其既成之後。無旁騖之心。思有獨到之精神。易於發明。雖終始不變於身体中。不無危害。而苟得善制度以保衛之。不足慮也

乙　器械。足以代人類之筋力。而增其効。雖有手工器具機器機具之分。而人工之製作。俟身軀之運動而成。每不能整齊畫一。機器則前後一致。每覺勝於手工。且機

器中亦有二類其一、爲發動機代人類之勞力者蒸汽機關電氣機關之類以少數之人工生莫大之動力其利一一、爲分業機紡績機之類以數人之督理成數十百人之工作其利二而況人工少則生產之費減工作巨則生產之額增猶是一物而有機器以製造之市價必爲之大減普社會之利於無窮

丙　同是人也而強迫出之則所爲皆若爲不得已之事自由使之無在非志願之事矣彼其選擇職業選擇地位選擇方法使所務之勞力無非適應之端猶其餘事所最慮者威權壓制之餘精神魯鈍志趣懈怠而終之以道德腐敗如舊時之奴隸然斯爲耗生產力之最大者於所服勞力一任之以自由然後知報酬之優劣皆基於一己之勤惰與一己之技藝而無往而不淬其奮發進取之志此自由執業所以爲鼓勵勞力者之無上法門也

丁　教育之事似與生產無與而不知增進人類中之勞力上之能力實非教育不可其爲軀幹上之能力與賴有体育以發達之其爲智識上之能力與賴有智育以

（未完）

亞　碎

（第二之丙）　行政費用及收入費用之區別

行政費用者國家爲處理政務所需全般之經費也如內務外務軍務財務等費是已收入費用者國家爲收入財源所需一部之經費也如監理官業及徵收租稅等費是已此二者之區別最爲財政之一要點何則國家之總收入中須除却爲收入而需之費用方爲國家眞正之行政費用故收入費對於行政費之關係猶生產費對於利息之關係也生產費多則利息必薄斯收入費巨則行政費必絀試以我國之實例證之如籌防捐輸等局本爲收入行政費而設者也然一局常供養數十冗員其消靡局費不可勝計而皆所謂收入費也收入費巨則行政費絀觀於各省之經費困難不從可知乎是以收入費以少額爲貴乃財政上之原則然所謂少額者非無限之少額而相應之少額也蓋各國之情形不同有盛行民業者如英國是已亦有盛行官業者如普法墺等國是已盛行民業之國政府惟儋任保護奬勵之費已足而無需經營之費故收入費少如英國之收入費惟限於徵收租稅及經理貨

幣郵便電信等費而已反是者爲盛行官業之國其政府營業之範圍甚廣貨幣郵便電信之外復經營各種之專賣業幷監理官有之土地鐵道鑛山等業其收入之財源既廣故收入之費用亦不得不加惟所加之費仍以少額爲要而不得超於收入之比率斯所謂相應之少額也茲揭普法之總收入及收入費之額於左以證其國家事業之盛大而促吾國人之注意焉。

普國（自千八百八十九年至九十年）	總收入	收入費
官領地及森林	七九、四〇七、四五一馬克	三八、八五六、〇三〇馬克
直接稅	一五九、四〇三、〇〇〇	一一、七一四、七〇〇
間接稅	六四、六九一、二〇〇	三一、〇一六、一〇〇
鑛山鎔鑛及製鐵	一二、五四〇、六一〇	五、八〇九、三八五
鐵道	七七五、〇二三、六七四	四九六、四六六、七三一
法國（千八百九十年）		
直接稅	四九一、一一七、三五〇法郎	一九、八四八、一六〇法郎

登記稅及印紙稅	六六三、九〇一、七〇〇	一九、三五七、四五〇
關稅	三三四、三九六、八〇〇	三一、〇七七、三〇一
消費稅（附專賣業）	一、一五九、七一二、四〇〇	一〇八、二四二、六二〇
郵便及電信	一三一、一四四、六〇〇	一三五、七八二、六二四

收入費之大小固以收入財源之多少爲比例然尚有加乎此者則國民德義上之狀態及國土地理上之形勢是也曷言乎國民德義上之狀態即國民之具有愛國心者當其納稅必無遲滯隱蔽之患而稅吏督促之費自可節省反是則徵收之費必加曷言乎國土地理上之形勢即物產豐腴之地百工之價值必廉交通繁盛之區貨物之運費自減反是則經理之費亦必加理財者倘於此三端加之意焉則於開源節流之道思過半矣

（第三之甲）　國內經費及國外經費之區別

鎖國閉關之世有內治而無外交故其經費惟支出於國內是之謂國內經費及世界交通列國並立不能無所關係於是內治之外復有外交國內經費之外復有國

外經費二者之性質雖各不同然其增加之趨勢則若合符節自國務範圍擴張以來內治外交之費用互相增長其在內治則有內務財務軍事司法等費之膨脹其在外交則有公使領事游歷留學等費之增加然此種國外經費猶其比率之小者他若國外之戰時費兵器軍艦及其他器具機械之購入費外國債及其利息之償還費等乃其額之最大者而其有無增減最宜注意否則必爲財政上之一大漏卮也

（第三之乙）　中央經費及地方經費之區別

中央政府所支出之費用曰中央經費地方自治團體所支出之費用曰地方經費而是二者之分配方法一視行政組織之如何而定大抵自治團體之成立先於中央政府者其分權必較廣而對其經費有贊成或反對政府之權如德國之聯邦美國之各州是已而自治團體之成立由於中央政府所區畫者其分權必較狹而其經費亦由政府所定而無反對之權如日本之府縣等是已然自治制度雖廣狹不同而其經費與中央經費之區分亦非無可依之標準即中央經費所關係者爲全

國一般之利害而地方經費所關係者爲地方特別之利害關乎全國一般之利害者如陸海軍費裁判所費警察監獄費宗教社寺費恤貧賑災費高等教育費及憲法上之經費等皆屬於中央經費之範圍者也關乎地方特別之利害者如普通教育費衛生事務費補助實業費修築路堤費開浚河川費及其他之交通費等皆屬於地方經費之範圍者也各國之地方經費每隨中央經費而增加此蓋謀國者之至計不使財用偏於一隅也我國惟有中央經費而無地方經費國民之所蓄漸爲政府所徵收以去而不求自治其地方故他國之地方則日以繁盛而我國之地方則日以彫落初號苦於北部諸省者今且及於南部諸省矣繼此以往吾恐上下交困政府雖搜括萬方亦難見其有濟則今日政府所獨欣欣者他日將毋同戚戚何若乘此一髮千鈞之際採用各國之地方自治制度以培養民力即以貯蓄財源庶幾中央經費不至有個轍之一日吾國之理財者儻顧聞之

（第四之甲）　憲法上之經費

憲法上之經費乃立憲國所需之費用而經憲法所特定者也然各國憲法之實質

各有異同。故經費之範圍。亦殊其廣狹。玆擇其最普通者。列表左如。

- 憲法上之經費
  - 元首之經費（君主或大統領之經費）
  - 議會之經費
    - 貴族院之經費
    - 衆議院之經費
  - 高等政廳之經費
    - 內閣之經費
    - 樞密院之經費
    - 會計檢查院之經費
    - 行政裁判所之經費

第一、元首之經費

（甲）君主之經費　凡世襲君主之國。以保其君主之政治上及社會上卓越之地位。爲國家之要務。故其宮室之莊嚴。服御之華美。實爲不可欠缺之事。而使君主及其家族得保有如斯之地位。非有相當之收入不可。其在往昔。君主之私費與國家行政上之公費未有區別故君主由世襲地所得之收入不但以供其宮室服御之費用且常以補充政府之歲出其後歲移月換戰爭革命相繼以起。君主漸次失其世襲地僅存官領地之收入究不足以供其費用於是不得不取給於國庫迨乎近世君主之費用始明別於國家之行政費蓋立憲政治發達之結果也試舉各國之例以證之。

英國當威廉及馬利即位之際。國會議定王室費額每年百二十萬鎊。以充國王之費用。然此額不獨爲王室之維持費。幷含有官吏之俸給及恩俸等行政之費用。然後王往往爲買收國會之議論濫費其所得。致生負債之弊。遂於千八百三十九年。始明別國家歲出及王室費爲兩途。女皇維多利亞以其一切之世襲收入委之國會監理。而得皇室費三十八萬五千鎊。及千八百八十八年。皇室費增至四十五萬八千鎊。皇族費別爲十萬五百五十五鎊。幷附加皇宮及禁苑等費十二萬二千六百五十五鎊。

德意志之各邦。迄乎近世。尚以王領地之收入。充公費之大部。而不設歲入上之區別。迨十八世紀之初。普國始由王領地之收入。設爲確定之王室歲入額。後復以千八百二十年一月之勅令。定王室費爲每年二百五十萬三千泰累。由國庫所收入官地之財產中控除之。其後於千八百五十九年及六十八年復增其額。現今王室費之全額。爲一千五百七十一萬九千二百九十六馬克云。

日本之皇室費。於維新以後而尚未發布憲法之時。已與他種經費示有區別。其支出之額。大率以二百五十萬圓至三百萬圓爲例。自明治二十二年始確定其額爲三百萬圓。翌年制定憲法之後。皇室費遂照憲法第六十六條及皇室典範第四十七條。由國庫支出之。

由是觀之。現今英德日及其他各立憲君主國。其皇室之歲計。皆與國家之歲計。劃爲兩途。此蓋有深意存焉。何則若使君主得隨意自定其費用。則國會之財政監督權。必爲所撓。而屬乎有名無實矣。故皇室費不可不確定其額者。此也。現今各國皇室費之支出方法。雖各不同。而要不外二種。其一。由國家之歲入中支出確定之金額其二以國家財產之有定額收入者歸爲皇室財產而任其自由管理二者雖各有得失而以第二方法爲優蓋依此方法皇室得保其獨立之地位且管理之財產收入若有增加尚足支給增加之費用若依確定金額之法則需額外之費用時有須經國會承諾之不便惟第二法亦有不便之處即其收入或減少之時無以充皇室之費用然若能精選財產而鄭重經理之當可無此慮也皇室費額之測定雖若稍難然其標準惟以充實皇室全體之需用足矣如皇子之冠婚及皇女之下嫁等費須預爲測定毋使有臨時不足而求國會特別承諾之事又確定皇室費之期限不可以永久爲標準宜於君主即位之際測定其在位年間而定之因時勢有變遷倘以永久爲制限則皇室費有失之過多或少之嫌也又皇室費之額雖應國之大小及人民之衆寡而有增減然小國君主之費用中亦有一定之費用與大國君主無異者是以雖在小國其皇室費亦必寬籌餘裕而後可且皇室費對於國家經費之比率不可以常例而論蓋同一君主國而有爲專制政體者有爲立憲政體者其政治及歷史上之關係既各有不同故皇室費亦不能相例烏可執國富之大小經

費之多少以爲其比率乎。茲據日本宮內省所調查。揭各國皇室費之比較表於左方。以供參考之資焉。

各國皇室費比較表

國名	皇室費額	國民每人負擔額	對總歲出之比率
俄羅斯	一二、八〇〇、〇〇〇圓	一八、錢	二.四分厘
英吉利	五、七五〇、〇〇〇	一三、	.八
墺地利亞	三、七二〇、〇〇〇	二九、	一.六
意大利	五、七七〇、〇〇〇	二一、	一.四
普魯士	七、五四〇、〇〇〇	二六、	二.三
巴巴利亞	二、五六〇、〇〇〇	五〇、	三.七
日本	三、〇〇〇、〇〇〇	六八、	一.一

(乙)大統領之經費　共和國對於大統領之費用。極爲少額。其俸給僅足以保其地位而已。如法國之大統領。年受俸給二十四萬圓。交際費十二萬。及旅費十二萬

圓。而美國之大統領。僅受俸給十萬圓。副大統領則僅一萬六千圓而已。法美及瑞西等共和國所供國家顯官之俸給。皆若是之少額。以較君主國之皇室費。頗有節減國帑之觀。然考其實際。則大有不然者。蓋共和國政治上之變動無常。選舉陸續不絕。人民爲此所費甚多。加以政府之方針。每因政黨之勝敗而變動。其於人民之生計上。不免有所貽害。故平均計算之。決非可以節減國帑者也。若君主國之皇室費。雖頗多額。然其社會之秩序平穩而少變動。其所節省之選舉競爭等費。以之補充多額之費用。當無或不足。則謂兩者之費額不相高下可也。

第二、議會之費用

議會費用之重要者。爲議員之日俸或年俸及旅費等。其餘惟修繕費事務費印刷費及雜用費而已。議員俸給之有無。各國異其制度。如英國則採無俸制。推其理由。蓋所以使議員發展公共心。而杜絕志在干祿之徒。且以減選舉軋轢之度也。然無俸制亦有弊焉。蓋不獨使議員之職。爲財產家所壟斷。且有以賄賂濟亂是非之虞。況對乎一定之勤勞。必與以相當之報酬。實爲生計上之原則乎。故各國採用有俸制者居多。而有俸制又分日俸及年俸二種。日俸者計議員至議會之日數而酬之。平時則無俸也。如普魯士之議會。每人受日俸十五馬克。每歲總費二萬馬克是已。年俸者不論議員至議會日數之多少。惟定年額若干以酬之。如法國議員之年俸爲九千佛郎。總費千二百萬佛郎。日本議員年俸二千圓。據明治三十五年之豫算。貴族院需費五十九萬餘圓。衆議院需費八十三萬餘圓。其中屬議員年俸者。貴族院得五十一萬餘圓。衆議院得七十五萬圓餘。合計爲百二十七萬餘圓。餘費十四萬餘圓。以供兩院雜費之用者也。

第三　高等政廳之經費

高等政廳者。中央政府之高等機關也。其制各國不同。而要不外乎下列四種。(一)內閣。(二)樞密院(三)會計檢查院(四)行政裁判所是也。內閣樞密院及行政裁判所之經費概有常額無需增減。惟會計檢查院則隨一國財政之膨脹而常需經費之增加。四者之經費。其屬於閣員及院所長者。皆不過其一小部分。餘皆充屬員之俸給及事務費。其費額各國皆有參差。茲不備載。姑舉日本一例。以供參考。即據明治三十五年之豫算。內閣費二十三萬圓。樞密院十三萬圓。會計檢查院十七萬圓。而行政裁判裁判所四萬圓也。

（第四之乙） 行政上之經費

行政上之經費可分爲外務、軍務、司法、財務、及內務五種。更細分之則如左表。

行政上之經費
- 外務行政費
- 軍務行政費
  - 陸軍費
  - 海軍費
- 司法行政費
  - 裁判費
  - 監獄費
- 財務行政費
- 內務行政費
  - 消極行政費……警察費
  - 積極行政費
    - 心身上之保護發達費
      - 衛生費
      - 救恤費
      - 教育費
      - 宗教費
    - 生計上之保護發達費
      - 交通費
      - 殖產費

試按右表之次序分項述之如左。

第一項　外務行政費

外務行政費者。外務部及駐外公使館之經費是也。而領事館費即包括於公使館費中。以其爲公使之屬員故也。溯考駐外公使館之設置。蓋始於第六世紀之間。因其時伊大利各列邦。欲與教皇保其和親。故派遣使節於羅馬。是爲駐外公使之嚆矢。然尙未爲各國之通例也。洎乎近世。列國互相往來國際之關係日密。非有交涉專員。不足以通情意而結和好之國際團際。故互派使節。駐在他國以爲常。惟屬國則闕如焉。又考領事制度之起原。當中世紀之初。即十字軍興起之際。歐洲南部及地中海沿岸之從軍商人等。爲供給運輸軍器糧食之故。時起爭端。各國乃派遣法官於其地以裁判之。是爲領事制度之始基。今則本國民僑居之地。概設立領事館。一以監督保護本國人之行動。一以視察報告外國商埠之狀況。惟於次項職務。則設專官而不屬於領事者亦有之。駐外公使館之經費與他官衙不同。必使費額豐餘而後能盡其用。蓋公使領事之行動。有須利用財貨而後得遂所望者頗多。且我邦與歐美列國異。其人情風俗言語宗教。爲公使者苟欲與列強折衝樽俎以全國際間之交情。而遂政治經濟上之觀察。則非經費豐餘何能有濟。試以一實例證之。

千八百七十年之普法戰爭。普勝而法蹶者。實以普國對其駐法公使不吝巨費之故。此今日外交家所公認者也。

第二項　軍務行政費

現今列强之軍務行政費。概占歲出三分之一。然養兵百年而用之多不過數次或竟不獲一日之用惟藉以壯國威充國防而已是故由純然之計學上觀之軍費不可謂非糜財之具必也可減則減而以少爲貴然此有不可一概論者。則以一國地理上之位置不同歷史上之感情殊異此種之費用有可節省者焉亦有斷不可節省者焉譬彼美國其疆界與彼平靜之加拿大及衰弱之墨西哥相接不虞外患之來侵故其國防費雖僅少而已足又如瑞士及比利時二國介立於歐洲諸大國之間而賴列强「國力之平衡」以保其獨立故亦無需巨大之軍備而反此者爲彼犬牙相錯之各强國常有被侵略吞噬之憂勢不免爲兵力競爭之計故英俄德法各國莫不具有强大精練之軍隊而英國則因屬地衆多之故更不得不備强大之海軍此則因地理上之位置而然者也若夫歷史上之感情則亦有關係絕大者曾法世仇。故其備戒尤嚴。此增一兵。彼亦如之。軍備惟有加而無減。軍費乃澎脹而不休。此其一例也。又如日本及俄國。各思雄長東亞。故往往互相掣肘。而有積不相能之勢。是以一居海國而精練陸軍。一居大陸而擴張艦隊。苟非勢不容已。果孰肯糜此不急之費乎。此又其一例也。然或者曰。常備兵於平時無甚効用。不如以民兵代之。平時可以節費。戰時亦可以應用。非一舉而兩得乎。此論實似是而非。未知常備兵之性質者也。夫常備兵之重要。迥非民兵所可同日而語。其組織完全。其訓練精巧。朝有警而夕可以出師。古云兵貴精不貴多。其常備兵之謂乎。彼行民兵制度之國。平時招集訓練。每年不過少許時日。及遇戰時。乃始組織全軍。其勞苦已非常可比。加以一時而支出莫大之經費。往往有害於一國生計之發達。而養常備兵之國。則無此患。且以戰術諳習之故。禍亂常易於迅速鎮定。而臨時戰費亦可節省無數。是合平時戰時之軍費而均計之。常備兵之國。當較民兵之國爲節省矣。今試徵之統計。比較普國之常備兵費及美國之民兵費如左。

普國

年		軍費
一千八百六十年		三九・一九（百萬泰）（每泰累值一元五角）
一千八百六十三年		四〇・四六
一千八百六十四年	（普丹戰爭之年）	五〇・八三
一千八百六十五年		四四・二三
一千八百六十六年	（普墺戰爭之年）	七六・〇九

美國

年		軍費
一千八百六十年		一五・〇〇（百萬弗）（每弗值二元）
一千八百六十二年	（南北戰爭之年）	三九四・〇〇
一千八百六十三年	（仝上）	五九九・〇〇
一千八百六十四年	（仝上）	六九〇・〇〇
一千八百六十五年	（仝上）	一〇三一・〇〇
一千八百六十六年		二八四・〇〇

據右表以觀。美之軍費。均計約二十倍於普。且普之軍費。年年無甚變動。而美則於

戰爭之際變動頗巨然則常備兵之經費較之民兵制度實不可謂重況常有强大之軍備則足以維持國內之秩序而保列國間之平和其有益於國利民福蓋不可勝紀而顧可以廢乎哉

常備兵之編製法有二種一曰徵兵制度一曰傭兵制度今列國概採用徵兵制惟我國則尚存傭兵制此間之得失蓋不可以道里計徵兵之國人人皆有服兵之義務斯人人皆有衛國之思想國之休戚莫不與共窮兵黷武在所不爲斯眞國之干城民之同袍也已然傭兵則反是其應募者大都爲自身而非爲國家爲利益而非爲名譽則其怯於公戰固不足異而尚有可慮者則外人之軍事偵探亦無難混入其中雖欲秘密軍機其可得乎更就軍費上而論之徵兵惟供其衣食器械已足別無俸給之需傭兵則惟俸給厚薄之是視而爲優劣勇怯之所分然俸厚則不勝軍費之擔負而俸薄又無以達用兵之効果是亦不如徵兵之爲愈也若夫如何而後可以徵兵及徵兵之制宜若何規定此則政治家軍事家及教育家之所當研究而不屬於財政學之範圍茲故闕焉

以上所謂徵兵乃就陸軍而言若夫海軍則所需人員不多以聽民自願爲便是以各國概採用志願兵制度惟日本則兼用徵兵及志願兵二制度惟志願兵之俸給極薄且限於在現役而有家族者其額不過每月一元謂之家族扶助金云

常備兵之外尚有所謂屯田兵者乃因開墾土地并充國防而設者也我國西北諸省隣接强俄且多未墾之地苟能善布屯田兵制爲益當非淺鮮考日本之北海道亦用屯田兵制其條例中有云屯田兵爲兵農相兼之制平時給以居住之兵房及開墾之土地使之半爲訓練半事耕稼其兵募自府縣之志願者攜其家族同往服役期限以二十年爲限其他條例尚多茲不備舉我國苟欲仿行有專書可考也按此種兵制於財政上最爲相宜舉行之初數年開墾尚不能有所得故需另籌軍費然漸久而耕種可施收穫可以充糧食而軍費自年少一年迨開墾既廣民居繁盛而貿易可以興起則諸種貨物及營業之稅亦必可豐收至是而軍費之全額不患無所出矣軍費有償而國防更可以完固利孰有大於此者乎

軍費之尤當研究者是爲軍事會計有海軍會計有陸軍會計有平時會計有戰時

會計其經理各有不同海軍之經理事務雖較陸軍爲簡單然海軍之艦隊其行動不能一定故豫算之欵項易生流用之弊是不可以不注意也陸軍之經理事務分爲會計及監督二種因陸軍人員衆多其糧食被服兵器彈藥等費每歲當不下數千萬出納之際最易生糜濫之弊故分設會計軍吏及會計監督以分任其責也要之軍事會計較他種會計尤貴精密是以海軍則有主計學校陸軍則有經理學校特以養成會計吏員使當其職若夫戰時之會計最難豫定道在隨機應變不可執一而論惟須支出非常之巨額時則亦不可以不籌畫詳盡也

（第三項） 司法行政費

司法行政費者所以實施法律之制裁之費用也可分爲二種一曰裁判費一曰監獄費試分述之如左

（第一）裁判費 關乎裁判之費額因司法組織之如何而有大小之不同若裁判所之組織簡單而訴訟之條規又易則其費用自無多需然欲求裁判之公平敏捷而精確則所需職員必多而其費用決非少額所能足是以各國除徵收訴訟費外

尙支出國費以充之惟訴訟費決不宜濫爲增加以圖國費之減少蓋訴訟費者過於多則貧困者終有不得伸張權利之恐而富豪更可爲所欲爲是大失司法之本旨矣且考裁判事務之性質原爲國家之職司蓋欲保全臣民之權利義務非國家其誰能之故其費用即純出於國家於理亦無不合惟自他面觀之裁判之爲物受其利益者主在請求裁判之當事者則使之負擔費用之幾分亦不爲過苟非如是則健訟之弊不免有繁興之虞故徵收相當之訴訟費實爲有益而無害者也雖然裁判之利益固非獨及於訴訟者即一國之人民亦莫不隱受其益蓋懲惡而扶善即所以維持社會之秩序而使之各安其業則一國之人民共擔任費用之幾分以酬之固亦理之所當然也是以司法事務之性質實半私而半公故政府除徵收相當之訴訟費外更以國家之歲出支辦之則情理交盡矣

(第二) 監獄費　監獄之制度。古代惟羅馬曾一用感化主義。餘則皆用懲罰主義。衣食坐臥皆使之受苦不堪。一以爲犯罪之報應。一以遏將來之非行。迄乎近世。莫不如是迨十八世紀之初。邊沁氏等始鼓吹補償教育主義以謀犯罪者之改善於是衣食住居。漸次整頓。而監獄費遂由是而增。現美國於斐拉德非亞府之愛瑪拉監獄投巨額之經費。實行獨居分室之制。以爲模範監獄。蓋犯罪人之增加。多由社會關係之複雜與夫人口之增多而初犯者之多寡則視教育宗教救恤警察等之善否而定。并不關監獄制度之如何。然累犯者之多寡則不論其所犯何罪而要由於監獄制度之良否。故近時各國之監獄。皆以感化主義爲主而補之以懲罰主義。蓋若繼川分室之制。或採不定期之服役主義。則徵特經費不支。或致以犯罪爲生活者日益多。故不若應犯罪之程度。折衷二主義以行之也。近年列國共結監獄同盟。以統一各國之刑法監獄制度爲目的。其法一。在圖犯人之改善。即對於輕罪者施行分室制。對於初犯者施行感化教育是也。一在爲犯人謀出獄後之生計。即獎勵出獄人之保護事業。并使囚徒所服之勞役。適於出獄後之謀生。而又無害於一般之民業是也。其他并議決監獄學校之設備及司獄官之任選等事項云。

我國之監獄制度。慘酷無比。外人見之者。莫不爲之酸鼻。謂不啻人間地獄云。苟使犯罪人而畏服懲罰主義。則如我國之監獄。當無復犯人入之者矣。而何以再犯三犯乃至十餘犯者纍纍然塞其中哉嗚呼不揣其本而齊其末不致之爲善而禁其爲惡世雖有刳腹剜心之地獄吾猶決其無濟也故吾國而不欲法效刑清則已。苟其欲之則改良監獄其爲當務之急乎至其主義則宜仿各國之現行者即以感化主義爲主而補之以懲罰主義也或慮費巨難籌而不知監獄改良之後罪人當日減少則其費自輕況囚人所作之工亦可售以變價雖不能盡償監獄費而其額亦必不少觀於日本監獄之統計。去年全國之監獄費共爲五百六十一萬餘圓。而囚徒工錢及製品收入之總額共爲百四十二萬餘圓。是殆可償其四分之一矣倘我國果肯仿行吾未見其費之不足也。況縱使其費難籌而此舉爲治道隆汚之所關風俗美惡之所繫國家之責任有不可不勉行者乎

（第四項）　財務行政費

財務行政費者爲經理財務而需之經費也如戶部之行政費及國債、稅關、本國稅、國庫金等之經理費是已。又其他各部經理會計事務之費用亦附屬於本項之下。惟其界限混雜。難以確定耳。

財務行政費每易流於靡濫蓋其經費即取足於所經理之財務而無待他求人情逸則思奢難保無有乘便溢取者即如我國稅關其經費常過於所需一爲關吏而終身已可富裕此人所共喩無待實證者欲救斯弊莫如嚴定監督制度詳核出入度支務使行政費外無一濫支之項則國家之財務庶實受其益矣　（未完）

歐洲歷史之新人種

汪榮寶

敘曰。歐洲紀元後第二世紀之頃。羅馬帝國之盛運。既達極點。北方諸族。漸出林麓之間。窺帝國之邊境。賴武力未弛。不爲所困。洎乎季世。國外之蠻族。漸編入於軍隊。至君士坦丁大帝以後。軍隊之多數。殆以蠻人充之。會北部亞細亞之平原。有民族之變動。匈奴人既見逐於中國。率衆西遷。進壓羅馬之北境。蠻族不能寧居。求內附於羅馬。始得渡多瑙河。移居帝國之境內。尋以官吏不職。多所陵虐。蠻人怨恫。倒戈相向。帝瓦連斯用是戰死。自爾以來。蠻人遂爲羅馬腹心之患矣。及帝帖病多創。既崩。帝國之版圖。東西分裂。義大利半島。長不免於戎禍。四百七十六年。西帝羅慕路見廢。蠻長阿道塞。自立稱王。陽受東帝之命。隱懷獨立之志。東帝羈縻之而已。弗能討也。其後諸族相爭。更衰迭盛。東帝如地尼安之世。雖嘗一奏恢復之凱歌。曾不旋踵而大業又掃地以盡矣。沙立曼以不世之雄才。席祖父之餘烈。東西征討。撫張其疆土。卒稱尊號。加帝冠。及其諸孫。互爭大統。三分國土而治之。是爲義大利。法蘭西德意志王國之起源自餘諸族北則蔓延丁抹之半島或踰海入不列顛西南則割据意卑里亞半島之間卒遂同人建統一之王國如是遞經變遷以迄於前世紀內部之紛亂既已大定遂競張其權力殖民海外至今日而洪水猛獸之勢橫行全世界所至披靡不可遏焉嗚呼以彼森林水草之間漂流轉徙之民族艱難創業更百戰而不撓川能定覇域中受高尚之名譽亘千餘年有進無退豈天之生是使獨毋亦其堅忍强武之力有以戰勝於生存競爭之際也論者習聞其今日之聲明文物卓絕五土交口稱願疑若天之不可階而升者抑豈知其前此之渾沌樸塞崎嶇山谷之中迫逐異類之下曾不得齒於拉丁人之一走卒焉嘗望爲世界之主人翁乎故曰讀日耳曼族之歷也 雖至頑極懦可以興矣以派別既衆名目繁多初治西史之士猝不能曉故復雜采西籍條其大要都爲一篇凡諸譯名多取舊本其所不知則僅列英字間加注釋以便觀覽治歐洲近世史者將有取焉

第一節 高加索人種 Caucasian 之三大族

高加索人種者歐洲史家所謂惟一之歷史人種也近世學者就言語上之性質分

之爲三大族。(一)齊密族。Semites (二)哈密族。Hamites○按Semites吾國舊譯爲閃Hamites舊譯爲罕今日本人所譯詞書猶沿用之徐繼畬瀛寰志畧閃作僧罕作剛見阿非利加總(三)阿利安族。齊密族之中。包括西里亞 Syrias 阿剌伯 Arabia 兩國之古民。及底格里士 Tigris 阿付臘底斯 Euphrates 兩河近傍之古民。而其歷史上代表之著名者。若希伯來人。Hebreus 腓尼基人。Phœnicians 亞西里亞人。Assyrians 及阿剌伯人 Arabs 是也。其在哈密族。則卓越之代表者。惟一埃及 Egypit 而已。雖然。古代之加耳特亞人。Chaldeans 蓋亦屬此種。

哈密族之國民。雖嘗開一種特異之文明。而其進退興廢。無預於世界之大勢。故於人事之本偉。未嘗有體大之影響。齊密族之於史談。其占最大之地步者。則發明一神教之功是也。世界之大宗教。若猶太教。若基督教。若回教。皆起於彼族。然自此以外。彼等於歷史上。更無著名之演劇。又其國民常多保守之性質。而不能表開進之氣象。始終屈居於底格里士河及地中海紅海間之狹地。罕嘗離鄉土建新國。是烏足與阿利安人。於歷史上爭平等之位置也乎。由是言之。此高加索人種之三族中。其能立於世界進化之大舞臺。而常奏重要之優藝者。舍阿利安人。其誰與歸。

第二節　阿利安族之四部及其西遷與開化之次第

如上所述。歐洲歷史上重要之人種。獨一阿利安大族。此大族又得分爲四部。即(一)拉丁人。Latins (二)塞爾達人。Celts (三)條頓人。Teutons○（按亦曰日耳曼人 Germany）(四)斯拉夫人 Slaves or Slavonians○（按瀛寰志略作薩拉瓦穆訥孫俄羅斯源流考作思拉完今依近譯）是也。歐洲古代史所記者不過此諸人種之一。即拉丁人是。自餘三族。皆屬近代史。

此諸人種之先世。本出亞細亞。方其在亞細亞也。蓋嘗與印度人 Hindoss 及波斯人 Persians 之遠祖同居。而共爲一族。其自亞細亞而移殖於歐羅巴也。蓋在書契以前。今自言語上之證據考之。則最先來者。爲今所謂塞爾達人。其始卜居於中部歐洲。及條頓人之來侵。遂爲其所追逐。移居於西部歐洲。而條頓人遂自領中部。希臘人 Hellenic 及拉丁人之來歐洲也。將在條頓人之前乎。抑在其後。今不過臆測而已。無由確指之。自斯拉夫人出現於歐洲。於是條頓人遷于中部及北西部。而斯拉夫人。遂代之而蔓延於東部大原之全面。

古代歐洲之文明。限於地中海之兩半島。即希臘及義大利而已。未嘗能出其境外也。蓋此兩半島之居民。夙浴天澤。組織社會。達高等之開明。而其同族之他部。依然困於草昧之域。無文字。無文學。無技術。無一切文明之利器。故自希臘義大利而外。歐羅巴全洲。實蠻民之世界也。化此蠻民而使入於文明之境者。希臘人初未預力。而羅馬人則不然。

此三種蠻民中。塞爾達人最先與羅馬人接近。蓋嶺南高盧 Cisalpine Gaul ○按 Cisalpine 於羅馬語猶云阿爾比斯山 Alps 之南方之義也。之居民。即爲塞爾達族。當羅馬共和政之時。已爲其所征服。及愷撒之世。遂得享受其所謂府民權 Citizenship 者。同時嶺外高盧 Transalpine Gaul ○按 Transalpine 者阿爾比斯山外之義。人。(即法蘭西人 Frnce) 亦隸羅馬之治下。終以彼之府民權。普及其同族。西班牙之塞爾達意卑里亞人。Celt-Ibrians 亦同受此權。故此諸族。自西帝國瓦解以前。已同化於拉丁風。且已成爲基督教徒矣。而不列顛諸島之塞爾達人。亦能見容於羅馬人之眷族。

至條頓之人及影響於史壇也。則始於羅馬滅亡之時。以其基礎之確立。及其史劇之初唱。在此時也。蓋中世史者。即條頓族與拉丁及塞爾達族兩原質相結合之事

質近代之社會不過此兩原質相結合之成果而已而其成分之愛自由愛獨立者則受諸蠻人文明之定形則受諸羅馬人

第三節　日耳曼族之支派

條頓、峩特、Gothic日耳曼。此三語常得通用。以爲中部歐洲一大族之稱。此族之爲一體者自其言語上而知之蓋言語之異同常與種族之異同相因緣今試解剖歐洲文明之諸原質則自條頓人而出者與自希臘人拉丁人塞爾達人若斯拉夫人而出者其相異之點可一覽而明也

日耳曼族　之重要者(一)峨特人Goths(二)法蘭哥人Franks(三)汪德羅人Vandals(四)不爾艮人Burgundians(五)倫巴多人Lonbards(六)撒遜人　Saxons　(七)安格羅人Angles(八)斯干的那維人Scandinavians是也。今以次略釋之。

峩特人之故鄕。蓋在斯干的那維。〇按斯干的那維者瑞典那威及丁抹三國之總稱此間之古民即謂之斯干的那維人今吾人猶得据諸地名。如　"Godoland"。如"Godesconzia"。(峩特人之都之義)其尤著者如痾德羅Gothland。〇按今瑞典南境稱痾德羅部又波羅的海中有痾德羅島亦瑞典地等。以推知彼族之故居焉然流轉漂

泊者。蠻民之恆性。彼義特人亦不能安其鄉里之森林藪澤。紀元二百年之頃。漸下南方。及其顯於中部歐洲也。遂分為西義特、東義特、〇按西義特英語亦作 Visigoths 東義特亦作 Dstrogoths 瀛寰志略所云維西哥多即 Visigoth 之對音 及 "Gepidæ"（即 "Laggards"）之三大別。此族在條頓人中。為首受基督教之感化者。自西帝國瓦解以前。已脫多神教。而崇奉基督教之阿利安宗矣。

自餘之日耳曼諸族。當西帝國之瓦解。亦有發一二之閃光。於傾側騷動之際者。即第五世紀之初。汪德羅、隋窩、Sueves 及不爾艮諸族。迫於義特人之入寇。相率去來因 Rhine 及多瑙 Danube 兩河間之高地。不爾艮人居東高處。至今猶有不爾艮的 Burgundy 之地名。為其紀念。汪德羅人、及隋窩人、則進據西班牙半島之西北隅。建一王國。是皆在羅馬滅亡以前。然此王國未嘗持久。蓋西義特人踵至。逐隋窩及汪德羅人。而建西義特王國於此。事在四百十四年。此為近代歐羅巴王國之濫觴。自是慓悍之汪德羅人。渡海至亞非利加。建一王國。都加爾達額 Carthage 百年後為東帝國所滅。

法蘭哥人（法蘭哥云者於日耳曼古語為戰斧之義）初現於史上之時。在今比利時地。及來因河之下游。自羅馬衰落以前。侵入高盧。其酋哥羅味。Clovis 創業於此。既而東南征不爾艮。西南服汪德羅。及羅馬滅亡之頃。遂建法蘭哥王國。此王國後稱法蘭西。

日耳曼諸族中。其直接關係於羅馬之滅亡者。大要具此。其中西義特人第一南下。義大利酋長阿道塞 Odoacer 於四百七十六年。逐王義大利。後東峨特及倫巴多兩族。相繼來侵。倫巴多人之故鄉。本在人德蘭。Jutland ○按今丁抹北部 尋移住易北 Elbe 河畔。後又渡東南方之多瑙河。由是進侵義大利。至第六世紀之末。遂逐阿道塞而代之。今猶留倫巴的 Lom'bardy ○按今義大利北部 之名。以表當時大勝之地。

撒遜人(撒遜云者刀人之義) 初居阿斯丁。Holstein ○按瀛寰志界作阿爾斯德音本丁抹府部今屬日耳曼 未幾遂蔓延於"Weser"○按亦日耳曼境內大川在易北河之西 河邊之地。其同族之安格羅人及丟度人。Putes 充溢於丁抹之半島。此類諸族。以居北海沿岸之低地。故謂之低地日耳曼人。其言語謂之低地日耳曼語。是時諸族尚未受羅馬人之感化。及羅馬滅亡之時。猶奉多神敎。至第五世紀。踰海入不列顛島。定英倫 England 之基礎。遂開撒遜王國。且創英吉利語焉。

自斯干的那維人之外。條頓族之重要者。備於此矣。斯干的那維人。自第九世紀及第十世紀之頃。始顯於世。所謂那爾人 Norsemen 者是也。

阿利安族之第四部。爲斯拉夫人。居東都之大平原。其初現於歷史。已在中代之中葉。今英語之"Slave"(此言奴隸)即從此斯拉夫之固有名詞而出者。亦以見中古兵連禍結之際。久而不釋。其慘狀爲已甚也。波蘭人 Poles 雖亦屬此族。而其最著大者則俄羅斯人 Russians 是也。俄羅斯之爲開明國。實近世之事。

第四節　諸人種之語言

今試就羅馬帝國遺址新與諸國之語言而考之。當條頓人之闖塗於義大利及帝國西方諸部也。拉丁語已爲高盧及西班牙之常言。更不減於其在義大利。高盧之塞爾達古語。及西班牙之塞爾達意卑利亞語。其行用於羅馬人征服以前者。至是僅於偏隅之地。緊其命脈。爾時所行之拉丁語。固非純粹之拉丁。而大體不失。條頓族之移民。比于土人。其數絕寡。勢不得不習拉丁語。以與諸州之民相交通。而習之之際。其音又不能無多少之轉誤。於是義大利高盧西班牙之普通語。漸成爲一種之轉誤拉丁語。謂之羅馬語而拉丁雅言。尙行於學者之間。其後三國又各生方音之差異。普通之羅馬語。遂漸進化而爲義大利語。法蘭西語。及西班牙語。此諸國語。今猶謂爲羅馬種語。明其源出於羅馬人之語言也。

其在不列顚島。則日耳曼族之侵入者。不與土人之操塞爾達語者相交接。亦未嘗受羅馬種語之感化。故安格羅撒遜朝之英語。爲純粹之條頓語。及第十一世紀。爲諾曼人所征服。諾曼人操法語。自是英倫始受羅馬種語之影響。

純粹條頓族之新國民。其起於德意志及斯干的那維兩部者。則全不被拉丁語之感化。故其言爲純一不雜之條頓語。若德意志語、荷蘭語、瑞典語、那威語、丁抹語之屬是也。

斯拉夫族之用語。自爲一派。雖亦屬於阿利安大族。而全與羅馬種語異。又全與條頓語異。今括之如左表。

羅馬種語
- 法蘭西語
- 西班牙語

條頓語及羅馬種語
- 英吉利語

條頓語
- 高地日耳曼或南日耳曼語即今之德意志語
- 低地日耳曼或北日曼或海岸日耳曼語今荷蘭語是也
- 斯干的那維語即瑞典那威丁抹及愛爾蘭語

塞爾達語
- 蘇格蘭高地住民之語

斯拉夫語
- 俄羅斯語
- 波蘭語

社會主義與進化論比較　附社會黨巨子所著書記

君武

社會主義者。Socialism 發源於法蘭西人聖西門 Saint-Simon 佛禮兒。Feurier 中興於法蘭西人魯意伯龍 Louis Blanc 布魯東。Proudhon 極盛於德意志人拉沙勒 Ferdinand Lassalle 馬克司。Karl Marx 由聖西門以降。社會党人皆以爲人羣生計之發達自古至今經三級焉三級者謂由家奴變爲農僕由農僕變爲雇工由是觀之人羣生計（日本謂之經濟）之發達，必不止於今日之雇工而已社會者發達不息之有機體也其必有一日焉打破今日資本家與勞働者之階級舉社會皆變爲共和資本共和營業以造於一切平等之域此社會黨人所公信也

拉沙勒與馬克司者。皆黑格兒（一作黑智兒德國近世六大哲學者之一）之弟子也。黑格兒之解釋社會問題也主發達不息之說謂人羣之生計乃隨社會之歷史而亦發達不息者也拉沙勒益廣其義以爲生計問題者進化之問題也與其謂人羣生計爲歷史之生計無寧謂之爲進化之生計

自達爾文發明天擇物競生物進化之理。直抉世界事物發達之源。馬克司之徒。遂指出社會主義與達爾文主義相同之點。謂是二主義實相與有密切之關係。達爾文雖非唯物論者。然其學說實唯物論 Materialism（予着有唯物論二巨子學說登大陸報第二期欲救黃種之厄非大倡唯物論不可）之類也。馬克司者。以唯物論解歷史學之人也。馬氏嘗謂階級競爭爲歷史之鑰。馬氏之徒。遂謂是實與達爾文言物競之旨合。

雖然。達爾文所謂發達與社會主義之所謂發達。固不同也。達氏以爲物種競爭。最宜者存。社會黨人以爲人羣當共同和親。利益均享。其異甚矣。馬克司之思想。雖啟界之類也。彼謂其思想中之世界。經一大革命之後。即可一蹴而致。誠大不可必之事。

不寧惟是。爭利一事。固社會黨人所詆爲人間之黑獸 Bête noire 者。依達氏之說。則爭利爲社會競爭。以致進步之鞭。社會主義固主張社會進化者。既不爭利。則進化良不易。此誠自相矛盾之論。極複雜之問題也。

此皆社會主義與達爾文主義反對不可通者雖然是兩主義固有連合相關之點在焉曰民數問題

欲論民數問題不可不先論馬爾泰司 Malthus 之民數論馬爾泰司之民數論固達爾文主義之根據地也

馬爾泰司之說甚長此不能詳大略謂物種滋生極速苟其種子皆能保存生長則此世界將無地以容之其所以滋生有限者則因物種彼此互相取食之故馬爾泰猶未知最宜者存之理也

惟馬爾泰不知物競天擇之理故彼謂人數之加增無外力能禁止之者而此地球終將有人滿之一日雖盡現有土地耕植之所穫不能養也人羣無食則不能生故除覓新地外無第二法植民事業者誠人羣文明所賴以發達進步之最大事業也

馬爾泰司之理論綜而言之不外發明下二項之事實

(一) 天然形勢上之事實即人羣之繁衍其數可增至無量數是也

(二) 天然生計上之事實即吾人所居之行星其界甚狹將來此行星中之產物

必不能隨人數而并增以供養人羣之生活是也

馬爾泰司既發明此二項事實而無善法以免其必至之惡果於是達爾文之爭自存論乃與達爾文曰人類之社會爭自存之活現象也人羣之歷史爭自存之活繪畫也（余譯有達爾文物競天擇論言此理最詳）若自歷史上觀之則人羣之競爭其級常變野蠻猻猴之時代其競爭之結果爲獲其俘囚殺而均食之（此俗今日極野蠻之島族尚有）是爲第一級及社會進步由游牧射獵之族變爲耕植聚居之國其競爭之結果爲獲其俘囚而奴使之此家奴之制所由興也是爲第二級及羅馬帝政之中葉執政者以爲農僕之制較諸家奴更爲良便而農僕之制興焉是爲第四級至於今日農僕之制變爲自由作工之制乏資財者服社會中勞働之役以得酬金而爭其生存焉是爲第四級

按泰西之變級如是中國則家奴農僕雇工三者常兼包并容而無顯然分劃之階級至今尚然此中國與泰西歷史比較之異點也

人羣最初之爭自存止爭存其生命而已與禽獸無以異及時代愈進於開化其爭

競遂變爲爭高尚之自存而爭權利爭幸福之事興焉雖然家奴也農僕也雇工也其變象既如是原夫變象之所由生則固有大力以驅之其力惟何曰自私利自私利者人羣之天性進步之鞭策也人人有求幸福求權利之心斯人人有自私自利之心思想高尚之哲人欲救自私自利之弊遂創爲理想世界的幸福權利之說其權力甚巨然最足爲世界進步之害今世界迷信佛教回教之邦國既莫不受其禍矣歐洲之興也惟賴有文學復興及路德改教二偉業且十九世紀之新學說莫非攻耶教之快鎗利劍則二十世紀以後之耶教其勢力可知也

自歐洲封建分立之制變爲中央集權之制農僕亦同時變爲雇工雇工之制之善於農僕既人人識之矣雇工之制爭利之制也各爭自存於社會之中每一社會以一强固之政府管理之而其個人之爭競不息由爭利之制可驗天擇之象焉雇工之領袖皆社會中有勢力之個人也殆即達氏之所謂經天擇而爲最宜者歟爭自存之事與人羣之歷史相終始而不息固也然不稽近百年之民數乎物競雖劇天擇雖烈而人羣之數增加如故民數問題者誠世間最不可解之難問題也

讀旣往之歷史可見阻止民數之增加者惟有二事曰遷徙曰戰爭（如水旱疫癘之類惟極野蠻國乃有之故不數）戰爭之原因曰貪功曰奢望曰疑忌曰好勝人治愈進公理愈明則此諸種惡性質將爲人羣之所大戒而地球終有弭兵之一日則戰爭之事窮南北兩極旣不可至此行星不久將無地可闢則遷徙之事窮民數問題之困難逼人而來雖欲避之不理而不可也

民數問題豈終不可解乎曰於萬不可解之中覓一解法則亦惟曰使人類之社會常發達不息而已人類之社會何以能常發達不息則亦惟曰使人羣之道德及智識常進步不息而已道德及智識旣進步而物質也生計也獨停滯而不進步此必無之事也道理及智識不進步而放恣愚昧之行充塞於社會是其爲人羣幸福之害也多矣是不惟犧牲此一世人民之幸福而已并將犧牲後世子孫之幸福若是則人羣之進步終不可望民數之問題終不可解也

社會主義者即解民數問題之獨一捷法也彼以爲民數之加旣終不可免惟道德與智識進步之大力可以勝一切天然之災禍而不受其害夫箇人之力有限欲賴

之以勝天然之災禍其勢甚難則莫若合大羣以謀公利是不惟可以解民數之難問題而已亦可以之解一切難問題此社會主義之奇想也夫今日歐洲之世界社會黨人之勢力可謂極大矣苟其眞與達爾文之主義相反對即達爾文之主義既明以後社會主義當摧破而無復餘然猶能騰萬丈之光照耀一世豈非其主義固有眞價値存焉故不滅而益明也

今請言社會主義與爭自存說相關之理且請言社會競爭自存以進步之理

達原文之爭自存說於人類之社會歷史既可驗其現象矣雖然社會之進步也不徒以爭自存爲單純之原理若平均和親之類亦爲社會進步不可少之原理焉徒舉社會發達 Social development 一問題則進步 progress 自并包於其中故社會主義者不惟不與達爾文主義相反對且益廣其界而補其偏雖謂達氏主義得社會主義而其義乃完可也

今於此分立三說以釋其理

第一說

政治發達道德發達交際發達三者皆人羣由爭自存以臻於整齊之域之現象也進步之大要曰發明道德之原理以勝人羣之私利傲慢懦怯暴虐諸惡性故人羣每經一競爭則經一進步其進步之效必爲法律改良秩序加整以道德勝非道德非道德者如自私自利之根性競爭所因以興起之原本者是也予亦非謂人羣之發達惟止於道德發達而已要之道德發達爲人羣發達之一大要素則固至當不可駁之說也

道德既進步（道德進步道德發達等字於中國實爲創見蓋中國古說皆以爲天不變道亦不變也然試讀歐美哲學道德學等書則必見 Ethical or moral development. Ethical or moral progress 等字滿紙皆是皆歐人以爲道德之發達進化乃人羣發達進步之大原此誠中國人與歐洲人思想相反之最大者）則政治及交際亦必與之俱進試觀自未有歷史以前之黑暗時代以至漸進於發達之晚近時代可見人羣互相敬愛憐恤之感情常隨時代之文明而俱進由是可推知苟世界之文化極盛則人羣待遇之象必道德殊雅美善和平蓋無可疑也

亦非謂爭自存之理遂廢不用也由競爭求利卒非由競爭求紊亂此自然之道也競爭者所以驅人羣於進步以造於交際道德之最高級達爾文固自謂人類常由競爭以進於高級矣蓋經一競爭之後則人羣之智識必變交際道德遂因之亦一變

人羣者乃由下等生物進化之所成此達爾文天擇之說也天擇不息故雖現今之社會亦不能出天擇之勢力範圍而必更有所進社會主義欲改造現有之舊社會爲新社會改造現有不完全之道德爲完全之道德且益進而不息焉此其於天擇之義固無所背也由是論之則夫世論之以爭自存爲人羣進步之獨一原因而遂置道德發達一面於不論者其界限亦太狹識見亦太偏矣

社會主義以爲人羣之交際道德既發達則機器技術之屬亦必隨之發達而物質生計之需自足能效材以助長其羣之福祉而人羣進步不息遂可造於道德自由之極樂國今世爭利之制何足算焉

此社會主義與達爾文主義相通之第一說也

第二說。

今但自道德進步一面言之。夫道德進步之現象。即人羣相與康樂和親。團體愈固是也。上古之時。人類分爲小部落。互相幷吞殘殺。及文化日進。乃有市黨。乃有民族。乃有人種。其團體之大小。散聚與時代之文野。有一定之比例。然則將來必至合通世界之人種爲一大羣。萬國和親。無能分異。無可類也。但其時代遙遠。尙不可預期耳。

生物之進化也。以二事爲斷。一曰腦力之發達。二曰社會原理之發達。二者常互相連續焉。人類肇興之時。無腦力可言。亦無社會可言。及腦力漸發達。始知結團體以戰勝他種生物。而人之一類。遂翹然獨異。人治既興。其腦力尤勝。團體尤固者。遂勝他族他種。而獨尊焉。此證之於歷史。而皆然。非臆說也。至將來之世界。種族已合。而爭自存之事。尤不息。孰與爭乎。曰與天爭。天者。世界自然之大力。最足以敗壞人治者是也。人羣最大之敵。曰天。人羣最末之敵。曰天。

與天爭一語。中國自來所無。可與奇甚。然吾猶有一奇語焉。曰吾甚恐中國之種。

將無與天爭之資格。蓋可與天相爭之種。必世界最良之種也。不然。必已早爲他種所并滅。何足與天相見於戰場乎。

英雄造時勢乎。時勢造英雄乎。時勢與英雄。固互相造也。組織最善之社會。必能產出最奇偉最雄大之箇人。此箇人既出世。又必能爲此社會增無限力量。破壞社會之英雄。必其社會本不善。否則其人有自私自利之心。若道德既發達。人人知重社會之公益。則必無是患也。

國體和親者。人羣發達之良果。而爭自存之利器也。所謂爭自存者。非箇人與箇人爭自存之謂也。或此部落與彼部落爭。或此市黨與彼市党爭。或此民族與彼民族爭。或此人種與彼人種爭。現在之世界。則尚爲階級黨類相爭之世界而已。爭自存之問題者。誠最複雜之問題。而於此世界之歷史上。有大權力焉。競爭相激。人羣最高尚之天才。乃出現。社會之組織。乃改良。大英雄大智慧大慈悲之事業。乃競演於劇塲。競爭乎。其名雖可惛。其象雖可怖。而實爲此世界人種最大最良之一間學校其價値非一切他物之所可比擬也。

歐羅巴之歷史乃演爭自存大戲劇之一部大歷史也歐洲之人分爲數大羣而各獨立而各競爭互師所長爲此競爭之大力所驅常前進而不息也此羣旣改良則彼羣不得不亦改良以從之不然者敗亡之禍隨至舊世界之支那印度新世界之墨西哥秘魯所以停止而不進化者因其國不幸與世離絕而其國民不克受競爭之良教育遂不克享競爭之大幸福也

凡一社會之組織苟已合宜則其人民之智識必發達能力必發達熱心必發達其人民遂爲常能戰勝他族之人民不觀夫普魯士乎普魯士改良其社會之組織凡普魯士之人民莫不有受普通陸軍教育之義務遂戰勝墺法諸國得莫大之利益爲歐洲之覇國焉其風潮所趨使歐洲諸鄰國不得不亦改其社會之組織以從之此軍國民之制所由興也社會主義者欲人羣改良其社會之組織達於極點以長久昌盛百戰百勝享福無窮也

由是論之社會之發達以進於文明也爭自存一事自不可廢不惟不可廢且益複雜而永不息焉社會之文明愈進爭自存之事愈廣大人民之團結愈多而固其軍

器愈精戰糧愈足孰謂爭自存之事可廢也

此社會主義與達爾文主義相通之第二說也

第三說

競爭者乃此世界人種之學校既如上所論矣社會之進步也則猶學生之升班也社會之由野蠻進於半文明由半文明進於文明也則猶學生之由小學進於中學由中學進於大學也故學生無不升班之理社會無不進化之理世界之國民常彼此互爲先生互爲弟子相師焉以進於善世界各種之制度則猶之學堂之教科書也社會每進一步則往日之制度必廢除焉而不復用譬之學生既升至甲班則必不復用乙班之舊教科書也既明此理則可知現在爭利之制度乃舊教科書而社會主義乃新教科書學生之每升一班也必喜每讀一新教科書也必喜此其所以爲良學生也今此之人奈何戀戀於今世爭利之舊制度百計思所以保存之若有深懼於社會主義之新制度者然吾竊惜其智識出於尋常學生之下也

雖然進步者美名也社會之改良則誠大難事也由今世爭利之制度變而爲社會主義之制度則尤難而又難是必變其道德變其智識變其習俗變其組織由下等之社會生計變而爲上等之社會生計世人根性劣下不知其利相視疑怪亦何是說

世人而果不忘圖進步也則不可不修諸等之德行若團體若先見若自治若克已是數德者人羣福祉之所由生也社會主義之所由立也凡懷熱心圖進步之國民未有不歡迎社會主義者社會主義既行則人羣必大進步道德智識物質生計之屬必大發達此世界之光景一大變達爾文所謂適於天擇之最宜者 Fittest 將於是焉在

此社會主義與達爾文主義相通之第三說也

嗚呼張樂於洞庭之野魚聞而深潛鳥聞而高翔以今日中國文化之程度進而與之言社會主義其不驚疑卻走也幾希雖然歐羅巴之世界既有此種奇偉光明之主義而忍使吾國之人昧昧然不知其爲何物則亦非以輸入文明爲已任者之本

心也。且近人已有托禮運之片字隻義演爲大同條理陳設制度以期實行者欲以一人爲牧人以衆生爲牛羊而聽已之指揮焉偏於一面而不知競爭不息之旨則是欲進化社會而反致之於退化也不可以不辨（二年前與嚴又陵言天戰之理又陵詫且奇思怪語從何處得來思深哉子之爲學也）

附社會党巨子所着書記

社會主義誠今世一大問題。最新之公理。皆在其內。不可不研究也。今紹介其黨中巨子所箸最有名之書於下。

聖西門所着書

Settre d' un Habitant de Genève. 1803.

L' Industrie. 1817.

L' Organisateur. 1819.

Du Système industrial. 1821.

Catechisme des Industriels 1823.

Norveau Christianisme. 1825.

佛禮兒所著書

Theorie des quatre Movements.

魯意伯龍所著書

Revue du progrès 1839.

布魯東所著書

Qu'est-çe que la propriété 1840.

Système des contradictions economique ou philosophie de la misère. 1846.

De la justice dans la revolution et dans l'église. 1858.

拉沙勒所著書

The Italian war and the Mission of Prussia. 1848.

System of Acquired Right. 1861.

On the Nature of a Constitution. 1861.

What next?

Might and Right.

Science and the workers.

Working Men's Programme.

Open letter.

Bastiat-Schulze.

Iron Law of wages.

馬克司所著書

The Condition of the working Class in England. 1845.

Misère de la Philosophie 1847.

Manifeste of the Communist Party. 1847.

Zur Kritik der politischen Oekonomie. 1859.

Das Kapital.

●政法片片錄

本編價目表

全年十二册	半年六册	每册
二元五角	一元三角	二角五分

外埠郵費視路遠近照加

廣告價目表

一頁	半頁	一行（四號十七字起碼）
五元	三元	二角

凡欲惠登告白者須於本編定期發刊之前五日交到價須先惠欲登長年半年者價當格外從減

政法叢書

第一編

國法學 再版

各國之政治其組織不同其起源亦各不同不明其組織起源則於其政治之長短利害末由而明國法學之範圍即以此爲目的凡國家如何成立及國家有幾種機關與機關之如何運行與元首臣民與立法司法行政等項均包括在內日本各政治學校均以此科目列入首年其重要可見法科大學校亦然此書爲岸崎中村二君合著而二君學說均本於大學校故其議論若指均極精切完備實講求政治學者之基礎也爰急譯之以餉同志

◎全一冊定價六角五分

第二編

歐美日本政體通覽

本書詳叙德國、英國、法國、美國、瑞西國、日本國之建國、政治、議院、組織等。行文極平易簡明。讀者通覽一過，於世界各國政體之大意。不難了然於胸。凡研究政學者。允宜手置一編也。

◎全一冊定價三角

第三編

日本行政法綱領

行政者國家之活動也國家有種種之機關機關之活動即爲行政吾國行政機關最爲複雜而又最不完備其原因在行政法不發達故也是書編譯日本行政法之要領解釋精正詳簡得宜誠政治家必讀之本也

◎全一冊定價五角

第四編

日本國會起源

立憲國之精神何在乎在國會而已今日文明諸國無不以國會爲立國之本日本維新其國志士日以立國會號於衆遂成今日之治此書詳述設立國會時種種變遷迄乎成功無事之師誠爲有志者所急欲觀者也

◎全一冊定價八角

政法片片錄

攻法子

國民之欲望與文明程度之關係

欲望之定義在經濟學上言之乃有所不足而求其足之謂人類之有欲望與有生俱來世界中百般之事業皆基於欲望之一念而發生而成立未開國之人民其欲望最簡小之一身一家則衣食住均極簡陋恬然安之若素大之一國則務以苟完苟美爲事而無與世界爭競之心文明國之人民反是凡可以爲人類之欲望者無不列於欲望之內而日思所以達其目的故其欲望之種類最爲複雜而由欲望所得之結果亦最廣博歐美各國今日之文明皆歐美各國人民欲望之發達有以致其然也今試舉一二以爲證亞美利加之發見非有覓地之欲望則世界何由得此新地面乎亞細亞洲之洞開非有通商之欲望則世界何由得此大商場乎他如輪舟輪車之發達由國民有交通之欲望也不然則自腹地以達口岸國內旅行較環游世界之時日爲多將安然矣道路宮室之清潔由國民有衛生之欲望也不然則無論鄉閭都會到處塵穢堆積求一片乾淨土而不得將自若矣俸給工資之增加

由國民有自厚之欲望也不然則生活之程度極低學學於最下等之職業僅足糊口而止將泰然矣凡此諸端皆歐美各國文明事業中之最顯而易著者而無不本於其國民之不足而求其足之一觀念然則國民之欲望豈非造成文明之基礎乎凡欲爲文明之國民者其盡先養文明之欲望也

國民之經濟思想與時間

國民經濟思想之發達以能利用時間爲第一要義文明國之人民常多忙何也有若干之時間即應執若干之職務其間無一息可以優游自在是故使稍失時則於其所得必大受損害譬之食鴉片者其消費之額較常人爲多斯固然矣然有形之消費尚有定數獨至無形之消費使其精神萎疲不能事事則小而言之終身成一不生產之個人大而言之國家多一不生產之國民其損害之數將有不可計者矣鴉片特其一例其他不務正業終日消費時間於無用之地及不善用時間以莫大之時間營最小之事業者皆得以鴉片例之也是故國民之富於經濟思想者則其閒日必甚少而其所營之事業較之未開國之人民往往高出數等反之未開國之

人民則往往以同一之時間而爲文明國民所不屑爲之事此無他其經濟思想淺薄不知愛惜時間故也日本田尻稻次郎氏於論貨幣時嘗言歐美各國無僞造小形之銀貨者何也其所得不敵其所失之時間也至生活程度較低與多開之東亞國民若日本今日猶不能克支那則尤甚矣云云其一證也

物質文明之必要

歐美之文明有物質與精神之別若愛國心若武士道等類所謂精神上之文明也此外凡儼然有形式可見者均屬物質上之文明衣食住居製造之類是也精神文明爲一國生氣之所繫有之則興無之則亡其必要不待言矣然物質文明有助成精神文明之用今之論者往往以物質文明爲不必注意非確論也夫物質者精神之所附使無物質則精神亦何所寄托腐敗之物質終無精神復振之望故非但精神文明不能離物質文明而獨立欲造精神文明當先以物質文明爲基礎有斷然也譬之欲言學校教育則吾國舊時書院之建築必不適用欲行軍國主義則吾國舊時寬博之服裝必不能留凡事類此者甚多非先有形式之事足以一新耳目者

則國民之精神不能振策然則物質文明與精神文明其關係爲何如也日本辻新次氏（帝國教育會長前文部大臣）嘗謂欲興支那教育當以改服式爲第一義不然則國民終有守舊之念吾謂辻氏之言豈特教育爲然欲行種種改革則於一切物質文明斷不可忽服式特其尤著者日本變法首以此爲政策蓋非無故又日本效法歐美一切唯歐美之制是視雖與其風俗習慣相背馳者亦必倣行之而不顧如歐美銀行之日曜（即禮拜日）休業蓋以各種商業均休業故日本則各種商業無休業之例惟銀行則日曜一律休業此等舉動驟視之若無謂其實乃尊重物質文明之一端不如此則不能與歐美之銀行並列以爲此形式之事可以變通浸而久之必致事事以變通爲務而其眞相盡失矣吾願吾國言改革者注意於此也

機關世界說

機關世界之語甚奇然實今日世界之現象也何謂機關集無數複雜之分子而成一具體組織之謂集合體爲機關之本質由此集合體而生種種之事業伸縮自由各有秩序雖極複雜繁瑣而無不集權於中央則機關之作用也機關之發達乃近

世之特色。古代以個人爲主。故機關不足爲重。凡事率以一人之力爲之。近世以衆人爲主。故非有完全之機關。則必不能得圓滿之進步而發揮團體之本領。是故機關之爲物。爲團體之最大要素。欲藉團體以行事。不能無强固完備之機關以總其成。政府者。國家行動之機關也。政黨者。國民參政之機關也。會社者。即公司商工經營之機關也。其他凡社會上得稱爲一團體者。無不各有其機關。而總機關之下。又分設種種機關。節節聯絡。節節呼應。凡一團體之興廢。恆視其機關之如何以爲準。法之約各伯革新時代之大機關也。英之印度公司。殖民政策之大機關也。由其機關之組織完美。故其成功可觀。此明證也。今日以往。機關之必要愈甚。生存競爭之勝敗。將以機關之優劣爲斷。處此機關世界而不留意於機關之若何成立。若何發達。吾恐以散漫之個人。欲與他之集合體相角。其不爲所壓覆者幾希矣。

有治法無治人說

語曰。「有治人無治法。」蓋謂法者。待人而行。法爲不易之規制。至運用之妙。全存乎人。故與其恃法。不如恃人。使得其人。則雖無法之實質。而亦能得法之効用。吾國學者。莫不奉此說以爲定論。然古代事簡人與人之關係國與國之關係均無近世之複雜故即法不完備而有時得人尚可圖治近世社會變遷世界進步人類之事物狀態其複雜殆千百於古代。故非有完全之法。則幾無所措其手足日本田尻稻次郎氏有言「方今之世事情繁賾非昔日可比使制度不得其宜則雖當局有人亦無以施其技故以立善法爲第一要義」斯語也實有見於世界之人類無不範圍於法之中而近世之國家則大彰明較著古代所謂有治人無治法云者蓋一時有爲之辭且亦古代國家進步未達其極事情簡單之所致也若近世之國家就其國內之關係而言則治者與被治者之間且有一定憲法就其國外而言則弱國與最强國之間且有一定之公法其他有一事即有一法一新事生則一新法與之俱立世界之秩序無不賴法維持而所謂法治國之時代乃實現於世是故觀近世之法學日進法理日精法文日備人人知法而人人守法則雖爲極端之說曰『有治法無治人』又安見其不當也

附録

◎留學界
◎恩施王女士蓮致某女書
◎帝國婦人協會之主旨

清國留學生會館招待規則

一 本館因東渡留學之士入地生疎故特設專部代爲招呼一切凡有函致本館者本館即盡招待之義務

一 招待地方有二一在横濱一在新橋凡由神戸起岸者本館幹事當至新橋招呼由横濱起岸者本館幹事當至横濱招呼其神戸上海天津三處均有本館特派員代爲經理

計開

神戸 孫君實甫 神戸海岸仲通清商益源號

上海 王君培孫 上海大東門內育材學堂

天津 張君亦湘 天津北泉閣前日日新聞社

一 各省東渡留學者可於就近本館特派員諸處詢問購買船票一切情形於動身前七日先行函致本館以便至日前往招呼

一 天津航路至神戸起岸者抵長崎後可發一信致孫君言明乘坐何船何日何時可至神戸屆時孫君代爲照料神戸易車後可託孫君代爲電知本館（電費約二三角）車於何時抵京本館幹事即至新橋招呼

一 上海航路至横濱起岸可由長崎或馬關函知本館船於何日何時至濱屆時本館幹事至横濱招呼

一 東渡之士行李物件務宜少帶爲便其烟酒綢緞各項爲入口應稅者萬勿携帶免致多生枝節

一 到京後或入預定學校之寄宿舍或暫寓旅舍均聽本人自便

一 本館招待幹事一切費用均由本館公欵供給至本人一切費用由本人自理

一 本館各處招呼之人如有更動之時當隨時登報申明

日本東京神田區駿河臺鈴木町十八番地

清國留學生會館啓

社會叢書第一編

社會學提綱

是書爲美國吉登葛斯原著溼陽吳建常重譯自個人之交際以至團體之集合其間若社會之本質活動發達等無不探源握要闡述無遺理蘊精深譯筆犀利洵哲理中之佳品也

洋裝全一冊　定價大洋二角五分

教科書譯輯社白

中學地文教科書

滄海桑田變換不測說者詡造物之妙而不知實關至理日本神谷市郎所著中等地文教科書以最新之學說明地球之構造論證確鑿說理詳明不特爲教科中之善本抑亦研究哲理者所不可不讀之書也挿圖五十餘幅俱用精緻銅板鐫成尤覺燦爛可觀

洋裝全一冊　定價大洋八角五分

教科書譯輯社白

普通經濟學教科書

是書爲上海王宰善輯著。王氏留學日本。究心此學有年。出其心得。以公世好。其中採輯之宏富。分晰之精當。誠適於學校教科書之用。至其印刷工緻。裝訂華麗。尤其餘事也。

全一冊

定價大洋陸角

教科書譯輯社白

本社社員編輯

愚施王女士蓮致某女士書

夫人粧次前日渡漢匆匆未遂拜謁之私至今爲歉昨得　寶兒手諭反承　先施并蒙　垂問幸何如之支那女學之失傳也久矣加以三從七出束縛其身心焉耳纏足束縛其手足終身閉置徒供男子之玩物吾輩一弱女子莫知振脫受大害者乃在吾國姊不見累次之戰辱國賠款利權全失推原其故有二一弱一愚皆受之自家庭女子兩足纖纖終日危坐百病叢生胎元不足生子不夭亦僅矣安望健兒哉此弱之原初舉一子親族相賀咸謂此子長成必得富貴父母亦沾沾自喜在溺愛者陷其子於下流稍有教訓者不過時以及第做官之言顯親揚名之事相勉夫至援一科授一職父母之誥封至訓子之功亦告成矣國家如何分割支那如何危亡終身不聞爲之子者亦置之度外剝民之皮掠民之財既媚上司又媚洋人只要好官我做上可謚孝下可發家以全國愛官愛錢之父母養成幾多做官愛錢之好兒子又有如是之妻致其夫背此愚之原既弱且愚支那之將亡誰謂是天意哉

吾謹弱女子關係國家果何如也妹少未讀書不知大義兩足已纏身體甚弱素性好遊隨侍西蜀北京者有年庚子之亂兩足之累得免于難者幾希間出京未數日凡令閨命婦受辱受禍爲最慘烈至今思之血肉猶悸而外國何以强横如是每欲身至其國詳細視察以決此疑長崎抵港東京入學所見所聞另一世界凡所領畧寶兄當能詳述獨有二事願與吾姊誓發宏願移之中土日本女子自四五歲以至二十無不持書包繫紅級來往於道路問何人則學生也問何學則與男子無異反多治家訓子之法縫紉烹調之事問何以必學則貧者必學生活富者必學道理否則父母惡之無與聯姻者有與妹訂交者大都口操三國之言心繫國家之事而身體偉大兩足健步能日行百里常以兩人爭跑其快如飛妹與相對既感且泣遂銳意入學放足以爲將來我國姊妹之先聲所入學堂名爲帝國婦人協會是日本宮主教師下田氏所立中有日女百人中國女子六人妹之來也下田極意厚待遂入彼塾每日三餐略如中土洒掃躬親起眠有時晨八點鐘上學往返步行中國四里近日專學日語算學畫學體操每日約教三時其後日添學何學尚未言明妹時過

後學中文又淺。不免吃苦。不之畏也。放足之舉。當意甚早。家人以旣纏不能再放勸之因循至今。此時改裝不能再誤。從廣東同學覓得廣東江蘇放足善法。頭數日以溫水和醋泡洗十餘次。洗後用棉塞滿指縫稍用力分開用棉裹之。能赤雙足更好盤坐移時。赤足就寢。此數日稍覺煩苦。半月以後。即可裹棉著寬大之鞋襪。游行自如。妹已放兩月。毫不覺苦。近則日行十里不疲。指漸開。背漸平。問半年之後。當與男足一樣。生今之世。多一人聰明強壯。即多一人之不亡。姊以是二者勸活多人。其功德當不在女媧大禹下也。望恕狂愚。肅此敬問坤安。 寶槎兄統此問候 妹王蓮字荷卿 斂衽上言

帝國婦人協會之主旨

大凡女子資性必單純而兼慈仁。惟單純故能守其節。惟慈仁故能全其德。此淑德高節之光輝所映。即能導一家長幼入於正理眞福之門。世之言國者動曰國家國家。國也者。即家之至大者。國與家無二理。故欲釐正一家之風範。不可不以女子爲感化之始。欲美善一國之風紀。亦不可不以女子爲興化之始。女子之化。其影響

之及于社會者。恆有大力。證之東西古今。不一而足。我日本雄略之皇后。開蠶室於掖庭。而全國知養蠶爲要務。頓促女工之進步。又和氣廣蟲。切言大義所在。以鼓舞其弟。而寶祚始得萬世不易。他如英之救世軍。跨世界三十餘國。有四千二百九十餘隊之兵士。一萬六百餘之將校。短劍生芒。而悉由ブース夫人一纖手指揮所成。又美國シカコ府屹立之第一等大厦。爲禁酒會之大建築物。除却社會汚惡。而改良人類之不善。其主持此說。一洗當世之濁浪者。乃ウヰルラド女史。銳意熱心。身瀕飢渴所成。又北美合衆國打獨立之旗章。成今世界第一文明國。其決戰彈丸。皆其將士之母及妻女。鎔食刀碎食匙所鑄。奮勵其良人愛兒。染出愛國之赤心者也。守アルメニヤ之孤城。父逝夫亡。雖饑猶戰。雖傷猶戰。以抗暴戾慘虐之土耳其軍。盡殘餘之衆。粉身絕壁者。非男子軍。乃女子隊也。自前世紀末亙今世紀初。席捲歐洲之拿破侖。第一。其所揮畢世之勁旅。非英國王。非普國將。乃一窈窕婀娜之ドステール夫人也。不誠能以搖籃之手。撼動天下哉。故獵師狩虎。不畏雄虎而畏雌虎。社會風潮之淸濁。其源不在男子而在女子。顧觀我日本現今狀態。既一變君主專制政。爲立憲政體。遷轉元勳政府。爲政府基礎。以造成內閣。道敷數千里之鐵軌。河架數千尺之鐵橋。空中引棚[illegible]體。則有萬條之電線。街頭光輝如月。則有千百之電灯。海浮數十萬噸之巨艦。陸築數萬馬力之工場。其外貌既丕著文明裝飾。而新編法典。既早頒行。內地雜居。亦已實施。然而外廓雖成。內部猶未進也。試觀社交之點。家政之事。衣服飲食之體裁。又如女子之教育。婢僕之傭法。家室之法規秩序。誠千差萬別而錯雜紛亂。此我往昔果無退步萎靡之感乎。雖然。我等今日。不必對中流以上之女子發此憂慮。何也。中流以上者。富貴多福。地位既高。所唱亦易入人耳。凡所欲行。亦以家有餘資。故易爲有益之事。一修學而博識之教師。即候於其門。一試技而巧妙之用具。即列於其室。故其學易進。其智易優。在我等亦復何求。惟希望此富而知禮者。續續輩出。知天道有盈虧。亟思謙益之誠。自身雖無患難。而識他人之患難。且從而救之。此世間有數非凡人也。我等何敢苛望。我等力薄德菲。所自信者。限其菲德。盡其微力。如擔重荷孜孜然徐求進步。冀至仁真誠愛國之同感同情者。相與述下等社會女子之慘狀。併有日向危險斷岸直進狀態云耳。近來各地殖產。

工業之發達進步。而女子傭役所必需。亦於是乎起。與其用疏放之男子。無寧用緻密之女子。非特此也。女子之給料。大率廉於男子。如此則既適職業。又得廉價。非使役女子一極大利益乎。然此等女子。多半不識一字。并自己姓名。無不能讀。雖人類而蠢如鹿豕。得金則息。無錢乃勞。是宜勸傭主以其服役之暇。教彼筆算使知金錢貴貯蓄。否則因貧之故。或馴至有卑汚行爲。便難制御。詩曰。士之耽兮。猶可說也。女之耽兮。不可說也。我等傳聞。不知凡幾。甚或遠航海外營賤業。毋乃汚我日本帝國之體面乎。南美濠洲。見日本人擬於蛇蝎。信各彼言。此等獸行之女子。亂我風俗。惑我良民。即腐敗我國空氣。諺曰。見一葉知全枝。安保不據是以爲日本女子風俗之全體。而肆其冷罵乎。嗚呼。我姊妹諸子。其能忍此可憤可慨痛切之語。而尚緘默以甘受此寃乎。昔有泰西婦人渡航來日本。告衆曰。貴國之女子何無愛憐同胞之意乎。同胞姊妹在海外爲匪行醜惡。而君等如看對岸火。袖手傍觀。無救之者。我睹此濁穢之風。迷惑無已。不可不訴云云。其言可痛。今又歷多年矣。果施何法以救正之乎。我國教育女子。尚未切當。緣維新大政改革。俄然而來。忽焉而成。譬由亂渦中湧出。頓然模擬泰西。彷彿直譯。恰如以外國大人之女服被于我國少女之身。無怪其不合軀幹也。比又經二十餘年。呱呱而泣之兒已過丁年。此中幾多改正。幾多進步。昔之不帮合者。今亦漸除。然於女子所學。筵地施行。尚未完全。尚未適切。孰不知之。在富貴兼全者。保姆在側。侍婢列前。此種上流女子。姑勿具論。獨中流以下之女子。幸而得父母費其資金。萬不可以可惜可珍之光陰。而從事於迂遠不切處世之事。蓋非從泰西直譯。便可書女子教育之風也。我東方之學。其過在馳於幽遠高尚而疏於實利實益。近尚延其餘波。今各種職工電話之技手。或商店之賣子掛取及看護人等。每每需多數女子使役。若不奮爲準備。以應供給。且鍛練精神。定一確乎不拔之主義目的。恐不免有甘向不正之業者。不於我國體面非嚴與增進國利民福上。有一大缺點乎。然則女子之耳目也。機關也。安可不進而教之。使有資格。有品位乎。於是欲爲同胞姉妹開謀。即由此缺點着手。考究急務。不揣淺陋。編訴同志。設立此會。奮勵勇進。冀得千里馬骨也。更切望取法彼文明之國。如泰西紳士。助其女子取手握腕。呈保護尊敬之狀。俾我國真箇有志之女子。翼贊其精神。於國家企圖上成其希望。嗚呼。現今歐美之男女。誇其帶文明、冠自稱能蹈公法之大道。而攻其窒。則學狐狸豺狼之聲。以欺詐之外交。施其巧妙殘虐。逞其威力戰鬪。若于此而欲相互鎮靜狂暴。防其擄器。惟有從愛神着想。愛神者何。非女子而誰耶。彼唐太宗憤呼由舍翁。如烈火之燃。乃撲滅於長孫后朝衣一揖之手裏。四海頌容諫之君德。又如拿破侖之獰猛悍慓。鋏腸寸斷。終生未常消磨家庭之歡樂。而其后不以離別之淚痕。灑其衣袖。又如鋏血宰相俾士麥公。因其夫人諷刺。而止其暴路之拳。如此上流之英俊。尚且必需女子智德融化。則無教之下民。人類而尚野獸者。欲其柔順如羊。誠宜高下層婦人之德。進下層婦人之智。爲其內助。以謀自他之利益。漸次養其室力。非此信無自立之道矣。我等力小而任大。固知至難至困。雖然。陽氣所發。金石爲透。志行所在。何事不成。星火爆原。消泉成洋。大方君子。幸勿笑其力之不足。而有以教導贊成之。是所切望者矣。

日本下田歌子君創設帝國婦人協會。其事業分教育文學工藝商業救恤五門。教育門中又分女子教育研究會一 實踐女學校二 附屬慈善女學校三 女

子工藝學校四 附屬下婢養成所五 女子商業學校六 我國女子入實踐學校者今七人爲其主旨所在士鰲不揣固陋譯爲漢文以告我國女子之同學者重在意不重在文閱者諒之壬寅十二月浙江錢單士釐誌

譯書記彙編壬寅第十期校勘記

第三頁第四行　椽木　椽字緣之誤
第四頁第九行　軒輕　輕字輊之誤
第五頁第六行　感之　感字惑之誤
同頁第十三行　牽強　牽字率之誤
第七頁第二行　而備　而字西之誤
同　頁第三行　北曷　曷字盍之誤
同　頁第四行　曰盛　日誤曰
同　頁第八行　曰號　日誤曰
第九頁第十二行　俱備　俱字具之誤
同　頁第十三行　求返　返字諸之誤

第一〇頁第二頁　時曈　時字衍
同　頁　同　行　契置　契字恝之誤
第一八頁第八行　一日　日字曰之誤
第一九頁第九行　國尾　尾字民之誤
第二〇頁第三行　革眞　眞字新之誤
第二三頁第十行　貢徵　徵字征之誤
同　頁　同　行　頑固　頑誤頑
第二八頁第十行　未賞　賞字嘗之誤
同　頁第十三行　獨之　獨字猶之誤
第二九頁第十二行　分拆　析誤拆

第三〇頁第一行　可所　可字有之誤
同　頁第八行　乎　手之誤
第三三頁第一行　北詎　詎字距之誤
第三六頁第十一行　璧上　璧字壁之誤
第三九頁第一行　地部　部字球之誤
同　頁第三行　項點　項字頂之誤
第四二頁第六行　可伸　下脫則伸二字
同　頁第十三行　極東　東字東之誤
第四六頁第十二行　足足　衍一足字
同　頁第五行　需有　需字胥之誤
第五八頁第二行　吝措　措字惜之誤
第六四頁第十二行　俸原　原字厚之誤，

第八六頁第五行　區測　區字叵之誤
同　頁同　行　婦除　掃誤婦
第九二頁第四行　兩間　兩誤雨
第九五頁第一行　才氏　才字丁之誤
第九六頁第五行　具人　具字其之誤
第九八頁第五行　之之　衍一之字
第一〇〇頁第八頁　流到　利誤到
同　頁同　行　爲啓　啓字衍
第一〇二頁第三行　自蓋著至準備二十
三字與下句前後誤倒
第一〇五頁第五頁　孫卿　當改揚子雲

全一冊

定價九角

欲知日本維新之**眞相**不可不先究其**原動力**原動力者何即維新時代之**大人物**也是書集日本維新時之**最有名**之**功臣奇士俠客文人**列爲百傳而一一加以評語其間倡**尊王**者有之倡**攘夷**者有之主**歐化**説者有之主**國粹**説者亦有之舉凡日本維新**原動力**之種種**方面**莫不聚於此**一冊**中讀之不特可知日本進步之由來亦**我國改革之先導**也至其叙事詳當論斷有識尤其餘事也**談維新者**盍亟讀之

發行所

上海開明書店廣告

少年中國新叢書第四編

彌勒約翰自由之理出板廣告

馬君武譯

邇年自由新名詞既出現于中國然其原理不明故流獘滋多彌勒諸書抉發自由之原理無有餘蘊爲十九世紀最有名之傑著文明諸國傳譯皆遍日本明治初年中村正直譯以和文其時日本譯事初興故其譯本訛語不少玆由英文原本譯出又考以槐特氏之法文譯本校正無訛印刷精良前有圖畫譯文淵雅義理精要無非切中吾國時獘之言誠中國一切政治道德改革之明鏡愛自由者持是而行不惟永無流獘而於吾國前途之文明發達實大有影響也現已出書定價大洋六角總發行所上海四馬路開明書店文明書局

又第一編　達爾文物競篇斯賓塞女權篇　馬君武譯　定價二角

第二編　俄羅斯大風潮　獨立之箇人譯　定價一角五分

第三編　達爾文天擇篇　馬君武譯　定價二角五分

第五編　斯賓塞社會學原理　馬君武譯

發行所　上海四馬路開明書店

王履康譯

最近滿洲貿易志

著者爲山田鈗之助君其中詳

敍滿洲物產貿易及交通運輸之機關皆系最近調查蒐集而成末附地理大要凡位置區分無不明晰近來俄人經營滿洲不遺餘力影響所及震動亞東是書於防俄政策言之纂詳急譯之以餉同志閱者其翻然猛省也可現已付印不日出書

大興王宗炎譯

蒙古地誌付印廣告

此係日本參謀部出板之書乃日人游歷蒙古所記參以俄人布拉第挖斯奇氏記載又詳攷中國圖籍滙成一書於蒙古部落廣狹山川險要兵額物產道路商業無不備載攷究之精無出其右文筆古雅暢達提要鉤元前列精圖字大而紙精留心中俄交涉形勢者宜人手一編也現已付印不日出書

王履康 辛漢 經家齡合譯

西伯利亞大地誌付印廣告

西伯利亞大地誌一書係日本參謀部出版中分天然形勢國体歷史三大部於該地沿革情形調查精確幷據中俄英法及日人旅行報告等書分門編入纖悉無遺實爲西北輿地書中罕見之本全書都五十餘萬言首列精細地圖以供讀是書者悉心參攷按西北利亞爲中俄交界之衝近悉俄人竭力經營轉軸而東眈眈虎視均與我中國有密接之關係談西北近事者所首宜注意者也現出留學東京王君月非辛君濯之經君壽安合譯成書即在東京名所付印幷蒙○駐日欽憲鑒定兼賜序言咨請○蘇松太兵備道憲立案分別飭屬出示聲明嚴禁翻印以維實學而保利權本書譯筆暢達印刷精良圖書鮮彩文爲繙譯界中放一光彩海內諸君留心西北地輿者允宜家置一編先覩爲快也現已付印不日出書

總發行所 南京東牌樓黨家巷口啓新譯書局啓

全一册

定價英大洋五角

外交問題爲中國近日一大急務全國人士不可不發達此外交觀念以與列強相馳驟否則一髮之誤危機所繫故國際公法之研究實爲最要是書王君鴻年所編輯王君留學日本東京帝國大學校親受大學教授寺尾亨博士講義更旁採日本公法大家各說參酌歐米諸書說明國際公法之概念詳其淵源以成是書凡研究斯學者盍急手一編此後尙續刊平時國際公法要義國際權限爭議要義海上國際公法要義三書以餉學界

寄售處

○上海中外日報作　○中報館　○寶善齋書坊

新書近刊

進化要論

⊙洋裝　美　製

⊙定價　大洋七角

此書爲嚴君一之近著與尋常譯本不同嚴君原名錫榮廣東香山縣籍北洋大學堂法科卒業生派送出洋現在美國大學校肄業此書共分三大編曰生之進化家之進化國之進化哲理與歷史議論與事實發揮并包一綫貫串其体裁既極簡賅而行文又甚明暢且按時立論專爲我國前途指迷而作精光四射意味無窮誠爲獨一無二之良著極有關係之鉅文無有究心於進化哲理人倫道德政治社會理財經濟教育歷史之學或讎及經生保家救國之方者讀此書所得決非淺鮮眞黑暗世界之朝日迷涂滄海之南針也現已出書印刷無多速購爲要

譯書彙編社白

珠算教科書

吾國向用珠算自西算盛行而學堂教授亦皆改用筆算究之尋常算式珠算之簡易直有過于筆算且吾國市商會計無不用珠算則珠算之於吾國學堂其不能廢之也明矣特是依訣布算會意者鮮又素無教科書教授頗不易是書爲上海會鈞志衆民數年研究之作會君爲西儒傳蘭雅入門弟子明於西算故其著書理貫中西而於珠算沿用之歌訣詮解明晰詢教科之善本也現已付印正月中旬出書

務本女學白

小學毛筆畫

圖畫爲普通學中必要之科目東西學校皆用之吾國學校中設此科目者尚少未始非無教科善本爲之原因也此書爲黃城矣吳延珍與聲民道非吳君襲任上海南洋公學及育材學堂教習究心算學兼擅畫理此爲當時教授之本分爲三卷首幾何淺理次次各綫次名物由淺入深次序井然誠畫法入門之金鍼也現在日本鏤銅付印正月中旬出書

育材學堂白

發行所　上海四馬路東首　開明書店

敝所蒙　貴國留學諸賢囑印譯書彙編教科書等不下數十種其紙質之精良墨色之鮮明字跡之端整業承．貴國朝野士紳謬相稱許邇來遠道函託者尤覺絡繹不絕當益自奮勵廉價製造無論面訂函商俱能尅日應需特將營業種類列後倘蒙光顧不勝榮幸之至

活版部　東西書籍　各種帳簿　東西圖板　新聞告白　網目板　亞鉛板　旬報　電氣板之類

石印部　地圖　票據　滙票　告白　公司股票　各種商標　肉筆印刷　一切圖畫之類

照相部　照相製印刷銅板　三色版　照相板　美術板

東京並木活版所

日本東京淺草區黑船町廿八番地

東京並木活版所工場

原 鐵
海陸貨物取扱所
原鐵出張店
電話特本局二一七六番
日本東京日本橋西川岸
本店創於明治初年營業
已十餘年信用久著遐邇
傳名專承攬各官衙及各
公司貨物裝載汽車汽船
運送之速運費之廉爲本
店之特色且各處均有支
店代理店及特約店一切
無不便利倘蒙仕商賜顧
請認明本店牌號爲記

本編代派所

總經售處上海開明書店

上海
- 新北門外　中西書室
- 棋盤街北　廣學會
- 望平街　中外日報館
- 大馬路東　廣智書局
- 棋盤街　普通學書室
- 棋盤街　新中國圖書社
- 抛球場　掃葉山房
- 二馬路　千頃堂
- 棋盤街　會文堂
- 棋盤街　商務書館

蘇州
- 元妙觀西　東來書莊
- 元妙觀東　開智書室
- 察院前　知新書室

杭州
- 銀洞橋　白話報館
- 菜市橋　浙江大學堂
- 葵巷　安定學堂
- 三橋址　總派報處
- 泗水方橋　東文學社
- 回回堂壁間　史學齋
- 湖州北門內　恒有東典
- 嘉興城內　秀水縣學堂
- 無錫崇安寺　三等學堂

- 常州城內打索巷　修學堂
- 南京夫子廟　明達書莊
- 揚州舊城太平巷尾　王毓仁先生
- 多子街　畢成衣莊
- 新勝大街　華瀛公社
- 蕪湖鶴淵觀南岸　晉康煤炭公司
- 安慶城內拐角頭　藏書樓

江西
- 馬王廟後　南昌派報處
- 百花洲　廣智書莊
- 洗馬池　嘉惠書莊

湖北
- 武昌察院坡　文明書室
- 武昌城內大火巷口　謙吉土莊李玉山先生
- 武昌山後戈甲營土地廟轉　廣林蔣廣

廣東
- 廣州府前大馬站北　林裕和堂
- 廣州双門底　萃盧閱報處
- 廣東双門底　聖教書樓
- 廣西潯州府　潯陽圖書館
- 河南開封府北書店街　時中書莊
- 四川成都桂王橋北　成都圖書局
- 北京琉璃廠　有正書局
- 保定府北大街　直隸官書局
- 山西太原府　機器印書局